"十三五"全国高等院校民航服务专业规划教材

民航乘务人员
应用文写作

主　编　◎　朱文樵
副主编　◎　彭圣文　朱章钧

Practical writings for
civil aviation crew

清华大学出版社
北京

内 容 简 介

本书的特点是写作理论和写作实践相结合，实用性强。本书立足于民航乘务人员对应用文写作需求的特点和要求，选择民航乘务人员在服务工作中和人际交往中经常使用的文体，来阐述它们的写作方法，探讨它们的写作规律。精选了部分文体，如人际交往中的邀请信、感谢信，党政公文中的通告、通报、请示等，对它们的写作基本要求与注意事项进行了细致的阐述；对宣传、法律等方面的应用文，也有一个系统介绍。

本书可供民航乘务及相关专业学生作为基础应用写作课程教材使用，也可供相关从业人员借鉴、参考。

本书封面贴有清华大学出版社防伪标签，无标签者不得销售。
版权所有，侵权必究。举报：010-62782989，beiqinquan@tup.tsinghua.edu.cn。

图书在版编目（CIP）数据

民航乘务人员应用文写作 / 朱文樵主编. —北京：清华大学出版社，2020.11（2022.2 重印）
"十三五"全国高等院校民航服务专业规划教材
ISBN 978-7-302-56070-8

Ⅰ. ①民… Ⅱ. ①朱… Ⅲ. ①民用航空—应用文—写作—高等学校—教材 Ⅳ. ①F56

中国版本图书馆 CIP 数据核字（2020）第 138046 号

责任编辑：杜春杰
封面设计：刘　超
版式设计：文森时代
责任校对：马军令
责任印制：宋　林

出版发行：清华大学出版社
网　　址：http://www.tup.com.cn，http://www.wqbook.com
地　　址：北京清华大学学研大厦 A 座　　　邮　编：100084
社 总 机：010-62770175　　　　　　　　　邮　购：010-62786544
投稿与读者服务：010-62776969，c-service@tup.tsinghua.edu.cn
质量反馈：010-62772015，zhiliang@tup.tsinghua.edu.cn

印 装 者：三河市龙大印装有限公司
经　　销：全国新华书店
开　　本：185mm×260mm　　　印　张：17.25　　　字　数：394 千字
版　　次：2020 年 11 月第 1 版　　　　　　　印　次：2022 年 2 月第 2 次印刷
定　　价：58.00 元

产品编号：086994-01

"十三五"全国高等院校民航服务专业规划教材丛书主编及专家指导委员会

丛 书 总 主 编　　刘　永（北京中航未来科技集团有限公司董事长兼总裁）
丛 书 副 总 主 编　　马晓伟（北京中航未来科技集团有限公司常务副总裁）
丛 书 副 总 主 编　　郑大地（北京中航未来科技集团有限公司教学副总裁）
丛 书 总 主 审　　朱益民（原海南航空公司总裁、原中国货运航空公司总裁、原上海航空公司总裁）
丛 书 英 语 总 主 审　　王　朔（美国雪城大学、纽约市立大学巴鲁克学院双硕士）
丛 书 总 顾 问　　沈泽江（原中国民用航空华东管理局局长）
　　　　　　　　　　汪光弟（原上海虹桥国际机场副总裁）
丛 书 总 执 行 主 编　　王益友［江苏民航职业技术学院（筹）院长、教授］
丛 书 艺 术 总 顾 问　　万峻池（美术评论家、著名美术品收藏家）
丛书总航空法律顾问　　程　颖（荷兰莱顿大学国际法研究生、全国高职高专"十二五"规划教材《航空法规》主审、中国东方航空股份有限公司法律顾问）

丛书专家指导委员会主任

　　　　　　　关云飞（长沙航空职业技术学院教授）
　　　　　　　张树生（国务院津贴获得者，山东交通学院教授）
　　　　　　　刘岩松（沈阳航空航天大学教授）
　　　　　　　宋兆宽（河北传媒学院教授）
　　　　　　　姚　宝（上海外国语大学教授）
　　　　　　　李剑峰（山东大学教授）
　　　　　　　孙福万（国家开放大学教授）
　　　　　　　张　威（沈阳师范大学教授）
　　　　　　　成积春（曲阜师范大学教授）

"十三五"全国高等院校民航服务专业规划教材编委会

主　任　高　宏（沈阳航空航天大学教授）　　　杨　静（中原工学院教授）
　　　　　李　勤（南昌航空大学教授）　　　　　李广春（郑州航空工业管理学院教授）
　　　　　安　萍（沈阳师范大学）　　　　　　　彭圣文（长沙航空职业技术学院）
　　　　　陈文华（上海民航职业技术学院）

副主任　兰　琳（长沙航空职业技术学院）　　　庞庆国（中国成人教育协会航空服务教育培训专业委员会）
　　　　　郑　越（长沙航空职业技术学院）　　　郑大莉（中原工学院信息商务学院）
　　　　　徐爱梅（山东大学）　　　　　　　　　黄　敏（南昌航空大学）
　　　　　韩　黎［江苏民航职业技术学院（筹）］　曹娅丽（南京旅游职业学院）
　　　　　胡明良（江南影视艺术职业学院）　　　李楠楠（江南影视艺术职业学院）
　　　　　王昌沛（曲阜师范大学）　　　　　　　何蔓莉（湖南艺术职业学院）
　　　　　孙东海（江苏新东方艺先锋传媒学校）　戴春华（原同济大学）
　　　　　施　进（盐城航空服务职业学校）　　　孙　梅（上海建桥学院）
　　　　　张号全（武汉商贸职业学院）　　　　　周孟华（上海东海学院）

委　员（排名不分先后）
　　　　　于海亮（沈阳师范大学）　　　　　　　于晓风（山东大学）
　　　　　王丽蓉（南昌航空大学）　　　　　　　王玉娟（南昌航空大学）
　　　　　王　莹（沈阳师范大学）　　　　　　　王建惠（陕西职业技术学院）
　　　　　王　姝（北京外航服务公司）　　　　　王　晶（沈阳航空航天大学）
　　　　　邓丽君（西安航空职业技术学院）　　　车树国（沈阳师范大学）
　　　　　龙美华（岳阳市湘北女子职业学校）　　石　慧（南昌航空大学）
　　　　　付砚然（湖北襄阳汽车职业技术学院，原海南航空公司乘务员）
　　　　　朱茫茫（潍坊职业学院）　　　　　　　田　宇（沈阳航空航天大学）
　　　　　刘　洋（濮阳工学院）　　　　　　　　刘　超（华侨大学）
　　　　　许　赟（南京旅游职业学院）　　　　　刘　舒（江西青年职业学院）
　　　　　杨志慧（长沙航空职业技术学院）　　　吴立杰（沈阳航空航天大学）
　　　　　李长亮（张家界航空工业职业技术学院）　杨　莲（马鞍山职业技术学院）
　　　　　李雯艳（沈阳师范大学）　　　　　　　李芙蓉（长沙航空职业技术学院）
　　　　　李　仟（天津中德应用技术大学，原中国南方航空公司乘务员）
　　　　　李霏雨（原中国国际航空公司乘务员）　李　姝（沈阳师范大学）
　　　　　邹　昊（南昌航空大学）　　　　　　　狄　娟（上海民航职业技术学院）
　　　　　宋晓宇（湖南艺术职业学院）　　　　　邹　莎（湖南信息学院）
　　　　　张　进（三峡旅游职业技术学院）　　　张　驰（沈阳航空航天大学）
　　　　　张　琳（北京中航未来科技集团有限公司）　张　利（北京中航未来科技集团有限公司）
　　　　　张媛媛（山东信息职业技术学院）　　　张程垚（湖南民族职业学院）
　　　　　陈烜华（上海民航职业技术学院）　　　陈　卓（长沙航空职业技术学院）
　　　　　周佳楠（上海应用技术大学）　　　　　金　恒（西安航空职业技术学院）
　　　　　郑菲菲（南京旅游职业学院）　　　　　周茗慧（山东外事翻译职业学院）
　　　　　胥佳明（大连海事大学）　　　　　　　赵红倩（上饶职业技术学院）
　　　　　柳　武（湖南流通创软科技有限公司）　胡　妮（南昌航空大学）
　　　　　柴　郁（江西航空职业技术学院）　　　钟　科（长沙航空职业技术学院）
　　　　　唐　珉（桂林航天工业学院）　　　　　倪欣雨（斯里兰卡航空公司空中翻译，原印度尼西亚鹰航乘务员）
　　　　　高　青（山西旅游职业学院）　　　　　高　熔（原沈阳航空航天大学继续教育学院）

郭雅萌（江西青年职业学院）　　　高　琳（济宁职业技术学院）
黄　晨（天津交通职业学院）　　　黄春新（沈阳航空航天大学）
黄紫葳（抚州职业技术学院）　　　黄婵芸（原中国东方航空公司乘务员）
崔祥建（沈阳航空航天大学）　　　曹璐璐（中原工学院）
梁向兵（上海民航职业技术学院）　崔　媛（张家界航空工业职业技术学院）
彭志雄（湖南艺术职业学院）　　　梁　燕（郴州技师学院）
操小霞（重庆财经职业学院）　　　蒋焕新（长沙航空职业技术学院）
庞　敏（上海民航职业技术学院）　李艳伟（沈阳航空航天大学）

出 版 说 明

随着经济的稳步发展，我国已经进入经济新常态的阶段，特别是十九大指出：当前中国社会的主要矛盾已经转化为人民日益增长的美好生活需要和不平衡不充分的发展之间的矛盾，这客观上要求社会服务系统要完善升级。作为公共交通运输的主要组成部分，民航运输在满足人们对美好生活的追求和促进国民经济发展中扮演着重要的角色，具有广阔的发展空间。特别是"十三五"期间，国家高度重视民航业的发展，将民航业作为推动我国经济社会发展的重要战略产业，预示着我国民航业将会有更好、更快的发展。从国产化飞机 C919 的试飞，到宽体飞机规划的出台，以及民航发展战略的实施，标志着我国民航业已经步入崭新的发展阶段，这一阶段的特点是以人才为核心，而这一发展模式必将进一步对民航人才质量提出更高的要求。面对民航业发展对人才培养提出的挑战，培养服务于民航业发展的高质量人才，不仅需要转变人才培养观念，创新教育模式，更需要加强人才培养过程中基本环节的建设，而教材建设就是其首要的任务。

我国民航服务专业的学历教育，经过 18 年的探索与发展，其在办学水平、办学结构、办学规模、办学条件和师资队伍等方面都发生了巨大的变化，专业建设水平稳步提高，适应民航发展的人才培养体系初步形成。但我们应该清醒地看到，目前我国民航服务类专业的人才培养仍存在着诸多问题，特别是专业人才培养质量仍不能适应民航发展对人才的需求，人才培养的规模与高质量人才短缺的矛盾仍很突出。而目前相关专业教材的开发还处于探索阶段，缺乏系统性与规范性。已出版的民航服务类专业教材，在吸收民航服务类专业研究成果方面做出了有益的尝试，涌现出不同层次的系列教材，推动了民航服务的专业建设与人才培养，但从总体来看，民航服务类教材的建设仍落后于民航业对专业人才培养的实践要求，教材建设已成为相关人才培养的瓶颈。这就需要我们以引领和服务专业发展为宗旨，系统总结民航服务实践经验与教学研究成果，开发全面反映民航服务职业特点、符合人才培养规律和满足教学需要的系统性专业教材，积极有效地推进民航服务专业人才的培养工作。

基于上述思考，编委会经过两年多的实际调研与反复论证，在广泛征询民航业内专家的意见与建议、总结我国民航服务类专业教育的研究成果后，结合我国民航服务业的发展趋势，致力于编写出一套系统的、具有一定权威性和实用性的民航服务类系列教材，为推进我国民航服务人才的培养尽微薄之力。

本系列教材由沈阳航空航天大学、南昌航空大学、郑州航空工业管理学院、上海民航职业技术学院、长沙航空职业技术学院、西安航空职业技术学院、中原工学院、上海外国语大学、山东大学、大连外国语大学、沈阳师范大学、曲阜师范大学、湖南艺术职业学院、陕西师范大学、兰州大学、云南大学、四川大学、湖南民族职业学院、江西青年职业学院、天津交通职业学院、潍坊职业学院、南京旅游职业学院等多所高校的众多资深专家和学者共同打造，还邀请了多名原中国东方航空公司、原中国南方航空公司、原中国国际航空公司和原海南航空公司中从事多年乘务工作的乘务长和乘务员参与教材的编写。

目前，我国民航服务类的专业教育呈现多元化、多层次的办学格局，各类学校的办学模式也呈现出个性化的特点，在人才培养体系、课程设置以及课程内容等方面，各学校之间存在着一定的差异，对教材也有不同的需求。为了能够更好地满足不同办学层次、教学模式对教材的需要，本套教材主要突出以下特点。

第一，兼顾本、专科不同培养层次的教学需要。鉴于近些年我国本科层次民航服务专业办学规模的不断扩大，在教材需求方面显得十分迫切，同时，专科层面的办学已经到了规模化的阶段，完善与更新教材体系和内容迫在眉睫，本套教材充分考虑了各类办学层次的需要，本着"求同存异、个性单列、内容升级"的原则，通过教材体系的科学架构和教材内容的层次化，达到兼顾民航服务类本、专科不同层次教学之需要。

第二，将最新实践经验和专业研究成果融入教材。服务类人才培养是系统性问题，具有很强的内在规定性，民航服务的实践经验和专业建设成果是教材的基础，本套教材以丰富理论、培养技能为主，力求夯实服务基础，培养服务职业素质，将实践层面行之有效的经验与民航服务类人才培养规律的研究成果有效融合，以提高教材对人才培养的有效性。

第三，落实素质教育理念，注重服务人才培养。习近平总书记在党的十九大报告中强调，"要全面贯彻党的教育方针，落实立德树人根本任务，发展素质教育，推进教育公平，培养德智体美全面发展的社会主义建设者和接班人"，人才以德为先，以社会主义价值观铸就人的灵魂，才能使人才担当重任，这也是高校人才培养的基本任务。教育实践表明，素质是人才培养的基础，也是人才职业发展的基石，人才的能力与技能附着在精神与灵魂，但在传统的民航服务教材体系中，包含素质教育板块的教材较为少见。根据党的教育方针，本套教材的编写考虑到素质教育与专业能力培养的关系，以及素质对职业生涯的潜在影响，首次在我国民航服务专业教学中提出专业教育与人文素质并重、素质决定能力的培养理念，以独特的视野，精心打造素质教育教材板块，使教材体系更加系统，强化了教材特色。

第四，必要的服务理论与专业能力培养并重。调研分析表明，忽视服务理论与人文素质所培养出的人才很难有宽阔的职业胸怀与职业精神，其未来的职业生涯发展就会乏力。因此，教材不应仅是对单纯技能的阐述与训练指导，更应该在不淡化专业能力培养的同时，强化行业知识、职业情感、服务机理、职业道德等关系到职业发展潜力的要素的培养，以期培养出高层次和高质量的民航服务人才。

第五，架构适合未来发展需要的课程体系与内容。民航服务具有很强的国际化特点，而我国民航服务的思想、模式与方法也正处于不断创新的阶段，紧紧把握未来民航服务的发展趋势，提出面向未来的解决问题的方案，是本套教材的基本出发点和应该承担的责任。我们力图将未来民航服务的发展趋势、服务思想、服务模式创新、服务理论体系以及服务管理等内容重新进行架构，以期能对我国民航服务人才培养，乃至整个民航服务业的发展起到引领作用。

第六，扩大教材的种类，使教材的选择更加宽泛。鉴于我国目前尚缺乏民航服务专业更高层次办学模式的规范，各学校的人才培养方案各具特点，差异明显，为了使教材更适用于办学的需要，本套教材打破了传统教材的格局，通过课程分割、内容优化和课外外延化等方式，增加了教材体系的课程覆盖面，使不同办学层次、关联专业可以通过教材合理组合，以获得完整的专业教材选择机会。

本套教材规划出版品种大约为四十种，分为：① 人文素养类教材，包括《大学语文》《应用文写作》《艺术素养》《跨文化沟通》《民航职业修养》《中国传统文化》等。② 语言类教材，包括《民航客舱服务英语教程》《民航客舱实用英语口语教程》《民航实用英语听力教程》《民航播音训练》《机上广播英语》《民航服务沟通技巧》等。③ 专业类教材，包括《民航概论》《民航服务概论》《中国民航常飞客源国概况》《民航危险品运输》《客舱安全管理与应急处置》《民航安全检查技术》《民航服务心理学》《航空运输地理》《民航服务法律实务与案例教程》等。④ 职业形象类教材，包括《空乘人员形体与仪态》《空乘人员职业形象设计与化妆》《民航体能训练》等。⑤ 专业特色类教材，包括《民航服务手语训练》《空乘服务专业导论》《空乘人员求职应聘面试指南》《民航面试英语教程》等。

为了开发职业能力，编者联合有关 VR 开发公司开发了一些与教材配套的手机移动端 VR 互动资源，学生可以利用这些资源体验真实场景。

本套教材是迄今为止民航服务类专业较为完整的教材系列之一，希望能借此为我国民航服务人才的培养，乃至我国民航服务水平的提高贡献力量。民航发展方兴未艾，民航教育任重道远，为民航服务事业发展培养高质量的人才是各类人才培养部门的共同责任，相信集民航教育的业内学者、专家之共同智慧，凝聚有识之士心血的这套教材的出版，对加速我国民航服务专业建设、完善人才培养模式、优化课程体系、丰富教学内容，以及加强师资队伍建设能起到一定的推动作用。在教材使用的过程中，我们真诚地希望听到业内专家、学者批评的声音，收到广大师生的反馈意见，以利于进一步提高教材的水平。

丛 书 序

《礼记·学记》曰:"古之王者,建国君民,教学为先。"教育是兴国安邦之本,决定着人类的今天,也决定着人类的未来。企业发展也大同小异,重视人才是企业的成功之道,别无二选。航空经济是现代经济发展的新趋势,是当今世界经济发展的新引擎。民航是经济全球化的主流形态和主导模式,是区域经济发展和产业升级的驱动力。发展中的中国民航业有巨大的发展潜力,其发展战略的实施必将成为我国未来经济发展的增长点。

"十三五"正值实现我国民航强国战略构想的关键时期,"一带一路"倡议方兴未艾,"空中丝路"越来越宽阔。高速发展的民航运输业需要持续的创新与变革,同时,基于民航运输对安全性和规范性要求比较高的特点,其对人才有着近乎苛刻的要求,只有人才培养先行,夯实人才基础,才能抓住国家战略转型与产业升级的巨大机遇,实现民航运输发展的战略目标。我国民航服务人才发展经历多年的积累,建立了较为完善的民航服务人才培养体系,培养了大量服务民航发展的各类人才,保证了我国民航运输业的高速持续发展。与此同时,我国民航人才培养正面临新的挑战,既要通过教育创新提升人才品质,又需要人才培养过程精细化,把人才培养目标落实到人才培养的过程中,而教材作为专业人才培养的基础,需要先行,以发挥引领作用。教材建设发挥的作用并不局限于专业教育本身,其对行业发展的引领。专业人才培养方向的把握,人才素质、知识、能力结构的塑造以及职业发展潜力的培养具有不可替代的作用。

我国民航运输发展的实践表明,人才培养决定着民航发展的水平,而民航人才的培养需要社会各方面的共同努力。我们惊喜地看到,清华大学出版社秉承"自强不息,厚德载物"的人文精神,发挥品牌优势,投身于民航服务专业系列教材的开发,改变了民航服务教材研发的格局,体现了其对社会责任的担当。

本套教材组织严谨,精心策划,高屋建瓴,深入浅出,具有突出的特色。第一,从民航服务人才培养的全局出发,关注了民航服务产业的未来发展趋势,架构了以培养目标为导向的教材体系与内容结构,比较全面地反映了服务人才培养趋势,起到了良好的统领作用;第二,使教材的本质——适用性得到了回归,体现在每本教材均有独特的视角和编写立意,既有高度的提升、理论的升华,也注重教育要素在课程体系中的细化,具有较强的可用性;第三,引入了职业素质教育的理念,补齐了服务人才素质教育缺少教材的短板,可谓对传统服务人才培养理念的一次冲击;第四,教材编写人员参与面非常广泛,这反映出本套教材充分体现了当今民航服务专业教育的教学成果和编写者的思考,形成了相互交流的良性机制，势必会对全国民航服务类专业的发展起到推动作用。

教材建设是专业人才培养的基础，其与教材服务的行业的发展交互作用，共同实现人才培养—社会检验的良性循环，是助推民航服务人才培养的动力。希望这套教材能够在民航服务类专业人才培养的实践中，发挥更积极的作用。相信通过不断总结与完善，这套教材一定会成为具有自身特色的、适应我国民航业发展要求并深受读者喜欢的规范教材。

原海南航空公司总裁、原中国货运航空公司总裁、原上海航空公司总裁

朱益民

2017年9月

前　言

　　人与兽的根本区别，就是人具有思维能力，语言和文字则是人类社会最基本的交流媒介。应用文，在我们的日常生活中处处可见，是社会交流的重要媒介。什么是应用文？香港学者陈耀南先生的一段话颇为贴切："应用文就是'应'付生活，'用'于务实的'文'章。凡个人、团体、机关相互之间，公私往来，用约定俗成的体裁和术语写作，以资交际和信守的文字，都叫应用文。"例如，请假条、借条、通知、求职信、申请书等。

　　应用文在社会生活的各个方面都有广泛使用。在生活领域，它可以用来委托办事、互通信息、增进团结、促进协作、建立良好的人际关系等；在商品经济领域，它可以传播知识、推广技术、改进管理、介绍方法、总结经验、提高经济效益；在治政国家、治理社会方面，它是传达和贯彻方针、政策，发布法规，实施行政措施，报告情况，指导、布置和洽谈工作，交流经验的工具。

　　虽然应用文的运用十分广泛，但专门为民航乘务人员撰写的有关写作的书籍并不多见。民航乘务人员作为社会经济活动中的特殊群体，因其工作场所的特殊性和服务对象的广泛性，对应用文的使用有着特殊的需求。

　　与其他行业相比，我国民航业属于年轻的行业。随着我国经济的快速发展，旅游业及相关产业的蓬勃发展，越来越多的商务和度假旅客在交通方式上改变观念选择飞机出行，由此带动了民航业的蓬勃发展。我国正处于从民航大国向民航强国转变的过程中。中国航空运输业在全球的排名已跃升至世界第三位。中国将成为亚太地区乃至全球范围内最重要的航空市场。

　　民航业的高速发展意味着对民航专业服务与管理人才的需求也将大大增加。民航业在中国拥有广阔的发展前景，属于极有潜力的行业。民航业的发展对航空公司的服务业提出了新的要求，不再是仅仅提供把乘客送到目的地等简单的服务，而是在运营环节上提供延伸服务、增值服务。这样，对民航乘务人员的素质修养也提出了更高的要求。我们编写《民航乘务人员应用文写作》，就是希望民航乘务人员的写作能力能有所提高，在服务中提升自己的服务技巧和水平。

　　本书的特点是写作理论和写作实践相结合，实用性强。

　　我们从众多的文体中选择了民航乘务人员在服务工作中和人际交往中经常使用的文体，来阐述它们的写作方法，探讨它们的写作规律。其次，在每一种文体之后都配有范例，来示范"应该怎样写"。

　　本书不是对社交应用文的全面叙说，而是立足于民航乘务人员对应用文写作需求的特点和要求，从各类应用文体中，精选了部分文体，如人际交往中的邀请信、感谢信，党政公文中的通告、通报、请示等，对它们的写作基本要求与注意事项进行了细致的阐述，对宣传、法律等方面的应用文，也有一个系统介绍。

总而言之，通过学习本书，你将能够：

（1）掌握应用文写作的一般技巧。

（2）了解应用文写作领域的必备知识。

（3）更灵活、更准确地处理生活、工作中遇到的各类应用文写作。

编　者

CONTENTS 目录

第一章 绪论 1

第一节 应用文的历史 3
第二节 民航乘务应用文概述 5
第三节 应用文的分类 10
第四节 民航乘务应用文写作与文学写作的区别 13
第五节 民航乘务应用文与公文的区别 16
第六节 民航乘务人员与应用文的关系 17

第二章 民航公务文书 21

第一节 公告 22
第二节 通告 28
第三节 通知 31
第四节 通报 41
第五节 请示 46
第六节 批复 51
第七节 函 53
第八节 纪要 58

第三章 民航事务文书 62

第一节 客舱工作计划 63
第二节 客舱工作总结 67

第三节　客舱工作简报 ··· 72
　　第四节　会议记录 ··· 78

第四章　民航客舱常用礼仪文书 ·· 83

　　第一节　邀请信 ··· 84
　　第二节　感谢信 ··· 89
　　第三节　慰问信 ··· 92
　　第四节　表扬信、倡议书、决心书 ·· 97
　　第五节　致歉信、检讨书、保证书 ·· 103

第五章　民航客舱服务专用文书 ·· 111

　　第一节　客舱广播词 ··· 112
　　第二节　客舱乘务初始新雇员带飞记录表 ·· 118
　　第三节　机上事件报告单 ·· 124
　　第四节　其他特殊事件报告单 ··· 128

第六章　民航乘务职场应用文书 ·· 135

　　第一节　求职信 ··· 136
　　第二节　简历 ··· 141
　　第三节　志愿书与申请书 ·· 147
　　第四节　竞聘书 ··· 152

第七章　民航乘务宣传专用文书 ·· 159

　　第一节　消息 ··· 160
　　第二节　通讯 ··· 173
　　第三节　新闻评论 ··· 184
　　第四节　新闻特写 ··· 189

第五节　客舱专题活动策划书 ………………………………………… 192

第八章　民航乘务常用法律文书 …………………………………… 200

第一节　劳动合同 ……………………………………………………… 201
第二节　条据类文书 …………………………………………………… 208

第九章　民航常用告启类文书 ……………………………………… 213

第一节　启事类文书 …………………………………………………… 214
第二节　广告类文书 …………………………………………………… 219

第十章　民航乘务常备文书 ………………………………………… 230

第一节　述职报告 ……………………………………………………… 231
第二节　工作总结 ……………………………………………………… 235
第三节　实习报告 ……………………………………………………… 241
第四节　论文 …………………………………………………………… 245

参考文献 …………………………………………………………………… 255

第一章 绪论

教学提示

　　作为一个社会人，社会的各类活动都离不开应用文。作为民航乘务人员，其工作的场所和所服务的对象更需要他们掌握应用文写作，从而为广大旅客提供优质温馨的服务。本章旨在对应用文的历史沿革进行梳理，厘清它的发展历史和演变脉络；介绍民航乘务应用文的概念、特点、分类和写作要求。无论是时代发展，还是其工作特性，都需要民航乘务人员重视和熟练掌握应用文写作技巧。

　　在中小学学习时，老师就经常让我们写"应用文"。在企业、政府机关和社会团体中，"应用文"一词也经常出现，那么什么是"应用文"呢？

　　下面，我们先来讲一个故事：

　　从前，有一位老先生，号称学富五车、才高八斗，在方圆百十里地享有很高的声望，人称"博士"，他也因此得意扬扬、自视甚高。这一天，家人来向他报告：家里一头最精壮的牯牛莫名其妙地丢失了，而眼下正是田里、家里活儿最多、最需要牲口的时候，请老爷赶紧想办法或者找回牯牛，或者重新买一头牛。当时一头正值壮年的牛还很值钱，于是有好事者提醒"博士"说，先写个寻牛启事，也许还能找回来呢！"博士"连连点头称是。于是磨墨铺纸，提笔运腕，一张寻牛启事一气呵成，墨迹未干就赶紧让家人拿出去张贴在闹市口了。

　　可是，转眼几天过去了，一点儿牯牛的消息也没有，"博士"决定亲自到街头去看一看、听一听，了解关于牯牛的消息。来到闹市口，自己写的启事还在，还真有不少人在围观，"博士"混入人群，心下得意，想听听大家的说法。只听得有好事者正摇头晃脑地给大家念着："……我中华古国、历史悠久、文化灿烂、民风淳朴、文明教化……盘古开天……唐宗……宋祖……""什么意思？瞎耽误工夫！"围观的人没等好事者念完，就已连连唾弃着四下散去。原来，"博士"真不愧为"博士"，一个寻牛启事洋洋洒洒上万字下去，还没提到一个牛字，难怪他等了好几天都没有任何消息呢！原来大家还没等他讲到牛就早已不耐烦了！

　　看来，没有掌握应用文写作技巧，学富五车的"博士"也写不出像样的启示。那么，到底什么是应用文呢？什么是民航乘务应用文呢？

　　关于应用文的概念，1979年上海辞书出版社出版的《辞海》的解释是：应用文是人们在日常生活、工作和学习中所应用的简易通俗文字，包括书信、公文、契约、启事、条据等。定义很简单，但没能概括出应用文的本质特征，仅仅指出应用文的"简易通俗"，这只是应用文的一方面，而不是全部特征。

　　根据国务院办公厅颁布的《党政机关公文处理工作条例》中对公文的定义，延展开来，应用文的定义应为：应用文是机关团体、企事业单位以及人民群众在日常工作、生产和生活中办理公务以及个人事务时，交流情况、沟通信息，具有直接实用价值和惯用格式的一种书面交际工具。这个定义规定了应用文的本质特征，使它明显区别于其他文体，又涵盖了应用文的基本特性。要弄清应用文的形式、特性和作用，我们先从它的历史沿革说起。

第一节 应用文的历史

发明文字就是为了应用，所以，广义的应用文在我国已存在 4 000 年左右，可谓历史悠久，源远流长。经过数千年的发展演变，文章体制不断发展、变化、完善、丰富，形成了自己的独特风格。"观今宜鉴古，无古不成今。"为了更好地掌握和运用应用文，做到古为今用，提高当代应用文的写作水平，就有必要对应用文的历史沿革做一个梳理，厘清它的发展历史和演变脉络。

一、上古时期

上古时期应该说是应用文的形成时期。具有代表性的作品多见于甲骨文、钟鼎文、《尚书》中。早在刀耕火种的原始社会，人类面对大自然的种种不可知和不可抗力，都归集于神，对于这种不可抗力，人们只能祈祷、祈福。原始宗教发展到一定阶段，便出现了专门从事宗教活动的巫觋。巫觋在应用文的孕育过程中起到了一定的催化作用。以甲骨文字组成的章句谓甲骨卜辞的内容，据郭沫若《卜辞通纂》的分类，除干支数字外，可分为世系、天象、食货、征伐、畋游等。这些甲骨卜辞都可视为殷王室的档案，可称为公务文件。甲骨卜辞最短的只有几个字，最多的一百多字，文辞简约，不假修饰，真实地保留了当时社会的痕迹。

钟鼎铭文进一步证实了文字与应用文的关系。到了西周，青铜器的使用范围日益扩大，并在大量的青铜器上铸上铭文。这些铭文意在宣扬当时最高统治者文王、武王的善德和天命，记述战争的胜利，为巩固统治起了作用。青铜器铭文还有凭证和档案的作用。如西周成王五年的河尊，铭文 122 字，记载了成王的诰词。西周时期应用文中的公牍文书，从内容到形式，已属成型阶段，其体制也逐步健全，典、谟、训、诰、誓、命、令、教、方、简、契、判、符、上书、播、移书等多种形式已经出现，从今天的公文形式中，隐约可以看出它的痕迹。

《尚书》是我国第一部上古历史文件和部分追述古代事迹著作的汇编。《尚书》的一些散篇多为下行公文，其作用在于传达统治者的命令。当时司法文书的名称有稽、察、纠、诘、禁、诛、警戒等。

二、秦汉时期

秦统一的封建专制主义中央集权国家的建立，促进了应用文体制的成熟。

秦汉时期我国应用文进行了一系列的革命性的演变，形成了较为完整的体制。秦汉时期的应用文如秦始皇的改命为制，改令为诏，改上书为奏，建立谏议制度，汉承秦制建立了策书、敕书、铁券、章表、疏、状、白事、牍、诉状、章程等。许多文体都有翔实的历史文献加以记载。

秦王朝为了巩固统治，扩大势力，在客观上使得公牍文书进一步规范化。所谓"书同文"，不仅仅是文字的统一，其中也包括应用文在格式和名称等方面的统一。司马迁曾写过一篇《报任安书》，把受宫刑之后的难言之隐、内心的深情描绘得淋漓尽致。汉代有很多应用文流传下来，文采斐然，艺术性强，对后世有较大的影响，这个时期也出现了"公文"一词。《后汉书·刘陶传》载："州郡忌讳，不欲闻之，但更相告语，莫肯公文。"意思是说东汉末年，面对黄巾起义的领袖张角等人的造反活动，州郡官员非常忌讳，只以口语相互转告，不肯用公文形式上奏朝廷。其实，甲骨文中的一些文据所记录的殷商后期的几个王朝的活动和奴隶主的文告，即是一种公务文书，只不过没有以"公文"一词出现而已。

三、魏晋六朝时期

魏晋六朝时期应用文的发展出现转折，开始出现的文体有贺表、列辞、签、牍状、告身等。三国时期，群星璀璨。魏、蜀、吴三国中，在应用文方面成绩卓著的应首推魏，尤其是曹氏父子及依附在他们周围的一批文人，他们是诗歌的创新者，也是应用文写作的提倡者、实践者。曹操写的应用文，文体规范，言简义明。蜀汉诸葛亮的作品并不多，仅一篇《出师表》就奠定了他在中国文学史上的地位。《出师表》也是一篇应用公文。

四、唐宋时期

唐、宋是我国综合经济实力最强盛的时期，国家的机制体制也趋于完善，上情下达，民情上报的公文也日益健全，此时期应是应用文的成熟时期。这一时期的应用文，无论是数量还是质量都达到了一个高峰。从隋、唐到宋，开始应用的主要文种很多，如敕旨、德音、批、判、堂帖、榜、咨极、笺召、关文、刺、诰命、御札、剳子、咨、呈状、申状等。这一时期，文献资料十分丰富，文章体制完整，佳作大量涌现。

唐代"古文运动"对应用文写作的内容、技法及文风的影响十分巨大。除韩愈外，其他如柳宗元的《答韦中立论师道书》、白居易的《论魏徵旧宅状》、李白的《与韩荆州书》、骆宾王的《为徐敬业讨武曌檄》、颜真卿的《乞米帖》等，数量多，质量好，令人目不暇接。宋代发展唐代的优势，应用文写作水平达到了前所未有的高度。

宋代欧阳修倡导应用文，提出了"信事言文"的主张，要求把文章写得真实可信、平易自然，富有文采。王安石是继欧阳修之后，主张"诚使适用，亦不必巧且华。要之以适用为本"。他写的《上仁宗皇帝言事书》，叙事说理，清楚明白。他写的《答司马谏议书》家喻户晓，是千古名篇。

苏轼对诗、书、画样样皆精，他的应用文文章也是文质兼优。还有岳飞的《南京上高宗书略》，辛弃疾的《议练民兵守淮疏》，司马光的《训俭示康》，等等，皆精准老道，反映了宋代应用文高度繁荣兴旺的景象。

五、元、明、清时期

应用文的发展经历了唐宋的辉煌之后，进入了一个相对稳定的发展时期。明初的对外开放政策促进了商业贸易的繁荣，出现了资本主义的萌芽和个性解放的思潮。因而在应用性文体方面出现了许多新的文体，如劄、敕命、下帖、牌面、勘合、照会、揭帖、咨呈、参评、谕、堂谕、牌、揭、详、禀、折等。

总之，我国的应用文从它诞生起到封建统治时期结束止，大体上经历了上古时期、秦汉时期、魏晋六朝时期、唐宋时期、元明清时期的萌芽、发展、成熟、完善的过程才形成了完整体制。应用文的发展历史表明，应用文是适应君与臣、官与民、民与民之间的对话要求而产生和发展的不断趋于完善的文章体系。

六、"五四"以后的历史时期

辛亥革命以后，许多有识之士发动了"新文化"运动，要求废除文言文，积极推广"白话文"。在新文化思潮的冲击下，维护封建统治长达几千年之久的传统的旧式公文逐步退出公务领域，如诏、奏、议、表等，建立了以白话文为中心的现代公文。

1911 年，南京临时政府制定了《公文程式条例》，嗣后政府机关的公文类型主要有令、布告、状、咨、公函、呈、批。中华人民共和国成立后，也建立了自己的公文系统，并进行了多次改革。1989 年 4 月 25 日中共中央办公厅发布《中国共产党各级领导机关文件处理条例（试行）》。1996 年 5 月 3 日中共中央办公厅发布《中国共产党机关公文处理条例》。2000 年 8 月 24 日国务院发布《国家行政机关公文处理办法》。2012 年，中央办公厅又制定《党政机关公文处理工作条例》，对公文格式、公文种类以及行文规则提出了新要求。

新时期的中国应用文，与以前封建时代的应用文相比，有了一些新的不同的特点：一是语言上有了很大的变化，不用文言文，采用白话文。语体形式的变化，使应用文更贴近生活，更贴近群众，流通量与运行速度更大更迅速。二是减少了封建色彩，增强民主性。辛亥革命以后，废除了诏奏、议、折一类公文，启用了一些新型的适用的公文。三是反映整个国家与地区的经济文化生活的文体大量产生，传统礼仪类文体日益减少与淡化。

可以这样说，在古代，应用文是人与神、人与人对话的中介物与桥梁；在现代，应用文则不仅是人与人之间，而且是国家集团之间对话的中介与桥梁。

第二节　民航乘务应用文概述

一、民航乘务应用文的概念

关于应用文的概念，国内及海外华人、华侨没有太大的分歧。台湾学者张仁青先生说：“凡个人与个人之间，或机关团体与机关团体之间，或个人与机关团体之间，互相往来所使用之特定形式之文字，而为社会大众所共同遵循、共同使用者，谓之应用文。"香港学者陈耀南先生的看法是："应用文就是'应'付生活，'用'于实务的'文'章。凡个人、团体、机关相互之间，公私往来，用约定俗成的体裁和术语写作，以资交际和信守的文字，都叫应用文。"

显然，应用文是机关、团体、企业之间，以及这些团体与个人、个人与个人之间相互联系、彼此协商、共同信守的应时致用的通俗简明的又有较为固定格式的文体。而民航乘务应用文正是这一时期顺应时代要求，根据民航乘务业务需求而出现的一种特殊应用文体。它是民航业机关、团体、企业之间，以及民航企业、团体与个人（包括民航系统员工和社会）之间，个人与个人之间相互联系、彼此协商、共同信守的应时致用的通俗简明的又有较为固定格式的文体。它是具有民航特色的基础类应用文体。民航乘务应用文写作教学旨在培养学生掌握职前、职中常用的各类应用文书的基本要求与写作技巧，以满足学生在校专业学习以及未来职业生涯发展的基本需要。

从使用的角度观察，可以把应用文分为两大类：一类是公共事务应用文；另一类是私人事务应用文。"应用文"这一名称正式出现时，它的含义是狭义的。清代刘熙载在《艺概·文概》中指出："辞命体，推之即可为一切应用之文。应用文有上行，有平行，有下行。重其辞乃所以重其实也。"这里说的"应用文"主要是指公务文书。就公务应用文的范围而言，主要文体有机关行政公文、工作计划、工作总结、调查报告、公务信函、合同、规章等。私人事务应用文，常用的文体有书信、条据、柬帖、日记、名片、传记、笔记、演讲词、社交文书、学术论文等。各类应用文都具有上述种种共同的特点，又有自己的不同特点。还有一些文体，如对联，它们是应用文，有应用文的特点，同时它又具有文学的特点，有很强的文学性与艺术性。古文中李斯的《谏逐客书》、司马相如的《上书谏猎》、诸葛亮的《出师表》、李密的《陈情表》、李白的《与韩荆州书》等，都是为了解决实际问题而写作的应用文，由于写得很有文采，说理又好，千百年来，一直被作为文学散文的典范。

二、民航乘务应用文的特点

在新的历史时期，我国航空业迈进了国际化的发展轨道。随着我国改革创新的深入推进，与全球范围内的政治、商贸、教育、文化、生活、旅游等之间的互动交流频率迅速提升，加之"一带一路"边境之间的多方合作，我国航空业的春天已经来临，同时对航空服务人才的需求量激增。民航乘务人员的工作，不仅对身材、体态有较高的要求，同时也要求具有良好的专业知识与专业技能，还应具备良好的应用文读写能力。

关于民航乘务应用文的写作，要十分注重人们所说的"约定俗成"的格式要求。这种写作规范并不是一种严格规定的法定形式，而是无数前人在写作实践中所取得的某种共同的认识和约定，也可以说是一种审美趣味上的趋同和共识。可见，"约定俗成"虽然不属于法定规范，但它必然包含着写作规范中许多合理因素，我们应该加以继承和保留，不应随意破坏和擅自修改，以免影响应用文的特定交际功能。能够善于运用应用文的"约定俗成"格式，也是一个人语文修养和水平的具体体现。下面的特点在提法上虽与一般的应用文有一点儿差别，但大体上概括了应用文的一些最主要的特点，这也说明民航乘务应用文与其他领域的应用文有着一系列共性。

（一）应用性

"文章的写作，最初本来就是为了应用"。"远在上古时代，文字尚未发明，先民即以结绳记载事物，表达情意"，此即"原始之应用文"。这说明应用文从产生到发展都是以用为目的。在这一点上它鲜明地区别于其他欣赏性的艺术类文体。如果进一步研究，还可以发现"用"不仅是应用文的目的，而且是衡量应用文的优劣的一条重要标准。作为一种专业特色鲜明的实用类文体，民航乘务应用文最大的特点是"实用"，是有用才写，写了要用的。例如，要使客舱服务工作更有条理和周到，就要写计划等；为了让乘客知道空中旅行的情况，就要书写不同的广播词；作为学生要顺利完成学业，就要写好毕业设计论文；毕业后要找到合适的工作，就要写自荐信或求职信。所有这些都是为了解决实际问题而写的。应用性是民航乘务应用文最大、最本质的特点，也是区别于其他文学作品和文体的主要标志。

（二）程式性

程式性也称体制性。应用文比其他文体有更为严格的体制限制，包括文章的体（形体）、制（规定）、格（格局）的若干规定。这种规定的形式的形成大体上有两方面原因：一是"约定俗成"，如书信等文体的格式，就不是由某一个人或法定而成的，它是社会大众自然地"约定"为形式的。二是"法定使成"，如公文、司法文书等文体的格式，是由国家或地区最高法律机关、权威部门以法律、条例、办法、规定等形式制定的，个人无权任意确定或更改这种形式，也无权不按此形式办事。否则便是违法，违反"规定"。如此强烈的强制性，在其他非应用性文体中是少见的。无论是"约定俗成"，还是"法定使成"的体制，在历史进程中，都是不断发展、不断丰富的，绝不是一成不变的。

民航乘务应用文有其特定的、惯用的格式，这些格式有的是长期以来约定俗成、相沿成习的，有的是由国家有关部门统一制定的。例如，通知有通知的格式，通告有通告的格式，计划有计划的格式，劳动合同有劳动合同的格式，等等，每一种程式性应用文体包括哪些内容，哪些在前，哪些在后，应该包含哪些部分，都应严格遵守。

例如，就书信而言，不要以为它的写作十分简单。有人写信写了十九年了，还是会写错。实际上，真正能够规范地全部书写正确书信格式的人，可以说是凤毛麟角。有的人对此不以为然，书信格式错了，不也照样能收到，意思也能理解。但他不知道，他所体现出的语文修养与能用正确书信格式写信的人有着天壤之别。就像吃饭一样，有的人用手抓饭往嘴里塞，有的人却用高级餐具进餐，其风格的粗鲁和优雅是不可相比的。

（三）说明性

应用文在表达方法上要求简浅明确。为了"达意""提要"，在遣词造句上应用文要求作者使用大众都能理解的通俗明白的语言和有效的说明方法，准确简明地说明事由、解说道理、介绍情况、陈述办法。一般来说，每一种民航乘务应用文书都有其明确的、直接的受文对象。例如，求职信写给哪个企业，报告打给谁，通知谁，计划为谁而制订，都有其明确指向。即使是一些周知性的公告、通告、通报、会议纪要等，也是针对有关应知对象的，只不过对象的范围有大有小罢了。

（四）时效性

民航乘务应用文是民航乘务专业人员为处理事务或解决实际问题而写的，必须注意时效性。时效性，要求写得及时、发得及时、办得及时。例如，通报的内容总是与特定时期背景有着紧密的联系，通报得过于迟缓，就达不到沟通情况、宣传教育的目的。

（五）真实性

民航乘务应用文必须讲究真实、客观，要实事求是地反映问题、反映情况，不允许像文学创作那样虚构或进行艺术再加工，也不允许凭空想象或歪曲事实。例如，关于民航客舱服务工作中遇到的突发事件的情况报告，其中涉及的时间、地点、人物、事情经过等，都必须客观、真实，不允许有任何编造，否则，将影响领导对整个事件的正确判断。

简而言之，应用性、程式性、说明性是应用文的最基本的特点，也是民航乘务应用文的基本特点。其他如读者对象的明确性、作者权限的制约性、行文的时效性，以及内容的真实性等，虽然也是应用文所具有的特点，但它们并不是普遍的应用文所共有的区别于其他非应用性文体的特点。

三、民航乘务应用文的作用

不同的历史时期，应用文作为统治者维护统治、管理国家，人民大众相互联系、传播信息的手段，发挥了难以估量的作用。在飞速发展的现实社会中，应用文在政治、经济、军事、文化领域正发挥着不可替代的作用。而随着我国航空事业的发展和民航乘务人员队伍的壮大，逐渐系统完善的民航乘务应用文在我国的民航事业中也发挥着十分重要的作用。

（1）在民航业机关、团体、事业、企业单位的公务活动中，民航乘务应用文具有指挥管理作用。例如民航机关行政公文便是管理国家民航事务的有效工具，它可以使国家民航管理机构的政策、指示、通知等逐层下达，深入基层单位，变成民航企业和业内人员的行动；也可以使民航企业基层单位的情况迅速反馈到管理机构，为管理机构制定正确的方针政策、及时指导工作提供依据。

（2）在民航行业管理机关、团体、企业、个人之间，应用文可以起到沟通信息的桥梁作用。应用文是突破时间与空间的限制，把业内各个地区，甚至世界各国的民航单位联系起来的有效工具。它能把民航业的人员紧密地联系在一起，互相配合，加强协作，共同实现预定目标。

（3）民航乘务应用文具有总结经验、提高效率的作用。面对新形势、新任务、新问题，如何从本单位、本部门的实际出发，总结经验，以指导一般，以争取最佳的经济效益和社会效益，是新时代摆在我们面前的新课题。只有通过调查研究，总结正反两方面的经验，并形成文字材料，才可以把零星的、分散的材料集中起来，把纷繁的信息条理化，从感性认识到理性认识，找出规律性的东西，提高工作质量，促进事业发展。

（4）民航乘务应用文具有史实凭证作用。应用文常常记载了机关、团体、事业、企业单位在不同时期、不同地域、不同事件中的具体情况。这些文件完成了当时的特定任务之后，往往被作为文献资料或历史档案材料加以保存，而为后人所借鉴、查询、参考、复用。魏文帝曹丕在《典论·论文》中说："盖文章，经国之大业，不朽之盛事。"这里的"文章"绝不是指现代意义的小说和娱乐作品，而是泛指应用性文章。因为只有公务文书与经典著作才堪为"经国之大业"。

（5）民航乘务应用文在提升航空服务方面起到了不可或缺的作用。飞机在空中飞行，会发生许多意想不到的情况，而一个及时的空中广播会让因飞机空中发生险情产生恐慌的旅客平息下来，协助空乘人员排除险情；一个富有创意的筹划，会让旅客度过一次终生难忘的空中旅行；一个经验总结会让下一个航程避免已经发生过的服务上的疏忽，提升服务质量。

四、要重视民航乘务应用文写作

"五四"运动前夕，北京大学教授刘半农在1918年第4卷第1号《新青年》上发表了题为《应用文之教授》的文章，针对一些青年学生忽视应用文写作的现象说："……现在学校中的生徒，往往有读书数年，能作'今夫'、'且夫'，或'天下者天下人之天下也'的滥调文章，而不能写通畅之家信，看普通之报纸杂志文章者，这是谁害他的？是谁造的孽？第二，现在社会上，有许多似通非通、一知半解的学校毕业生：学实业的，往往不能译书；学法政的，往往不能草公事、批案件；学商的，往往不能订合同、写书信；却能写些非驴非马的小说、诗词，在报纸杂志上出丑。此等谬种而非桐城，妖孽而非选学的怪物，是谁造就出来的？是谁该入地狱？"

也许有人认为，进入计算机时代民航乘务人员就不用写应用文了。这种观念在各个民航学院普遍存在，许多大学生计算机玩得很好，甚至能编写一些程序，英文水平也是专业8级，有的甚至在奥数竞赛、机器人比赛中获奖，但是写应用文的能力却很低下。写一封普通家信、写一个普通的学习小结都逻辑混乱、词不达意。我们应该清晰地认识到，随着科学技术的发展，社会对应用文写作的要求不是越来越低，而是越来越迫切。作为从事民航业的人员，更需要掌握应用文的写作知识。

据《美国新闻与世界报道》透露，美国进入20世纪80年代以来，盛行过"弃笔风"，这使美国政府与企业在录取工作人员时感到头疼。因为他们发现，许多受过高等教育的经理竟然写不出一封条理清晰的业务信件，甚至一个便条；许多政府官员乃至科学家需要补习应用文写作知识。美国克利夫兰国际写作学院院长艾伯特·约瑟夫就教过20多万位这样的经理、科学家和政府工作人员。他说："这些人实际上都是大学毕业生，一多半还获得了高级学位，但是至少有三分之二的人，尽管学历完满，却连一封简单的书信、一份简单的报告也写不通。"美国基础教育委员会主席阿·格雷厄姆·登为此提出了警告："学生的写作能力看来是停滞在一个令人沮丧的水平上了，这种情况正好发生在对写作的需求越来越高的时候，等到现在的学生成为社会中坚力量时，社会对写作的需求就会比现在更紧迫了。"类似的情况，在目前的中国也同样存在。

这说明现代科学技术的发展，虽然能够解决信息传播方面的很多问题，但是却代替不了人们思维活动的产物——应用文写作，这是我们不能不倍加重视的现实问题。

民航乘务应用文是空中乘务专业人员学习、生活和工作中常见的或常用的处理日常事务、沟通信息、协调关系时所使用的重要媒介。语言学家张志公先生在《两种目的，两种文章》中指出："会写应用性文体的文章，是任何人都需要的，几乎可以说无一例外。每个受过中等教育甚至受过小学以上教育的，都要写他在生活、工作和学习问题上所需要的应用文，这种写作能力是现代社会的公民必须具备的。社会交际不可能都是口头交际，书面交际占很大比重，占很重要的地位。要完成社会交际的任务，完成各项工作，提高工作效率，从事某项工作的人，就要能够写好和他工作有关的应用文。"著名文学家、教育家叶圣陶先生也曾明确指出："大学毕业生不一定要能写小说、诗歌，但是一定要能写工作和生活中实用的文章，而且非写得既通顺又扎实不可。"可见，空中乘务专业的学生学好应用文写作的意义重大。

第三节　应用文的分类

人类自从有了文字就开始了写作活动。人类最早的写作就是为了解决各种实际需要。人类开始写作时，从未想过自己的文章是属于什么类型，也没有主动按照文章类型的写作规律和要求来写。文章的分类是后人为了方便教学而编排的。由于文章的种类太多，文中的特性以及表现手法在各类文章中交叉显现，于是出现了不同的分类法。

按写作的目的来给文章分类，可以分成两大类：一类是文学写作；另一类是应用文写作。文学写作主要用于抒发作者的主观情感，反映社会现实，是为了让人们欣赏而进行的艺术创作，如诗歌、小说、戏剧、散文等。应用文写作是为了公务和个人事务而写的，用于解决实际问题。人们通常把民航乘务应用型文章的写作称作应用文写作。

一、按有塑造形象和没有塑造形象分类

（一）有塑造形象的文学作品

有塑造形象的文学作品可以分成以下四大类。

1. 诗歌

诗歌包括诗、词、曲、民谣等。

2. 散文

散文描写出对社会、人生、自然界的特殊感悟。

3. 小说

小说塑造人物形象反映社会生活。（神话、传说、寓言、童话、民间故事等可列入小说类。）

4. 戏剧

戏剧是指剧本、戏剧文学、电影文学。

（二）没有塑造形象的一般实用文章

没有塑造形象的一般实用文章可以分成以下四大类。

1. 记叙文

记叙文包括消息、通讯、特写、人物专访、传记、记人叙事。

2. 说明文

说明文说明具体事物或事理，介绍科技知识、地理状况等。

3. 议论文

议论文对人或事发表自己的见解、主张、看法或批驳对方观点。议论文有时评、社论、按语、杂文及观后感、读后感等。

4. 应用文

应用文有固定格式、固定用途、专门对象。（书信、通知、启事、调查报告、借条、申请书等可列入应用文。）

应用文与记叙文、说明文、议论文是一种相互交叉、渗透和重叠的关系。例如，应用文中的回忆录、日志、地方志、大事记、家谱、族谱、墓碑文等，就属于记叙文的范畴；应用文中的须知、解说词、说明书、工具书条目、书籍内容提要、登记表、统计表、一览表、证书、广告、文摘、教案等，就属于说明文的范畴；应用文中的演讲稿、声明、座右铭、格言、家训等，就属于议论文的范畴。

二、从实用角度对文体进行的分类

应用文具有自己独立的文体分类体系，凡具有一定实用功能的文体，均可以归入应用文的范畴。应用文根据不同的范畴，也可以细分类别。

（一）按用途分

1. 指导性应用文

指导性应用文是指具有指导作用的应用文，一般用于上级对下级的行文，如命令（令）、决定、决议、指示、批示、批复等。

2. 报告性应用文

报告性应用文是指具有报告作用的应用文，一般用于下级对上级的行文，如请示、工作报告、情况报告、答复报告、简报、总结等。

3. 计划性应用文

计划性应用文是指具有各种计划性质作用的应用文，常用于对某件事或某项工程等开始前的预计，如计划、规划、设想、意见、安排等。

（二）按性质分

1. 一般性民航乘务应用文

一般性民航乘务应用文是指民航管理局法定公文以外的应用文。一般性民航乘务应用文又可以分为简单应用文和复杂应用文两大类。简单应用文是指结构简单、内容单一的应用文，如条据（请假条、收条、领条、欠条）、请帖、聘书、文凭、海报、启事、证明、电报、便函等；复杂应用文是指篇幅较长、结构较繁、内容较多的应用文，如总结、条例、合同、提纲、读书笔记、会议纪要等。

2. 公务文书

公务文书又称为公文，是指国家法定的行政公务文书。2012年，中央办公厅、国务院办公厅发布了《党政机关公文处理工作条例》（以下简称《条例》），把公文分成15种，即决议、决定、命令（令）、公报、公告、通告、意见、通知、通报、报告、请示、批复、议案、函、纪要。

三、民航乘务应用文的简单分类

我们按照应用文的使用范围和内容不同，根据民航乘务人员日常工作中接触和运用实际，将民航乘务应用文分为以下几类。

1. 民航乘务常见公务文书

民航乘务常见公务文书是指公告、通告、通知、通报、请示、批复、函、纪要。

2. 民航客舱管理事务文书

民航客舱管理事务文书是指客舱工作计划、客舱工作总结、客舱工作简报、会议记录。

3. 民航客舱服务专用文书

民航客舱服务专用文书是指客舱广播词、客舱乘务初始新雇员带飞记录表、特殊旅客空中生活记录、机上事件报告单、紧急医疗事件报告单、旅客遗留物品交接单。

4. 民航客舱宣传应用文书

民航客舱宣传应用文书是指消息、通讯、新闻评论、新闻特写、客舱专题活动策划书。

5. 民航客舱常用礼仪文书

民航客舱常用礼仪文书是指感谢信、慰问信、表扬信、致歉信。

6. 民航乘务职场应用文书

民航乘务职场应用文书是指求职信、简历、竞聘书、申请书、述职报告、劳动合同。

在以下章节中，将一一详细介绍这几类应用文的概念、特点及写作技巧。

第四节 民航乘务应用文写作与文学写作的区别

从广义的角度来说，所有文字构建的文章都是"应用文"。其实，我们常常吟诵的诸葛亮的《出师表》、李白的《与韩荆州书》、骆宾王的《为徐敬业讨武曌檄》等，这些美文是我们常在语文课里当文学作品来欣赏的，可它们又确确实实是应用文文体。然而，由于作为应用文的一种的民航乘务应用文，它的应用范围和读者对象与文学作品不同，文体的种类繁多，故民航乘务应用文与文学作品分道扬镳，在各自的领域里发挥作用。为了有所区别，我们才设定一些标准将它们区分开来。那么区别在哪里呢？

一、审美标准不同

民航乘务应用文写作与文学写作的一个很大的区别就在于它有明确的实用性，文章内容往往出于民航事务性的需要，将所要传达的信息付诸书面形式，追求文章的实用性和功效性，缺乏实用价值的文章不能称为应用文。

民航乘务应用文写作对语言和通常的应用文一样有两个基本要求：一是要平实和简明；二是要典雅。"平实"就是要表达出事物的真实面目或本质；"简明"要求写文章词句达意、通顺而明白即可；"典雅"是一种层次比较高的要求，在具体写作过程中，要求文字和内容达到高度统一并呈现出某种程度上的美感。应用文的写作目的是应用，从这一角度来说，应用文如果要有审美价值，那它的审美价值也应体现在其应用的效用以及表现这种效用的过程方面。也就是说，应用文的本质决定了其语言之美应当区别于普通意义上的语言之美。

民航乘务应用文是一种文章体裁，文学文体也是一种体裁，这两种体裁各有其体态，自然也会存在着不同的美质。文学文体的美主要是通过文学作品来体现的，文学创作源于作家对自然、宇宙、人生和社会的体验和感受，源于作家的心灵在特定时空里的遨游和徜徉与其精神在特定情境中的呼吸和升腾。它所体现的美是一个整体，它不仅要有美的结构，还要有美的内容。思想内容是文学作品的主旨、灵魂，直接决定着文学作品的命运。一个美的思想内容要做到以下三个方面：第一，思想内容要吸引人；第二，一篇"美"的文学艺术作品，它的内容必须能打动人。第三，美是永恒的。文学作品要想真正带给人美的感受，不仅要有表现形式美，而且要有思想内容美，更要有形式与内容上的统一和谐美。

与文学文体不同，民航乘务应用文文体所表现的美是另外一种美，是一种平实美和简明美。这种美不是用修辞手法来实现的，而是依其自身的文体语言魅力来完成的。能用最短的话将问题清晰、准确、得体地表达出来，这就是应用文之美。使用极其通俗的语言清晰、准确且简明扼要地将深奥的科学问题讲解给听众，这其实就是一种美。这种美是语言得体之美，是语言服从应用文写作目的之美，是遵从主旨之美，是应用语言效用之美，用一句话总结就是充分体现该种文体的实用价值之美。

二、语言及其表达方式不尽相同

（一）语言风格上的差异

民航乘务应用文写作，为了快捷地实现实用性的目的，总是力求用公众认知的语体来传达信息，特别是在公务文书中，一般都不用个人化色彩浓厚的口语或某个地区的方言，以免产生歧义而导致延误工作。应用的客观性，使得应用文写作多用记叙性的语言进行客观的描述，总是要求语言精练、简洁，表现在形式上是要求文章紧凑、短小，以开门见山的方式直接入题开头，既不设置一个吊人胃口的悬念，也不追求或顺叙或倒叙以求行文的跌宕多姿，而是直截了当，顺叙事件；结尾也决不讲究含蓄隽永、余味无穷，更不能拼凑所谓的"开放式结局"（即构思出一个有多种可能性的结局，让读者自己去判断、选择）。

与文学作品求新求变的语体风格相比，应用文语言虽然也随着时代内容的变化而发展变化，并不一味僵死不变，但其缓慢的变化速度始终呈现出一种稳定化态势——形成一套较完备的惯用语言模式，并相应地具有特定的事务含义。恰当地运用这些模式化语言，不仅不会形成文学作品中的所谓"陈词滥调"，还有利于内容表达的准确、严谨和风格体现的典雅端庄、简约大方，例如，起首语："根据……现……如下""为了……""关于……"等；衔接过渡语："综上所述""由此可见""总而言之""为此"等；结束语："特此报告""特此通知""当否，请批示""特此函达，即希函复"等。这些模式化的语言与应用文文体结构的模式化相辅相成,形成了应用文特有的简洁、朴实、得体的语言艺术和文体艺术美感。

民航乘务应用文,因为在行业中使用的人多,使用的范围广、频率高,为了提高办事效率,就需要规范化。民航乘务应用文的写作具有一定的规格、范式,有一些虽然有一定的灵活性,但毕竟是有限的,不能随意改变和创造。文学创作最根本的特性是创造,形式上不拘一格,没有也不应当有任何套路和格式。

(二)思维方式的差别

思维是人脑对现实概括的、间接的、能动的反应。思维方式和方法贯穿在写作的全部过程中,决定着文章的成败、优劣。文学作品与应用文文体功能的差异,首先就决定了它们在思维方式上的截然不同。应用文是人们交际的重要工具,是为了解决实际问题而作,因此应用文以抽象思维(即理性思维)为主,民航乘务应用文作者要抛开事物的感性形式,寻求其内在的联系,找到事物的内在规律,是运用逻辑思维、模式思维等思维方式进行写作的。

文学文体以形象思维为主。由情节、人物、环境、冲突、意象、意境等构成的小说、戏剧、诗歌、散文等诸多文学形式,尽管其看似纷繁多变,但都可视可闻,都是作者通过运用形象思维模式构建一系列的艺术形象和精巧的结构来体现的,充分体现了作者主观的情感。其塑造的人物形象力求栩栩如生,事件过程讲求真实生动。以形象来叙事、说理、抒情。

同时,文学写作是一种创造性的思维活动,其创作的原因是不能自抑的情感冲动引发的"我要写",对一件事、一个人,文学作者可以有自己的观点、立场、情感,因为他是独立的个性主体,所以他写什么,怎么写,或到底写与不写,都全在文学作者本人,他的思维是自由的、随意的、无拘无束的。民航乘务应用文写作中涉及的人物、事件只能尊重客观事实、尊重历史,据实书写,必须杜绝个人好恶和率性而发。因为大多数应用文都是民航业务需要"要我写"的,是被动而写的。民航乘务应用文写作是在民航活动过程中因现实问题需要而产生的,其个人作者、法定作者、代言作者或群体作者总是存在着一定程度的依附性,是上级机关、领导和下级部门、群众的中间环节。传达政令、布置工作、商谈事宜等都是受现实促发,而不是主观的"我喜欢、我选择、我愿意"。

(三)主旨内涵的差异

一篇文章不管是民航乘务应用文文体,还是文学文体,都是有主旨的,但由于它们的社会功用、写作主体、接受对象不同而呈现出不同的状况。文学文体主要的功用是供人审美,通过文学作品引起共鸣,让人读来心神荡漾,如沐春风。但由于个人的气质、文化修养、教育水平、生活经历不同而对文学的审美趋向就不同,就会导致文学作品多主题,甚至无主题。阅读主体接触到文学客体之后,也会有一个不断创造与不断解读的过程。文学文体的主旨出现了效果与动机的同一性与差异性两种可能,即文学文体允许双主题、多主题,甚至"无主题"。所谓"仁者见仁,智者见智"。

而民航乘务应用文文体的主要功用是用于服务航空工作或民航事务，为传达特定的思想内容。因此它只能是单一的主题，这样才可以保证传达的信息准确、可靠。民航乘务应用文文体的功能决定了其写作主体、写作目的的单一性，而民航乘务应用文文体由于写作主体、写作目的的单一性和功利性，决定了主题先行的写作思路与写作方式，即从实际出发，先确立主题，然后找材料说明，主题居主导地位，要求写什么就写什么，非有感而发，而是为事物而作，不以个人意志为转移，这就必然导致文本意义的单一性和确定性，所以读者在解读过程中无须做很多创造性的发挥，也导致了文章主旨动机与效果的同一性，即文章主旨内涵是单一的、直接的、明确的。

通过上述的比较研究，可以更深入地认识两大文体的共性及个性差异，这对民航乘务应用文写作也有重要的指导意义。

三、读者对象不同

民航乘务应用文写作与文学创作的区别还在于读者对象不同。民航乘务应用文通常具有时效性，读者对象是特定的，尤其是带有行业保密性的公文，其读者对象被严格确定在一个很小的范围内。而文学作品的读者对象具有广泛性和不确定性，读者在阅读中可根据自己的审美趣味、生活经验和生命体验来认识、理解、阐释和接受文学作品，不必拘泥于权威的指点。

民航乘务应用文写作与文学创作尽管有如此多的差异，但它们之间并非绝缘的，而是在一定程度上互相渗透的。一些民航乘务应用文的体裁形式为文学所用，如日记、书信、账单。而且有些广义的应用文，如鲁迅致许广平的"两地书"、马丁·路德·金的演说词、韩愈的《柳子厚墓志铭》等，都因具有较高的文学性而走出应用文的圈子，登入文学的殿堂。与此同时，在广告中，抒情与想象很受重视，积极修辞屡见不鲜。科学童话、科普小品、报告文学等都是文学创作与应用文写作相融合的产物，它们的身上既流淌着文学的血液，又有应用文的基因。

第五节　民航乘务应用文与公文的区别

应该说，"公文写作"是"应用文写作"下属的一个子概念，也就是说，公文写作是应用文写作的一种，但应用文写作不仅仅包括公文写作。要弄清这两者的异同，主要是弄清"公文"和"应用文"两者的定义有什么异同。

所谓"公文"，全称公务文书，是指行政机关、社会团体、企事业单位在行政管理活动或处理公务活动中产生的，按照严格的、法定的生效程序和规范的格式制定的具有传递信息和记录事务作用的载体。广义公文的指称范围包括机关、团体、企事业单位的各种文件、报表、会议文件、调查资料、记录、登记表册等。狭义公文的指称范围包括通用公文和专用公文。

所谓"应用文",是指人们在生活、学习、工作中为处理实际事物而写作,有着实用性的特点,并形成惯用格式的文章。应用文是人类在长期的社会实践活动中形成的一种文体,是人们传递信息、处理事务、交流感情的工具,有的应用文还用来作为凭证和依据。

从上面的两个定义就能看出,"公文",说直白点,是指单位处理公务活动中形成的具有一定格式的文字材料,严格意义上的党政机关公文都有专门的公文处理条例和固定格式,如有明确的 15 种文种等,形式上要求清晰而严格。"应用文"则不仅仅限于单位,包括个人在内,只要是为了一定的实用目的、具有一定的惯用格式的文字材料,都是应用文。如果将《党政机关公文处理工作条例》中规定的 15 种文种作为公文的一般范围的话(其实在实践中一些社会团体、企事业单位和经济组织使用的公文也不仅仅限于这 15 种,党政机关则比较严格地执行这个标准和范围),有一些应用范围比较广泛的公文文种,其实也是各类"应用文"写作的重点,如"通知""函"等。但民航乘务应用文不仅仅限于这 15 种文种的范围,如个人出具的借条、私人或者商务活动的邀请函、请柬等,这些都是应用文,但不属于严格意义上的公文。

民航乘务应用文包括的范围很广,民航乘务应用文是各类民航企事业单位、机关团体和个人在工作、学习与日常生活等社会活动中,用以处理各种公私事务、传递交流信息、解决实际问题所使用的具有直接实用价值、格式规范、语言简约等特点的多种文体的统称。民航乘务应用文的分类主要有党政公文、事务文书、专业文书等大的类型,每种类型里面又分为很多具体的文种。

广义的公文指公务文书,只要是处理公务的都算是公文。狭义的公文指党政公文,具体有 15 种。公文是应用文的一种类型。公文比一般的应用文更具有权威性和强制力,体式格式更加规范,处理程序更加严密。公文是国家机关及其他社会组织在其行使职权和实施管理的过程中所形成的具有法定效力与规范格式的文书。

公文具有以下特点。

(1)公文是由法定的作者制成和发布的。公文虽然也是一种应用文,但它不是谁都可以随便写的,必须是国家行政机关(或依法成立并能以自己的名义行使权利和承担义务的组织)。

(2)有法定的权威和效力。作为机关的喉舌,代表机关发言。一份文件代表制发机关的法定权威,反映与传达了它的制发机关对于某项工作问题所做出的决断和意见,收到的机关可以作为办事的凭据。

(3)公文有特定的体式并需经过一定的处理程序。

第六节 民航乘务人员与应用文的关系

随着人们生活水平的提高,选择航空出行的人越来越多,航空业逐渐成为国民经济的重要组成内容,而空乘服务的质量对航空业发展的影响也越来越大,所以必须把提升空乘人员服务质量作为航空业发展的重点来开展各项内容的建设,这样才能更好地促进航空业的发展。民航空乘人员服务是民航运输服务的重要组成部分，它直接反映了航空公司的服务质量。在激烈的航空市场竞争中，直接为旅客服务的空乘人员的工作态度和服务质量，对航空公司占领市场、赢得更多的回头客起着至关重要的作用。总之，航空公司要想在激烈的市场竞争中赢得更多的旅客，就必须提高空中乘务服务理念和服务质量。

在航空类院校的航空专业课程中，要求有志从事民航事业的学生不仅要学习机场的航空运输服务与管理、民航旅客与货物运输、客舱设施与服务、航空服务礼仪、航空法、民航概论、中国航线地理、民航服务心理学、乘务英语、飞机起降原理、客舱安全管理等一系列的乘务知识课程，而且要学习大学语文、大学英语、播音与主持、舞蹈与形体训练、化妆技巧与形象设计、跨文化交际（英）等文化提升类课程，甚至要参与广播电视栏目主持、演艺实践等。在各种工作的实践锻炼中，不断提高服务水平和服务质量，为中国的民航业做贡献。

民航乘务人员的职业素质里有一条重要内容，就是具有良好的人际沟通能力和处理各类事务的能力。交通运输部、中国民用航空局（以下简称民航局）或各航空公司在颁布政策、法令、章程以及规定中，常以应用文作为载体。空中乘务专业学生或从业人员只有知晓大政方针，明晰规章制度，方能规范职业导向和行为，确保学习和工作有章可循、有法可依、有条不紊。

民航乘务应用文或是为了宣传一种先进思想、行为，或是为了批评落后现象，或是起到互相联络，增进了解的作用；或是进行信息交流，掌握动向，研究对策，或是起凭据作用。会写民航乘务应用文是每一个民航乘务专业学生必须具备的基本职业技能之一，其意义深远。

一、时代的发展需要民航乘务人员掌握应用文写作技巧

随着现代经济和科学技术的发展，应用文已进入一个崭新的发展阶段，即现代应用文的发展阶段。如果说 20 世纪是它的准备期，那么，21 世纪将是现代应用文文种大发展、体制更完善、使用手段现代化的新时期。

现代应用文与古代应用文相比，在应用的范围和内容方面都有了明显的变化。

（1）内容和形式有了转变和突破。内容从皇权的管理、运作、维护逐步向社会经济发展转移，围绕经济中心服务则成了应用文的主要内容。在世界各国的首脑交往中，单一的礼义性访问很少，较多的都带有某种经济目的。

世界各地区不断形成许多贸易区域和世界贸易组织。环绕这种大市场经济出现了许多在国内外流行的通用性文体，如新型的章程、合约、进出口单证、资产评估书、专利申请书、商贸信函、广告、商用公告、通告、信用状、抵押文书等。向来"神圣"的国家文书——党政公文，被经济交往所"异化"。公告的法定职能是公布国内外重大事项。但在商业里公告被用来公布一个公司里自认为是重大的事项，如某航空公司的新航线开辟、召开股东大会等，其职能相当于通知。就是一些传统的文书，也被经济的发展所改造，而成为新的形式。如书信在贸易中可以与合约（订购确认书）连用，请柬可以改造为中英文对

照、加回条、加附录等形式。

（2）应用文的使用范围呈国际化态势，民航乘务应用文也具有广泛的国际性。由于经济区域之间、国家之间、集团之间、企业之间的交往不断扩大，而这些国家、区域、集团之间往往都有彼此约束、共同信守的文件与规定。所以，应用文写作也呈国际化、标准化态势。例如我国航空业订购法国"空客"飞机的合约。进出口单证、各种条例、申请、邀请书、信用证、保险书章程、办法等，在世界范围内日益趋于通用化。

（3）表达语言"多语化"。传统的应用文，用的多是汉语文言文。现代民航乘务应用文往往在采用汉语白话文的同时，还采用英文书写，甚至日文、英文、法文、阿拉伯文等多种语言。中国的民航企业业务已经遍布世界各大城市。民航企业如果只用中文起草文件，很多外国人就看不懂，如果只用英文起草文件，那么有些中国人又看不懂，采用两种文字，既方便外国人，又方便中国人。中国航空业在美国、加拿大、澳大利亚等世界各国的大城市都设有分公司和办事处，要在当地开展业务，必须使用中文以外的其他语言。可见，应用文的"双语化"也同样是现实的需要、社会发展的必然。这也是现代应用文，特别是民航乘务应用文的一个标志性特点。

（4）书写技术现代化。现代科学技术的发展，特别是电子通信技术的发展，使民航乘务应用文的书写技术和操作系统的现代化程度也日益提高。多功能全自动的复印机、缩微机、图文传真机、计算机、电子邮件、信息高速公路的出现，以及手机的普及，手机微信、短信的广泛运用等，极大地提高了现代通信的能力。国与国之间、区域与区域之间、集团与集团之间进行商业交往与联系，使用图文传真、电子邮件、手机微信等手段，顷刻之间即可将自己的函件与文件传达到对方手里，并通过自动打印、自动复印机迅速地将这些文件复制成册并分送到所需送达的单位。

总之，现代民航乘务应用文以其内容的经济化、使用范围的国际化、表达语言的双语化、书写技术的现代化成为民航业普遍采用的沟通工具。而熟练掌握应用文写作技巧，是每一个民航乘务人员处理社会人际交往、搞好人际关系的需要。

二、航空工作特性更需要熟练运用民航乘务应用文

飞机客舱环境复杂，需要民航乘务人员熟练地运用各种类型的应用文。

乘务人员在天空中飞来飞去，行迹跨越五大洲。飞机在飞行过程中，机舱噪声大、氧气低以及颠簸的现象都广泛存在，在这样的环境中，旅客发生任何事情，都需要乘务人员给予帮助解决，这就需要乘务人员具备独立处理各种事物的能力。对于乘务人员来说，每天面对的乘客数量很大，而每个乘客的心理状态又都是不同的，所以在处理问题的过程中，经常会被误解或者指责，这对他们正常的工作效率和工作质量都有很大的影响。

所以每个公司在招聘乘务人员时，不是单纯地看形象、举止，更看重应聘者的内在素质。内在素质不仅包括个人的责任心、包容心、耐心和爱心等品格，而且包括文化素养。文化素养不仅体现在能歌善舞、能说会道上，也体现在写作能力，尤其是具体的民航乘务应用文写作上。

因为乘务工作既是服务工作,也是安全工作;既关系到航空公司服务质量的好坏,也关系到旅客的生命和国家财产安全,责任重大,需要乘务人员以高度的责任心认真对待。例如,从事乘务工作,经常会遭受旅客的质疑或指责,乘务人员必须具有包容心,但只有包容心不够,还必须具备处理事件的能力。

在与旅客短暂的交往中,通过旅客的表情、言谈、举止判断出旅客不同的服务要求,从而在服务工作中做到有针对性的服务,例如,通过客舱广播完美解说民航航空的一些规章制度,给旅客介绍各方面的新的通告、规定,解说旅行途中的各种须知,为旅客带来方便,使旅客满意。民航乘务应用文是顺利开展学习和工作、有效解决和处理问题的重要凭证和依据。例如,民航局或各航空公司制定的规章制度等,是开展工作和检查工作的依据;劳动合同是保证航空公司和民航乘务人员合法权益的重要凭证。

民航乘务应用文在信息传播和沟通方面起到了良好的媒介作用。例如,招聘启事和求职信能传达航空公司与求职者之间的供需信息,增进双向了解;会议纪要和简报传递的是航空公司的相关会务信息和重要精神;通报可以弘扬先进、批评错误、拓宽职业道德宣传与教育的途径。

另外,民航乘务应用文旨在培养学生会写职前、职中常用的应知应会的各类应用文书,其内容密切关联民航乘务专业学生和从业人员的学习、生活、工作等诸多方面。例如,通过写计划,可以明确某阶段某项工作的目标、方针、措施和步骤,使学习和工作节奏有条不紊;通过写总结,可以看到成绩,找到差距,总结经验和教训,不断提高今后的学习、工作的质量和效率。

总而言之,作为一个社会人,社会的各类活动离不开应用文;作为民航乘务人员,你工作的场所和你服务的对象更需要你掌握民航乘务应用文写作的相关知识,以便为广大旅客提供优质温馨的服务。

第二章

民航公务文书

教学提示

本章将对各种行政公文的概念、内容、作用以及行文格式、行文规划、办理程序进行概括。通过民航行政公文的写作训练，使学生熟悉民航各级行政机关在实施领导、履行职能、处理公务中常见的公文文种，如公告、通告、通知、通报、请示、批复、函、纪要等。

第一节 公 告

民航乘务常见公文文种有公告、通告、通知、通报、请示、批复、函、纪要等。它们是民航各级行政机关实施领导、履行职能、处理公务的具有特定效力和规范体式的文书，是传达贯彻党和国家的方针政策，公布规章，指导、布置和商洽工作，答复问题，报告、通报和交流情况等的重要工具。

一、公告的概念和分类

（一）公告的概念

公告作为行政公文的一种，适用于向国内外宣布重要事项或法定事项，如《国务院办公厅公告》《新华社授权公告》等。公告常用来宣布国家重要领导岗位的变动、国家领导人的出访、人大代表资格的确认、重要科技成果的公布、重要军事行动等。

依据有关法律法规的规定，有关职能部门也常用公告宣布一些必须向全民公布的重要事情和主要环节，如司法部门发布的开庭公告、国家专利局制发的发明专利公告、中国人民银行发布的融资业务管理办法公告等。

公告通常由级别较高的权威部门或授权新华社制发，如全国人大、国务院及其所属机构，各省、自治区、直辖市行政领导机关，某些法定机关，如税务局、司法局、检察院、法院等。其他地方行政机关、党团组织、社会团体、企事业单位等不能滥用公告。

企事业单位、社会团体也用公告来宣布重要事项或法定事项，如银行宣布中奖号码，航空公司宣布新航线开通等。由于公告是向国内外宣布，故一般不用文件的形式印发，主要采用登报、广播、上电视的形式公布。

（二）公告的分类

根据内容和性质的不同，公告在民航领域的应用可分为以下两类。

1. 事项性公告

事项性公告常用于公布重大人事任免、重大活动、重要事件、重大科技成果以及其他重大事项，带有知照性意义，如民航局制发的《关于公布〈国内投资民航业需要特别管理的公共航空运输企业、枢纽机场和战略机场名单〉的公告》《关于公布航空运输危险品目录 2015 版的公告》等。

2. 知照性公告

知照性公告，一是用于发布有关法律、法规和其他重要规章条文，往往带有强制性的执行要求，如《中国民用航空局关于限制携带液态物品乘坐飞机的公告》。二是依据有关法律法规的规定，必须向社会公布的一些重要事情和主要环节，例如，根据《中华人民共和国招标投标法》规定，民航基建工程、设备采购等经济活动中制发的招标公告；根据《中华人民共和国公务员法》规定，民航空警总队制发的公务员招录公告；根据国家证券委规定，上市的民航股份制企业董事会就股本变动、人事调整、股东大会召开等重要事项制发的公告等。

二、公告的写作格式

公告正文的写作一般可分三个部分：第一部分交代发文背景或目的、依据。第二部分是公告的事项，为公告的主体。如果公告的事项具体内容单一，不可分段落；如果内容涉及两个或两个以上的方面，应分条立项，以数字标明，注意书写。第三部分为结尾，另起一段，用"特此公告"或"本公告自公布之日起执行"等作结。

公告的语言应简明概括、直陈其事、语气庄重。

公告的写作结构一般由标题、正文、发文机关署名和成文日期组成。

（一）标题

公告的标题有以下四种写法。

（1）发文机关+发文事由+文种，如《2018 年国考民航华东地区管理局面试公告》和《〈民航旅客限制随身携带和托运物品目录〉的公告》。

（2）发文事由+文种，如《关于落实航班正常管理措施有关情况的通告》。

（3）发文机关+文种，如《中国民用航空局公告》。

（4）直接以"公告"二字为题。

（二）正文

公告为晓谕性、普发性公文，无须写主送机关。

公告的正文一般包括公告缘由、公告事项和结束语三个部分。

1. 公告缘由

写明制发公告的根据、理由或目的。常用"为""根据"等作为发端用语，并用"现将有关事项公告如下"等惯用语过渡下文。写作上要求言简意赅，通常用一两句话概括即可，有时也可不写。

2. 公告事项

事项是公告的具体内容，应写明需要宣布的重要事项或重要事件是什么，包括时间、地点、事件、决定、要求等内容。内容少的可篇段合一，用一句话来概括，如"现发布《民用机场总体规划规范 MH 5002—1999》第一修订案和《民用航空支线机场建设标准 MH 5023—2006》第一修订案，自2015年7月1日起施行"。内容多的可分若干段或若干条逐一交代。

3. 结束语

结束语常用"特此公告""现予公告"等字样，并加"。"收尾，以示强调。如正文首段已用过渡句"现将……公告如下"，则正文之后无须再加"特此公告"之类的结束语。

（三）发文机关署名和成文日期

在公告正文末尾的右下角写明发文机关名称和成文日期。

发文机关署名一般在成文日期之上。应用发文机关全称或规范化简称，如"中国民用航空局"简称为"民航局"。如公告标题中已写明发文机关名称，此处也可省略不写。

公告的成文日期可写在标题之下，外加括号，也可写在文尾。重要的公告在时间之后还要写明发布公告的地点，如"2019年8月30日于北京"。

发文机关署名和成文日期之上要加盖公章。公章是公文生效的标志，也是鉴定公文真伪最重要的依据之一。

三、范例

（一）事项性公告

【范例2-1】

民航华东地区管理局2018年考试录用公务员面试公告

根据公务员录用工作有关规定，现就2018年我局录用公务员面试有关事宜通知如下：

一、面试分数线及进入面试人员名单

见附件1

二、面试确认

以上进入面试人员名单的考生，我局已通过电话逐一进行了面试确认，不再另外进行邮件或传真确认。考生无特殊理由不得放弃面试，如确因特殊情况放弃面试资格的，务必填写《放弃公务员面试的声明》（详见附件2），经本人签名后，于2月28日前发送扫描件至 mhhd_gwyzl@163.com，同时以电话方式通知我局。未在规定时间内填报放弃声明，又因个人原因不参加面试的，视情节我局将上报中央公务员主管部门记入诚信档案。

三、资格复审

面试考生需携带以下材料进行现场资格复审：

1．本人身份证、学生证或工作证复印件。

2．公共科目笔试准考证复印件。

3．考试报名登记表（贴好照片，如实、详细填写个人学习、工作经历，时间必须连续，并注明各学习阶段是否在职学习，取得何种学历和学位）。

4．本（专）科、研究生各阶段学历、学位证书复印件，所报职位要求的外语等级证书、职业资格证书复印件等材料。

5．报考职位所要求的基层工作经历有关证明材料。在党政机关、事业单位、国有企业工作过的考生，需提供单位人事部门出具的基层工作经历证明，并注明起止时间和工作地点；在其他经济组织、社会组织等单位工作过的考生，需提供相应劳动合同或缴纳社保证明的复印件。

6．除上述材料外，考生需按照身份类别，提供以下材料：

应届毕业生提供所在学校加盖公章的报名推荐表（须注明培养方式）复印件。社会在职人员提供所在单位人事部门出具的同意报考证明复印件（详见附件3），证明中需注明考生政治面貌，工作单位详细名称、地址，单位人事部门联系人和办公电话。现工作单位与报名时填写单位不一致的，还需提供离职证明复印件。

留学回国人员提供我驻外使领馆出具的留学回国证明和教育部留学服务中心认证的国外学历学位认证书复印件。

待业人员提供所在街道或存档人才中心出具的待业证明复印件（详见附件4），需注明考生政治面貌和出具证明单位联系人和办公电话。

"大学生村官"项目人员提供由县级及以上组织人事部门出具的服务期满、考核合格的证明复印件。

四、面试安排

面试时间：2018年3月8日至3月10日。面试每天上午9:00开始。各职位具体面试时间已在面试分数线及进入面试人员名单中标明，请考生至少提前45分钟到面试地点报到，参加相应职位资格复审及面试顺序抽签。截至面试当天上午8:30仍未报到的考生，取消考试资格。

面试地点：上海市虹桥国际机场内迎宾二路300号，民航华东地区管理局机关办公楼。地铁10号线虹桥一号航站楼站下沿空港一路往南步行约750米至迎宾二路左转即到。

五、体检和考察

1．实际参加面试人数与录用计划数比例达到3：1及以上的，面试后按照综合成绩从高到低的顺序确定考察和体检人选；比例低于3：1的，考生面试成绩应达到面试合格分数线70分，方可进入体检、考察，如果均没有达到的，该职位取消录用。

2．综合成绩计算：综合成绩=（笔试总成绩÷2）×50%+面试成绩×50%。

3．体检、考察对象按照该职位录用计划人数1：1的比例确定。体检具体事宜另行电话通知。

六、注意事项

1．考生需携带所有材料的原件进行审核，应对所提供材料的真实性负责，材料不全或主要信息不实，影响资格审查结果的，将按规定取消面试资格。

2．面试只安排一次，请考生按时参加面试。截至面试当天上午8:30仍未报到的考生视为自行放弃面试资格。

3. 参加上午面试的考生面试结束后应立即离开面试考场，并到指定会议室休息，封闭期间严禁走动和泄露试题信息。

4. 考生参加面试的食宿、交通等费用由考生自理，请考生安排好行程，并注意安全。

5. 联系方式：021-22322262（电话）
　　　　　　021-22321345（传真）

欢迎各位考生对我们的工作进行监督。

附件：1. 民航华东地区管理局面试人员名单
　　　2. 放弃面试资格声明
　　　3. 同意报考证明
　　　4. 待业证明

民航华东地区管理局
2018 年 2 月 11 日

【解析】这是一则民航事项性公告，常用于依照有关法律法规要求，必须向社会公布的一些重要事情和主要环节。本案例开门见山地交代了公告制发的依据为"根据公务员录用工作有关规定"。事项部分从网上报名信息填写要求和注意事项及其他事项方面分条列项，逐一进行具体说明。因首段用了过渡语"现就 2018 年我局录用公务员面试有关事宜通知如下"，故正文之后不再用"特此公告"之类的结束语。文章逻辑清晰，表述准确，可操作性强，注意事项便于遵照与执行。

（二）知照性公告

【范例 2-2】

关于落实航班正常管理措施有关情况的公告

各运输航空公司、运输机场公司：

根据《民航局关于印发〈航班正常考核指标和限制措施〉的通知》（民航发〔2017〕156 号）的相关要求，现做出如下决定：

一、暂停受理部分国内客运航空公司在时刻协调机场新增或调整预先飞行计划申请（详见本通告附表）。

二、自 4 月 27 日起至 7 月 31 日，停止受理泰国亚洲大西洋航空、巴基斯坦沙欣航空、巴基斯坦航空的客运加班、包机和新增航线航班申请。奥凯航空、龙江航空、阿富汗航空、加拿大航空、塔吉克斯坦索蒙航空因 2 月数据不达标，自 4 月 27 日起至 6 月 30 日，停止受理其客运加班、包机和新增航线航班申请。

三、给予深圳航空、奥凯航空、九元航空、马尔代夫航空、阿富汗航空、巴基斯坦航空通报批评。

四、自 5 月 1 日起，恢复受理土库曼航空的客运加班、包机和新增航线航班申请。

五、自 5 月 1 日起，恢复受理航空公司在浦东机场的客运加班、包机和新增航线航班申请。

运输司
2018 年 4 月 28 日

附件：附表.xls

【解析】这是一则民航知照性公告，常用于公布重大事项或重要事件，带有知照性意义。其正文部分由公告缘由、公告事项和结束语三部分组成。缘由部分用发端词"根据"引领，点明了公告制发的依据；事项部分用"现做出如下决定"一句，既说明了公告的具体事项，又明确了公告的执行要求。文章简明扼要，干净利落，一气呵成。

四、公告写作的注意事项

（一）内容要公开重要

公告属于晓谕性公文，其内容必须是国内外关注的大事，是国内外公众应该知道、想要知道的，而且应该广泛公开。

（二）主题要单一集中

要求一事一告，直陈其事，如实公告。

（三）行文要庄重简洁

公告是一种严肃庄重的公文，一般内容单一，篇幅较短。表达上要求庄重典雅、精练通达，切忌对公告意义、事情细节或经过等进行过多的议论与阐述。

（四）形式要灵活多样

公告的告知对象和告知范围一般不做限制，具有广泛的晓谕性，应借助网络、张贴、广播、电视等多种媒介向国内外进行发布，以达到广而告之的目的。

五、写作训练

请根据下列内容从民航局角度写一则公告。

为了进一步加强危险品航空运输管理，规范危险品航空运输秩序，充分发挥舆论监督作用，保障危险品航空运输安全，依据《民用航空危险品运输管理规定》第一百三十条的规定，2018 年民航行业管理部门对违规航空运输危险品责任单位进行了行政处罚。

第二节 通 告

一、通告的概念及其与公告的区别

通告是在一定范围内公布应当遵守或周知的事项。通告与公告同属于法定的行政公文一类，都属于告知性公文，二者的区别在于：通告的告知范围小于公告，前者是"在一定范围内"，后者则是向"国内外"；通告的通知事项的重要程度次于公告；从行政公文角度说，通告的发文机关一般没有公告的发文机关的级别高。

二、通告的适用范围及其发布形式

通告经常用于财经、政法、公安、交通等部门，一般以登报、广播、上电视或张贴的形式发布。

三、通告的写作格式

通告由标题、正文和落款三部分组成。

（一）标题

通告的标题由"发文机关+事由+文种"组成。

（二）通告的正文

通告的正文一般包括缘由、事项和结语三方面的内容。

1. 缘由

简要写明发布通告的目的、意义，规定性通告还要写明法律依据。接着用"现通告如下""特作如下通告"等语句作为过渡。

2. 事项

事项是通告的主体。要写明需要一定范围内的有关方面遵守或周知的事项。有的通告内容较少、事项单一，便采用篇段合一的方法，直接写明告知公众的事项。对于较复杂的事项，一般采用分条列述的方法。

3. 结语

常用"特此通告"或"本通告自发布之日起实施"等作为结语。

（三）落款

通告要签署发布通告的机关的名称，并写明发布通告的年、月、日。如果发文机关名称已在标题中出现，可省略发文机关只签署日期。

四、通告的种类

通告按内容或性质可分为两种：制约性通告和事务性通告。

（一）制约性通告

制约性通告也叫规约性通告，这类通告的政策性、法规性都很强，具有遵守执行的约束力，并具有法律效力。

这类通告的写作与公告相似，正文也分三部分：通告告知、通告事项、通告结尾。通告的告知一般要写清发文的原因、目的、意义，文字要简明扼要，然后以"特通告如下"或"现就××问题通告如下"的过渡语另起下文。通告事项时，主体要写清所要通告事项的具体内容，一般应分条立项，逐一叙说，并冠以数字、表明次序，以求条理清楚。在分条立项时，一定要注意条项之间的轻重主次，重要的事项置前，次要的置后，各条项的内容不能交叉重复，使之形成一个逻辑体系。通告的结尾应另起一段，以"特此通告""本通告自公布之日起施行"之类的语句作结。

通告的文字应力求准确周密，避免漏洞，切忌含混。

【范例2-3】

中华人民共和国公安部通告

为确保国际民航班机的运输安全，决定从××××年××月××日起，在中华人民共和国境内各民用机场，对乘坐国际班机的中、外籍旅客及其携带的行李物品等，实行安全技术检查。

1. 严禁将武器、凶器、弹药和易爆、易燃、剧毒、放射性物品以及其他危害飞行安全的危险品带上飞机。

2. 除经特别准许者外，所有旅客一律通过安全检查门或仪器检查，旅客携带的行李物品须经仪器检查，必要时可进行人身检查和开箱检查。拒绝检查者，不准登机，损失自负。

3. 检查中发现携带上述危险品者，由机场安全检查部门进行审查处理；对有劫持飞机和其他危害飞机飞行安全嫌疑者，交当地公安机关处理。

特此通告
××××年××月××日

【解析】这是一则民航制约性通告，常用来在一定范围内公布需要有关单位或个人知晓的法令、法规、政策或需要办理的事项，具有较强的行政约束力。本案例开门见山地交代了通告决定的法规依据，随后分条列项写明了通告的具体事项和执行要求，便于阅读者的理解和遵照执行。

（二）事务性通告

事务性通告是告知一定范围内的单位或个人需要了解或办理有关事项的通告。如停电通告、飞机航班停航通告、交通通告、安全通告、乘车通告、乘船通告、乘机通告等。

事务性通告旨在告知事项，写法较制约性通告简单，一般包括发文原因和告知事项，若告知事项单一，可不分段落，正文整体一段落即可，往往三言两语，把事项说清即可结束，不一定要写上"特此通告"之类的公文套语；如果告知事项的内容较多，为了醒目，必要时应分条立项。

【范例2-4】

中国民用航空局—空管局接收安置军转干部面试公告

近日，民航局接收安置军转干部笔试工作已经完成，报名空管局技术中心综合管理岗的同志中，笔试成绩符合面试条件的一共有9名（有并列第8名），准考证号分别为：006201709629；018201702308；018201700724；020201709309；002201702628；002201710419；016201706530；004201700606；031201706510。

报名空管局运行管理中心运行业务岗的同志中，笔试成绩符合面试条件的一共有6名，准考证号分别为：018201702607；018201708128；020201708304；018201708607；002201709322；018201703405。

根据空管局工作安排，拟于8月底开展面试工作，地点暂定民航管理干部学院，面试的具体时间及地点，我局将以电话通知方式告知，请保证手机能够正常通讯。我局将按综合成绩（笔试、面试成绩各占50%）择优选用2名军转干部安置工作。

工作联系电话：87786027。

空管局人力资源部
2017年8月23日

【解析】这是一则民航职能部门事务性通告，常用来在一定范围内公布需要有关单位或个人周知的事项。本案例缘由部分交代了制发通告的事由；事项部分分条列项，逐一说明通告的具体内容。事项清晰明朗，便于理解和传达。

五、通告写作的注意事项

（一）语言要简明通俗

通告属晓谕性公文，阅读面较为广泛，写作时应注意语言明白简洁、通俗易懂，少用难懂的专业术语，以适应受文对象的多样性和广泛性。

（二）主题要集中单一

通告的内容具有专门性质，要求一事一告，直陈其事，主旨单一。篇幅力求短小精悍，切忌长篇大论。分条列项写作时，既要紧扣主旨阐明中心，又要使各条之间有机联系。

（三）内容要合法合规

通告的事项必须符合党和国家的方针、政策、法律、法规，特别要注意不要把一些不宜公开的、机密的内容写入通告中。

（四）发布要及时有效

对一些危害国家安全、有损人民群众利益的事情或行为，应及时通告禁止或制止，以免造成较大的损失。对一些影响人们工作、学习、生活的事项，如停电、交通管制、安检升级等，以及一些需要在规定时间和地点办理的事项等，应及早告知。

六、写作训练

请根据下面的材料撰写一则通告。

鉴于自 2018 年 11 月 23 日以来，俄罗斯环球航空、俄罗斯雅库特航空、阿富汗航空因 9 月数据不达标，青岛航空、沙特阿拉伯沙特航空、印度航空因 8 月数据不达标，北京首都国际机场因 6—8 月连续三个月数据不达标，为此民航总局通告通知：停止受理上述航空公司其客运加班、包机和新增航线航班申请。并给龙江航空、俄罗斯雅库特航空、塔吉克斯坦索蒙航空、澳大利亚捷星航空通报批评。

第三节　通　知

一、通知的适用范围及其特点

民航通知适用于批转民航系统下级机关的公文，转发上级机关和不相隶属机关的公文；发布规章；传达要求下级机关办理和有关单位需要周知或者共同执行的事项；任免和聘用干部。

通知是公文中使用范围最广、频率最高的一种文书。它灵活多样，使用方便。民航系统党政机关、社会团体、企事业单位，无论大事小事，经常以通知行文。一些可用"命令""指示""决定"行文的单位局限于发文机关的权限和公文内容，也以通知的形式发文。尤其是省级以下各级领导机关在布置任务、安排工作、传达指示、指挥行动时，一般情况下，是以通知行文的。因此有人说，通知是公文写作中的"轻骑兵"。

二、通知的写作格式

（一）标题

通知的标题有以下两种写法。

1. 发文机关+发文事由+文种

如《中航协发布关于开展民航科技成果评价工作的通知》。发布性通知的标题一般含有"印发"或"发布"的字样，如《中国民用航空局关于印发〈航空运输电子客票行程单管理办法（暂行）〉的通知》。批转性通知的标题一般含有"批转"或"转发"的字样，如果转发的是上级机关、同级机关或不相隶属机关的公文，用"转发"，如《××市人力资源和社会保障局关于转发国内航空公司聘用外籍机组人员办理入出境及就业手续有关问题的通知》；如果转发的是下级机关的公文，则用"批转"，如《国务院批转中国民用航空局关于加强民用航空安全管理意见的通知》。

2. 发文事由+文种

如《关于加强客舱服务工作规范的通知》《关于〈民航旅客国内运输服务管理规定（征求意见稿）〉公开征求意见的通知》。

有时可根据通知内容的需要，在"通知"前加上限制词，如"联合通知""紧急通知""重要通知""补充通知"，如《中国民用航空局关于加强"两会"期间安全保卫工作的紧急通知》。

作为文件发出的通知，一般不单用文种"通知"作标题。标题中除法规、规章名称加书名号外，一般不用标点符号。

（二）主送机关

通知的主送机关必须用全称或规范化简称，如"北京首都国际机场股份有限公司"可简称为"首都机场"。

使用统称，包括地区、部门、单位要齐全，称谓要准确，如"民航各地区管理局，局属各单位"。若主送机关有多个，则需由主到次排列，同类的用顿号隔开，不同类的用逗号隔开，如"民航各地区管理局，有关通用航空公司，各民航设计、咨询单位，局属各单位"。

（三）正文

通知的正文一般包括通知缘由、通知事项和结束语三个部分。

1. 通知缘由

通知缘由主要阐明制发通知的原因、依据或目的等。其开头方式较为固定，往往用"为了""根据""按照"等领叙词开头，并用"现将有关事项通知如下""特此通知如下"

等惯用语过渡到下文。

2. 通知事项

事项是通知的主体部分,应写明通知的具体内容,如所发布的指示、安排的工作、周知的事项等,要求条理清晰、提纲挈领、庄重规范、便于理解和执行。内容复杂的,需分条列项,逐一写明。

3. 结束语

在结束语中可提出贯彻执行通知事项的要求和希望,如"以上各点,望遵照执行""以上通知,请认真贯彻落实"等,也可用"特此通知"作结。

(四)发文机关署名和成文日期

发文机关名称要写全称或规范化简称,如"中国东方航空股份有限公司乘务培训中心"可简称为"东航乘务培训中心"。

成文日期是通知的生效时间。通知的成文日期确定通常以发文机关负责人的签发日期为准,写在发文机关署名正下方。用阿拉伯数字将年、月、日标全,年份应标全称,月、日不编虚位。

发文机关署名和成文日期之上需加盖印章。

三、通知的种类

(一)发布性通知

发文机关本身制定的某种法规性文件经某种会议讨论通过或经上级批准,就可以发布性通知的形式来承载发布该种法规性文件。

发布性通知的标题都要标明"发布""颁发""印发"等字样,比较重要的规章用"发布"或"颁发",一般的规章和文件用"印发"。其正文一要说明发布或印发的文件名,二要表明对所发文件的态度,以利于贯彻执行。

【范例 2-5】
中国民航局关于对《轻小无人机运行规定》咨询通告征求意见的通知

民航各地区管理局,各通用航空公司,民航大学、飞行学院、民航干院、航科院,体育总局航管中心、中国航协、民航飞行员协会、中国航空器拥有者及驾驶员协会:

为进一步规范轻小无人机运行,固化前期无人机云系统试运行的成功经验,确保管理理念和政策与无人机技术发展相适应,结合 CCAR-61 部修改决定中关于无人机驾驶员执照和等级的要求,飞行标准司修订了咨询通告《轻小无人机运行规定》。

修订的主要内容包括调整无人机运行管理分类,明确无人机云交换系统定义及功能定位,增加无人机云系统应具备的功能要求,细化提供飞行经历记录服务的条件,更新取消无人机云提供商试运行资质的政策。

现就该咨询通告征求各单位意见,请认真组织研究,并于2019年1月31日前以电子邮件形式将修改意见和建议发送至我司联系人。

征求意见稿下载网址:

http://www.caac.gov.cn/HDJL/YJZJ/或 http://pilot.caac.gov.cn/(网站首页下方)

联系人:曾鸣

电话:010-64091454

邮箱:zengming@caac.gov.cn

附件:轻小无人机运行规定(征求意见稿).pdf

民航局飞行标准司
2019年1月3日

(二)转发性通知

转发性通知用于转发上级机关、同级机关和不相隶属机关的公文。

转发性通知的标题应表明"转发"的字样和转发的文件名。其正文的写作实现要说明转发的文件,其次要写明具体要求,这样才能使转发具有相应的权威和效力。

【范例2-6】

国务院关于转发民航招收空勤乘务员的条件和办法的通知
国发〔1979〕118号

北京、上海市,广东、甘肃、四川、辽宁省革命委员会:

国务院同意民航总局提出的《民航招收空勤乘务员的条件和办法》,现发给你们。民航空勤乘务员在国际、国内航线上从事服务工作,政治、身体条件应有严格的要求,望认真执行。

国务院
1979年4月29日

民航招收空勤乘务员的条件和办法

一、招收条件:出身于劳动人民家庭,本人历史清白,政治可靠,思想进步;五官端正,身体健康(按空降兵体检标准),身高一米六〇至一米六八,体重与身高比例相称;具有高中毕业文化程度,一门外语有一定基础;年龄为十七至二十周岁的女青年。

二、招收办法:目测、口试、笔试、体检、政审。统一考核,择优录取。

民航总局
1979年4月15日

（三）批转性通知

批转性通知专用于上级机关批转下级机关公文，具有严格的等级性和严肃的规范性。

批转性通知一般是针对下级机关所呈送的呈转性报告，是在呈转性报告前所加的批示按语。因此，批转性通知除了在标题和正文开头要标明"批转"的字样和批转的文件名外，还必须在正文中针对批转的文件写出精辟的指示性意见，阐明意义，讲清利害，并提出严格的贯彻执行的要求。

（四）政策性通知

政策性通知也称指示性通知或法规性通知，一般用于上级机关部署某项工作，或对工作中出现的新情况、新问题提出处理办法，或针对某些问题做出一些政策性的规定，要求下级机关办理执行。

政策性通知正文的写作一般分两个部分：第一部分要说明发文的原因、根据和目的；第二部分是政策性规定的具体事项，一般应分条列项，以数字标明。这部分要写得明确具体，注意条文之间的逻辑关系，每个条文都必须有针对性，颁发措施要切实可行。这类通知一般没有"特此通知"之类的结尾语，其执行上的具体要求都在条文中反映出来了，故条文结束，正文也戛然而止。

【范例 2-7】

关于取消签发和使用公务乘机通行证的通知

民航各地区管理局，各运输（通用）航空公司，服务保障公司，各机场公司，局属各单位：

根据中央巡视组有关意见，为进一步规范民航有关票、证，加强内部管理，经报民航局领导同意，决定从 2017 年 10 月 15 日起取消签发和使用公务乘机通行证，《中国民航公务乘机通行证管理规定》（民航发〔2011〕60 号）同时废止。

为确保相关工作有序开展，现提出以下要求：

一、做好存量证件的管理工作。各证件签发单位要认真梳理本单位已使用证件和剩余证件情况，并对现有剩余证件集中组织销毁。要按照《公务乘机通行证有关情况表》（见附件）如实填写自 2013 年 7 月起领取证件、已使用证件、剩余证件、销毁证件等情况，于 10 月 31 日前报我局。

二、启动替代措施。各证件使用单位要立即研究并启用证件取消后可行的替代措施，确保企业运行和正常工作不受影响。对于局方公务活动、公司生产运行、飞行学员训练飞行等确有进出机场控制区工作需要的，应按照空勤登机证管理和机场控制区管理要求尽快向相关单位提出机场通行证件申办申请，各空勤登机证制发单位、各机场公司、各机场公安机关要积极配合做好相关审核、制发工作。

三、加大查验和监管力度。证件取消后，各安检机构要加大检查力度，坚决防止违规使用证件进出机场控制区事件发生。一旦发现，应立即将证件没收，并通报所在地区管理局公安局或监管局空防处，由管理局公安局指导监管局空防处进行销毁和调查，并联合机场公安机关依法进行处理。

四、抓好贯彻落实。各单位要高度重视、正确对待证件取消工作，第一时间将通知精神传达到所有一线部门和员工，切实加强对证件取消后相关工作的组织协调。各管理局公安局要在做好自身工作的同时，加强督促指导和协调配合，确保各项工作要求落实到位。

民航局
2017 年 10 月 10 日

（五）工作通知

工作通知是安排工作或告知有关专门事项的通知。如某航空公司开展优质服务活动的通知、关于在海外机构设置的通知、启用新的进关通道的通知等。

工作通知如部署任务、安排集团工作事项，其正文一般分发文缘由、具体工作任务、执行要求三部分；如属告知某个专门事项，其正文的写法较为简单，情况说清即可。

【范例 2-8】

中航协发布关于开展民航科技成果评价工作的通知

为进一步完善民航科技奖评奖制度，促进民用航空科学技术成果的应用和推广，2018 年中国航协（全称为中国航空运输协会）启动民航科技成果评价工作，并制定了《中国航空运输协会民用航空科学技术成果评价管理办法（试行）》（中国航协发〔2018〕65 号）。为继续做好本项工作，现将 2019 年度民航科技成果评价的有关事项通知如下：

一、申请受理时间

2019 年 6 月 18 日—7 月 31 日

二、评价申请材料

1．评价申请单位需按要求填写《中国航协民航科技成果评价申请表》（见附件）。

2．请按《中国航空运输协会民用航空科学技术成果评价管理办法（试行）》（中国航协发〔2018〕65 号）中的相关要求准备申请材料，《中国航协民航科技成果评价所需材料清单》（见附件）。

3．申请评价材料需提供纸质材料和电子材料各一份。

4．中国航协民航科技成果评价管理办法及科技成果评价申请所需材料请至中国航空运输协会官网 www.cata.org.cn 通知公告中下载。

三、注意事项

1．请于 2019 年 7 月 31 日前将纸质材料邮寄至中国航协科教文委。邮寄地址：北京市东城区东四西大街 157 号民航信息大厦 8 层，邮编：100010，快递请注明"科技成果评价"字样。

2．电子材料发送至邮箱 cata_kjpj@163.com，邮件标题请注明"××单位××项目评价"字样。

联系人：毛锦 010-50959718　孙愚 010-50959719

附件：1. 中国航协民航科学技术成果评价管理办法（试行）
2. 全军武器装备采购信息网　国防科工局　科技部项目申报中心　国家国防科技工业局
3. 中国航协民航科技成果评价申请表
4. 民航科技成果评价资料清单
5. 民航软科学成果评价资料清单

中国航空运输协会
2019 年 6 月 17 日

【范例 2-9】

关于部分航线推出东上航"品牌运价"产品的通知

（客舱服务部发〔2019〕002 号）

根据公司决定，自 2019 年 1 月 10 日起（销售日期及航班日期），在上海浦东—曼谷、上海浦东—吉隆坡航线上推出东上航"品牌运价"产品，即将经济舱细分为基础经济舱（Z 舱）、标准经济舱、灵活经济舱（B 舱）三档（非物理舱位划分），并与现有超级经济舱构成全新的东上航"品牌运价"产品体系。

现就基础经济舱及灵活经济舱的服务要求做以下说明：

一、基础经济舱

1. 自 1 月 10 日起，移动客舱中将针对基础经济舱旅客增加相应标识（1 月 10 日开始请执行航班的带班人员确认移动客舱为最新版本 v2.9.0 2226，否则将无法识别基础经济舱旅客）。

2. 基础经济舱旅客空中不能享受机上现金升舱、优选座位服务。（1 月 10 日起在移动客舱内对此类旅客的升舱/优选功能做限制。）

3. 遵循"同舱位同服务"的原则，在客舱内为基础经济舱旅客提供的各项服务（除上述服务外）与其他经济舱旅客一致。

二、灵活经济舱

1. 灵活经济舱的旅客可享受免费优选座位的服务，乘务员可参照移动客舱中该旅客优选座位显示价格进行服务。

2. 遵循"同舱位同服务"的原则，在客舱内为灵活经济舱旅客提供的各项服务（除上述服务外）与其他经济舱旅客一致。

三、相关话术，请参考附件。

附件：基础经济舱及品牌运价产品说明书

发布人：马丽
发布时间：2019-01-04

（六）任免通知

任免通知适用于任免或聘用干部。以前任免干部多用"令""决定"的形式发布，现一般用"通知"。

任免通知的正文一般分两部分：第一部分说明任免的依据，往往一句话，如"经×××研究决定""根据×××经×××研究决定"，并在后面加上冒号，领起下文中的任免事项。第二部分是具体的任免事项，每个事项都单独为一个段落，以达到醒目的效果。

【范例2-10】

×航【2】号　　签发人：杨××

任 免 通 知

现因工作需要，公司对后勤管理人员进行调整，经公司办公会研究决定：
1. 免去××的×××职务，免去×××的×××职务。
2. 任命××为×××职务，任命×××为××职务
特此通知。

××航空公司行政人事部
××××年××月××日

【解析】这是一则民航任免通知。任免通知适用于上级机关按照干部管理权限任免下级机关的干部，或上级机关的有关任免事项需要告知下级机关时。任免通知的写法比较简单，一般只要写清决定任免的时间、单位、会议、文件依据以及任免人员的姓名和具体职务即可。常用格式：任免决定+任免对象，即"经……研究决定，免去……任命……为……"。

（七）会议通知

会议通知是专门为召开某种会议事先发出的通知，并具体发给与会的单位或个人。会议通知有繁简之分。如在本单位、本地召开时间较短的会议，有时用电话、广播或口头通知即可；如要显庄重正规，以书面通知的形式下发，写法也较简单，把会议名称、内容、时间、地点、参加会议人员交代清楚即可。但对于一些会议召开时间较长、规模较大、会议内容比较重要的会议，如工作会议、代表会议、学术会议，在写作时必须周密具体，一般应包括以下各项：会议的名称、目的、主要议题、会议的起止时间、报到时间、地点、与会对象及人数、应携之物（资料、票证及其他）、交通路线等。

【范例2-11】

关于召开2018年度乘务总结会的通知

客舱服务三部全体员工：

兹定于2019年2月25日上午9:00，在×航东大楼303会议室召开2018年度客舱乘

务工作总结大会，航空客舱服务部除了值班同志外，带好工作小结、发言材料等相关资料，准时出席。

特此通知。

×航客舱服务三部（公章）
2019年2月18日

【解析】这是一则民航会议通知。常用"兹定于""定于"等作为领叙语。会议通知应明确具体地交代清楚召开会议的原因、目的、会议名称、主持单位、主要议题、与会人员以及会议地点、报到时间、需要的材料等有关事宜，要求内容周密、语言清楚、表述准确，避免产生歧义。

四、写作训练

根据下述材料撰写一则《2019年山东省民航招收飞行学员工作通知》。

中国民航飞行学院、中国民航大学、南京航空航天大学、滨州学院、沈阳航空航天大学、上海工程技术大学、南昌航空航天大学、安阳工学院、烟台南山学院、山东交通学院等10所院校2019年预计在我山东省招收飞行技术专业本科生535人。

一、招生计划及生源范围

（一）中国民航飞行学院，飞行技术专业预计招收80人。

生源市：青岛市（为中国东方航空股份有限公司培养60人），济南市、枣庄市、潍坊市、聊城市（为山东航空股份有限公司培养20人）。

（二）中国民航大学，飞行技术专业预计招收25人。

生源市：济南市、枣庄市、潍坊市、聊城市、菏泽市（为山东航空股份有限公司培养20人），威海市（为中国国际货运航空有限公司培养5人）。

（三）南京航空航天大学，飞行技术专业预计招收80人。

生源市：烟台市、济宁市、日照市、临沂市。

（四）滨州学院，飞行技术专业招收160人。

生源市：济南市、淄博市、东营市、烟台市、济宁市、泰安市、威海市、莱芜市、临沂市、滨州市、聊城市、菏泽市。

（五）沈阳航空航天大学，飞行技术专业预计招收20人。

生源市：泰安市、德州市。

（六）上海工程技术大学，飞行技术专业预计招收20人。

生源市：潍坊市。

（七）南昌航空航天大学，飞行技术专业招收10人。

生源市：枣庄市、滨州市。

（八）安阳工学院，飞行技术专业预计招收 10 人。

生源市：枣庄市、菏泽市。

（九）烟台南山学院，飞行技术专业预计招收 70 人。

生源市：东营市、烟台市、潍坊市、威海市、日照市、莱芜市、菏泽市。

（十）山东交通学院，飞行技术专业预计招收 60 人。

生源市：济南市、淄博市、东营市、泰安市、德州市。

二、报名条件

凡符合我省 2019 年普通高等学校考试夏季高考报名条件及民航飞行学员选拔条件，且出生时间为 1999 年 9 月 1 日至 2003 年 8 月 31 日之间的高中毕业男生，均可参加生源地对应院校的报名。

其中军队招飞（全称为招收飞行学员）预选体检合格的考生不允许报名。如果这部分考生复选后不符合军队招飞条件，可以再参加生源地对应的民航招生院校的报名。

三、相关工作及时间安排

（一）报名、面试与体检

由各招生院校及中国东方航空股份有限公司山东分公司招飞办公室、中国国际货运航空有限公司招飞办公室、山东航空股份有限公司根据生源地分别组织实施民航招收飞行学员的报名、面试工作。具体时间安排由各招生学校或招生单位确定并公布。

考生须通过教育部阳光高考平台登录"中国民用航空招飞信息系统"（http://gaokao.chsi.com.cn/gkzt/mhzf），进行信息查询、考生注册以及参加预选初检、招飞体检鉴定（含飞行职业心理学检测）、民用航空背景调查等高考前选拔工作。

（二）上报合格考生名单

各招生院校（单位）应于 2019 年 5 月底前，将体检合格考生名单（必须提供考生 2019 年 14 位夏季高考考生号）纸质版和电子版报送省教育招生考试院（报送格式另行通知）。

（三）办理录取手续

民航招收飞行学员录取工作安排在本科提前批，考生须随普通高考本科提前批填报高考志愿，且只能报生源所在地对应招生院校，不能填报非生源所在地对应招生院校。志愿填报及录取具体办法另文下达。

四、有关工作要求

（一）加强领导，明确招飞院校在招生工作中的主体地位；严密组织，确保民航招收飞行学员工作顺利进行。各招生院校（单位）要结合工作任务，完善措施，细化各项工作要求，明确岗位职责，力求将各项工作落到实处。

（二）进一步落实高校招生"阳光工程"相关要求，保障参加飞行技术专业选拔考生的权益，加强对上站检测考生的管理，确保考生人身安全。

（三）各招生高校要严格资格审查，维护招生秩序，确保生源质量。各市、县（市、区）招生考试机构要严格把关，军队招飞预选合格考生一律不得再参加民航招飞的面试与体检。

（四）严格招生工作纪律，各级招生工作人员要坚持原则，秉公办事，廉洁自律，对徇私舞弊和违法事件将依法做出严肃处理。

（五）招生院校或单位承担招飞工作有关经费支出。

第四节 通　　报

一、通报的适用范围

通报适用于表彰先进、批评错误、传达重要精神或情况。通报具有教育、激励、警戒的作用，是上级领导机关常用的公文。通报的内容无论是先进的、错误的，还是重要精神或情况，都必须是真实确凿的，不能弄虚作假，要用真实的事实和数据来说话，切忌空泛议论。

通报所表彰的好人好事，或者所批评的坏人坏事，要有一定的影响力和代表性，能反映或揭示事物的本质规律，能在一定的范围内发挥良好的教育引导作用。

通报的制发注重时效性。通报的事实一般比较具体和现实，往往与时代背景有着较为紧密的联系，只有及时传播，才能起到更好的宣传、教育与引导作用。

二、通报的写作格式

通报由标题、正文和落款三部分组成。

（一）标题

通报的标题由"发文机关+事由+文种"组成。

（二）通报的正文

不同种类的通报，正文的写法也有所不同。

1. 表彰性或批评性通报

表彰性或批评通报，既可按时间顺序来写，也可以按逻辑关系安排结构，大致分为以下四个部分。

（1）概述主要事实，把表彰或批评对象的名字、事情发生的时间、地点、经过、结果等要素写清楚。此部分标准表彰性通报要详写，批评性通报要略写。

（2）分析事实性质，表彰性通报简要分析人物行为品质或事件的典型意义；批评性通报详细分析错误的行为或事故的原因，说明其性质和危害。

（3）阐明有关决定，简要阐明有关表彰或处理决定。

（4）提出号召、要求，学习先进人物的优秀品质，或从错误中吸取教训。为了防止类似事件再次发生，批评性通报还要求提出改进措施。

由于写作目的各有不同，表彰性通报和批评性通报内容的详略也有所不同，写作时要注意适应写作目的，详略得当、重点突出。

2. 情况通报

情况通报正文一般包括两项内容：通报有关情况；分析并做出结论。具体写法多样，有的先讲情况，然后分析情况并得出结论；有的先简要分析做出结论，再列举情况来说明结论的正确性。由于事故通报的目的是防止类似事件再度发生，所以在正文的尾部往往用较长的篇幅说明改进措施。

情况通报的情况交代大多按照事情的轻重安排顺序，若只通报一件事情，一般按时间顺序组织材料；若通报同一主题下的多件事情，则先写重要情况，后写次要的情况；或根据逻辑关系，按并列顺序或因果顺序等组织材料。事故通报，则可采取倒叙形式，先写事故造成的重大损失，再写事故的发生、经过及处理情况；详略需根据通报的主题进行安排。

（三）落款

通报要签署发布通报的机关的名称，并写明发布通报的年、月、日。如果发文机关名称已在标题中出现，可省略发文机关只签署日期。

三、通报的分类

按照内容和作用的不同，通报在民航领域的应用可以分为表彰性通报、批评性通报、情况通报三种。

（一）表彰性通报

表彰性通报适用于表彰先进单位和先进个人，宣传先进事迹，推广典型经验，以弘扬先进，树立榜样，推动工作，如《关于对圆满完成运输在泰滞留中国公民回国紧急任务的国航等四家航空公司予以表彰的通报》。

【范例2-12】

关于对圆满完成运输在泰滞留中国公民回国紧急任务的国航等四家航空公司
予以表彰的通报

中国国际航空股份有限公司（以下简称国航）、中国东方航空股份有限公司（以下简称东航）、中国南方航空股份有限公司（以下简称南航）、上海航空股份有限公司（以下简称上航）：

近日，泰国因国内局势被迫关闭曼谷素万那普国际机场，所有航班一律取消，造成大批旅客滞留泰国。为保护中国公民的人身安全和利益，按照民航局和外交部的统一部署，中国国际航空股份有限公司、中国东方航空股份有限公司、中国南方航空股份有限公司和上海航空股份有限公司于××××年××月××日至××月××日先后紧急派出 12 架飞机，前往泰国乌塔堡军用机场，安全、及时地接回我滞泰公民 3 370 余人（含港台旅客）。北京、上海和广州机场也较好地提供了保障服务。

此次接返规模大、时间紧、任务重，旅客成分不一，联络和保障工作难度较大。在当前经营压力大、经济效益大幅下滑的严峻形势下，国航等四家航空公司顾全大局，以国家和人民利益为重，迅速组织和调配运力，制订飞行计划，并积极与我驻泰国使馆保持密切联系，听从使馆统一安排，圆满完成此次紧急运输任务，得到了中央领导和社会各界的充分肯定和广泛赞誉，树立了中国良好的对外形象，发挥了中国民航在处理涉外突发事件中的关键作用，为中国民航争得了荣誉。

国航等四家航空公司的领导和广大员工，以大局为重，将国家和公众利益放在首位，表现了高度的政治和社会责任感。民航局号召全行业广大干部职工向国航、东航、南航和上航学习，认真贯彻落实科学发展观，牢固树立以人为本的理念，为国家经济社会发展及和谐社会建设做出新的更大的贡献！

民航局
××××年××月××日

【解析】这是一则表彰性通报。正文部分按简述具体事实、评析性质意义、说明有关决定、提出希望要求的顺序谋篇布局，事迹典型，语言简洁，叙述得体，逻辑清晰，符合表彰性通报的基本写作要求。

（二）批评性通报

批评性通报适用于批评错误行为或告知典型事件，以便吸取教训，引以为戒，改进工作，防止类似问题再次发生，如中国民用航空局发布的《关于福州机场一起不安全事件的通报》。

【范例 2-13】

关于福州机场一起不安全事件的通报

2019 年 7 月 22 日下午 15 时 50 分，一架厦门航空公司 B737-800 型飞机（机号 B-1550）执行福州至厦门航班（航班号 MF8422），飞机按指令滑行时，机组发现前方有地面车辆穿越滑行道，机组立即采取措施，未与车辆发生碰撞，福州机场航班也未受到影响。

事情发生后，民航华东地区管理局立刻按规章要求开展调查，初步查明该事件是一起因地面车辆驾驶员违规穿越滑行道，导致航空器紧急刹车避让的一般不安全事件，经核实，该车辆系驻场保障单位海航航空技术福州公司的一名工作人员驾驶的运行保障车辆。目前已吊销该涉事车辆驾驶员的场内通行证件，并要求福州机场迅速开展机坪安全整治。

后继民航华东地区管理局将对此事件进一步调查，对相关责任单位和责任人进行严肃处理。

民航华东地区管理局
2019 年 7 月 25 日

【解析】这是一则批评性通报。正文开头用一句话简明扼要地交代了错误事实发生的时间、地点和主要事实，随后分析了发生问题的原因，并结合有关规定，提出整改希望和要求。对该事件直接责任人、管理责任人等做出处理决定。文章主题明确集中，事实分析合理，处理依据充分，表述清晰规范。

（三）情况通报

情况通报适用于传达重要精神或重要情况，指出工作重点或必须关注的问题，以交流情况、沟通信息、提请注意、促进工作，如《关于 2019 年 3 月航空运输消费者投诉情况的通报》。

【范例2-14】

关于2019年3月航空运输消费者投诉情况的通报

各运输航空公司、机场公司，航科院、中国航协、外航服务中心：

2019 年 3 月，民航局运输司、民航局消费者事务中心及中国航空运输协会共受理消费者投诉 1 121 件。其中，国内航空公司投诉 700 件，外国及中国港澳台地区航空公司投诉 294 件，机场投诉 120 件，航空销售代理人投诉 7 件。在所有投诉中，消费者和企业自行和解 972 件，民航局消费者事务中心进行调解的 149 件。

2019 年 3 月受理消费者对国内航空公司的投诉 700 件。其中，针对全服务型航空公司 606 件，针对差异化服务型航空公司 94 件。投诉类型排名前三位的分别是：不正常航班服务251 件，占 35.86%；票务服务 194 件，占 27.71%；行李服务102 件，占 14.57%。

2019 年 3 月国内航空公司平均投诉率为百万分之十三点零四。其中，全服务型航空公司平均投诉率为百万分之十二点四九，投诉率最高的前三家航空公司分别是龙江航空、福州航空和青岛航空；差异化服务型航空公司平均投诉率为百万分之十八点一六，投诉率最高的前三家航空公司分别是中国联合航空、桂林航空和乌鲁木齐航空。

2019 年 3 月受理消费者对外国及中国港澳台地区航空公司的投诉 294 件。其中，投诉类型排名前三位的分别是：票务服务 100 件，占 34.01%；行李服务 75 件，占 25.51%；不正常航班服务 74 件，占 25.18%。投诉数量最多的是马来西亚亚洲航空（长途）有限公司。

2019 年 3 月受理消费者对机场的投诉 120 件。投诉类型排名前三位的分别是：机场商户服务 30 件，占 25%；办理乘机手续与登机 28 件，占 23.33%；航站楼基本服务和行李服务各 23 件，各占 19.17%。

2019 年 3 月机场平均投诉率为百万分之一点五五。投诉率最高的前三家机场分别是金昌金川机场、陇南成县机场和满洲里机场。

2019 年 3 月受理消费者对航空销售代理人的投诉 7 件。其中，涉及售票服务的 4 件，占 57.14%；涉及签改退票的 2 件，占 28.57%；涉及售后服务的 1 件，占 14.29%。2019 年 3 月没有发生对地面服务代理人的投诉。

中国民用航空局
2019 年 5 月 15 日

【解析】这是一则情况通报。本案例为航空运输消费者投诉情况通报，此类通报的写作结构一般比较固定，多用表格形式来进行归类、整理与统计分析，注重数据采集的真实性和准确性，具有较强的行业工作指导意义。通常要求每月一报，属于例行性情况通报。

四、通报的写作要求

通报的写作应注意以下几个问题。
（1）通报的材料必须典型，使之具有教育意义和普遍的作用，以此推动面上的工作。
（2）做好调查研究，反复核查材料，不夸大，不缩小，实事求是。
（3）通报写作的速度一定要快，通报要及时，以此指导当前的工作。
此外，通报的正文一般分以下四个部分。
（1）简明扼要地说明原因、介绍事实、表明态度，以此显示通报的性质。
（2）实事求是地通报具体情况或人物事迹，评论得失是非，分析要切中要害，评说要切合实际。
（3）处理的部分要具体明确、恰如其分、合情合理。
（4）希望要求（包括切实的意见和措施）要意在发扬成绩，克服错误，做好工作。

五、通报写作的注意事项

（一）事件要典型

要选择典型事件，突出关键情节，要有鲜明的倾向。

（二）内容要真实

通报所反映的情况必须真实、准确，不能随意夸大或缩小，以免因失实造成不良影响。通报事实要准确，时间、地点、姓名、数字不允许有丝毫差错。

（三）决定要恰当

要从事实出发，做到态度鲜明，分析中肯，依据合规，评价实事求是，结论公正准确，用语把握分寸。

（四）制发要及时

无论是表彰性通报，还是批评性通报，都应及时迅速，抓住时机，以更好地指导当前工作。

六、写作训练

根据下列所给的材料，拟写一份通报。

2018年8月16日，厦航MF8667厦门—马尼拉航班于北京时间23:55在马尼拉国际机场降落滑行时，发生偏出跑道事件，机组人员迅速启动应急撤离程序，机上157名旅客和8名机组人员全部安全撤离，无人员受伤。

MF8667航班的所有旅客目前已得到妥善安置，该航班由波音737-800执飞，飞机注册号为B5498。此架飞机在偏出跑道过程中，起落架和发动机受损。厦航将安排飞机前往马尼拉执行后续航班。

菲律宾马尼拉国际机场管理署总经理蒙瑞尔21日称，厦门航空公司应该就8月16日的着陆事故支付至少1 500万比索（约合人民币192万元）的修缮费用。这1 500万比索只是租用拖吊设备及聘请人力的费用，机场当局正在考虑进一步向厦航开罚及索赔。

厦门航空20日发表致歉信称，8月16日，厦门航空航班在马尼拉暴雨中发生跑道事故，未造成人员伤亡。但持续雷暴给飞机移动造成很大困难，造成大量航班延误，乘客滞留，并促使菲律宾航空当局关闭马尼拉国际机场的主跑道。

《菲律宾星报》称，该事故引起马尼拉国际机场大混乱，机场瘫痪长达36小时，大量航班被取消，直到21日才恢复正常。

第五节 请 示

一、请示的概念及适用范围

请示适用于向上级机关请求指示、批准。请示在公务活动中使用较为广泛，凡下列情况均可使用请示：对现行的方针政策、法律法令不甚了解，有待上级批示的问题；出现新的情况又无章可循需请求上级指示；因意见分歧需要上级裁决的事项；因特殊情况需要变通处理请求批准的事项；工作中遇到重大事项，如建立机构、增加编制、调拨资金、购置设备需请求上级批准等。

请示写作与报告写作的不同之处主要表现在三个方面：① 请示必须得到上级批复才可以行事，报告不一定需上级批准，故两者的结尾用语不同。② 请示必须在事前行文，报告在事前、事中、事后都可以行文。③ 请示必须一文一事，报告可以一文几事。

二、请示的写作格式

请示的写作结构一般由标题、主送机关、正文、发文机关署名和成文日期组成。

（一）标题

请示的标题通常有以下两种形式。

1. 发文机关+发文事由+文种

如《中国民用航空局关于简化购买国内飞机票手续问题的请示》。

2. 发文事由+文种

如《关于组建民航公安机构的请示》。

请示的发文事由一般不使用"申请""请求"一类词语，避免与文种"请示"在语义上重复。应注意，不能把文种"请示"写成"请示报告"，也不能写成"报告"或"申请"。

（二）主送机关

请示的主送机关只有一个，即有权给予批准、指示或帮助的直接隶属的上级机关，不能多头主送。如需报送其他上级机关，应当采用抄送的形式。即使是受双重领导的机关上报请示，也应根据内容写明主送机关和抄送机关，由主送机关负责答复请示的问题。不能向领导者个人请示。一般不得越级请示，若遇特殊情况要越级请示时，需抄送被越过的上级。

（三）正文

请示的正文一般由请示缘由、请示事项和结束语三部分组成。

1. 请示缘由

开头是请示的缘由，说明请示的依据和原因，或交代请示的背景，阐述请示的必要性。写明请示什么和为什么请示，举出必要的事实、数据来说明原因，阐明请示的必要性、紧迫性和合理性。这部分是请示能否被批准的关键，因此要实事求是，言之有据，条理清晰，抓住关键。

2. 请示事项

请示事项是请示正文的主体，是要求上级机关给予指示、批准、答复的具体问题或所要求的具体事项。由于请示事项是上级机关给予答复和审批的直接依据，因此，请示的事项是请示的核心，必须明确、具体、充分，问题要清楚，事实要准确，提出的意见、要求要得当具体、切实可行，不能含糊其词，以利于上级批示。这部分要求层次分明，由主到次，环环相扣。

3. 结束语

最后是结束语，这部分是请示正文的结尾，是向上级机关提出肯定性要求，也是自己愿望的表述和对上级机关尊重的表示，因此语气要恳切谦和。常见的结束语有"特此请示""妥否，请复示""当否，批示""以上意见当否，请批示"等。

（四）发文机关署名和成文日期

在请示正文末尾的右下角写明发文机关名称和成文日期，并加盖公章。

三、范例

【范例2-15】

关于组建民航公安机构的请示

国务院：

　　鉴于民航担负着重要专机、包机和国际、国内航班任务，点多、线长、涉及面广，易受敌人袭击、劫持和破坏。随着国家政策的开放和旅游事业的发展，国际通航和人员来往日益增多，空中、地面安全更加艰巨复杂。加之近年来国际恐怖组织活动猖獗，劫机、破坏事件不断发生，对我国际航班威胁越来越大。目前，民航系统的保卫机构已不适应当前国际、国内斗争复杂情况的要求，迫切需要改进。经研究，拟仿照铁道部、交通部的办法，组建民航系统公安机构（总局、地区管理局的现有保卫机构改为相应的公安机构）。具体意见是：

　　一、性质和任务

　　民航系统的公安机构既是民航的一个机构，又是公安部门的派出机关。主要任务是：

　　1. 负责飞机空中的安全保卫，严防劫持、破坏飞机事件的发生。

　　2. 负责机场工作区域、候机室公共场所的治安管理（民航户口、生活区域的治安管理仍由当地公安机关负责）。

　　3. 负责专机、要害部位的安全。在机场范围内，配合有关部门做好来往迎送的首长、外宾的安全保卫工作。

　　4. 负责民航内部发生的反革命案件和其他刑事案件的侦破和预审。

　　5. 负责对驻在机场的外国民航办事处人员和其他外国人在机场内的安全保卫和治安管理。

　　6. 配合我国驻外使馆做好民航驻国外办事处内部的安全保卫工作。

　　7. 参加机场发生的紧急事件的调查处理。

　　8. 负责机场范围内防火宣传、监督和警卫工作的业务指导。

　　二、机构设置和权限

　　民航总局设公安局，执行公安部业务局权限。民航地区管理局设公安处，执行行署公安处权限。民航省（自治区）管理局、飞行专科学校设公安分处，执行县公安局权限。航空站设派出所或公安特派员。民航公安干警的编制单列。公安干警的工资、福利等按民航现行制度执行，享受本单位其他相似人员的各种待遇。民航总局、飞行专科学校公安机构的经费，在民航行政、事业费支出。各管理局以下公安机构的经费，在民航企业营业外列支。公安干警着警服，按公安部规定执行。警服和武器，由各省、市、自治区公安部门价拨。

三、领导关系

民航总局公安局列入公安部编制序列，受民航总局和公安部双重领导。

民航所属各公安处、分处受所在单位党政领导。在公安保卫业务上，受民航总局公安局和所在省、市、自治区公安厅（局）双重领导。

关于民航刑事案件的审理程序，经商得最高人民法院、最高人民检察院和司法部同意，民航系统需要逮捕、审判的人犯，由民航各级公安机构依法直接提请当地人民检察院批捕、起诉，由同级人民法院审理。拘留、逮捕的人犯，由当地公安机关代押。罪犯的服刑，由地方劳改部门管理。

根据国务院、中央军委（73）182号文件的规定，民航国际航班设置安全员，在机长的统一指挥下，负责空中安全保卫工作。编制仍设在飞行部队，业务上由民航各级公安机构领导。

以上妥否，请批示。

民航总局、公安部

××××年××月××日

【解析】这是一则请求批准类的请示。这类请示多为下级机关限于自己的职权，无法办理或决定的事项。本案例缘由部分从民航肩负的艰巨任务、民航事业蓬勃发展以及安全任务艰巨复杂等事实，充分证明建立民航公安机构的重要性和必要性，对机构的性质任务、设置和权限以及领导关系都做了详细说明，真实客观，评价中肯，为请示事项得到上级的批准做了良好铺垫。

【范例2-16】

关于荔波机场改扩建工程申请民航发展基金补助的请示

贵州省发展和改革委员会：

荔波机场改扩建工程是国家民用航空发展第十三个五年发展规划中139个改扩建机场项目之一，项目将按4C支线机场标准进行改扩建，主要建设内容包括场道工程、飞行区供电及助航灯光工程、飞行区消防工程、空管工程、航站楼改造工程、货运库改造工程、消防综合楼改造工程、辅助生产生活设施、供水工程和供油工程等，总概算83 620万元，其中民航专业工程部分约为66 036万元。

目前项目初步设计已获批，根据荔波机场改扩建工程项目工作推进计划，工程将于近期开工建设。

由于黔南州是少数民族贫困地区，荔波县属于"左右江革命老区"和集中连片特困地区，州县地方政府财政困难，为加快推进荔波机场改扩建工作，恳请贵委帮助向中国民用航空局申请民航发展基金补助，其余资金由地方政府自筹。

  妥否，请批示。

  附件：1. 黔南州荔波机场改扩建工程项目概况.doc
     2. 关于荔波机场改扩建工程初步设计及概算的批复.pdf
     3. 荔波机场改扩建工程进度计划.xls

黔南州发展和改革委员会 贵州航空投资控股集团有限责任公司
2018 年 3 月 8 日

四、请示写作的注意事项

（一）不要多头请示

  同一个请示事项，一般不要同时请示两个或两个以上的领导机关或主管部门，以免出现"公文旅行"，单位之间互相推诿的情况，延误了请示的批复。受双重领导的单位，应根据具体情况，主送一个上级机关，抄送另一个上级机关。

（二）不要越级请示

  除非特殊情况，一般不得越级请示。因特殊情况，必须越级行文时，一般应抄送越过的上级机关。不论什么内容的请示，需要同时送其他机关的，应当用抄送形式，但不得抄送其下级机关。

（三）不要横向请示

  请求平行职能部门或不相隶属的上级机关审批其管辖范围内的事项，不可使用"请示"，可用"函"。

（四）不要事后请示

  请示必须事前行文，决不能"先斩后奏"，或边请示边办理。

（五）不要向领导个人请示

  除领导直接交办的事项外，一般不要直接向领导个人请示。

（六）不要一文多事

  一份请示只能写一个问题，不要把几个性质不同的问题或事项同时写在一份请示中，以免上级机关不好批复而贻误工作。

（七）不要将"请示""报告"混用

  把"请示"写成"请示报告"或"报告"都是不对的。

（八）语言要谦恭

要尊重上级，不得有要挟、命令或催促一类的口吻或词句。在写请示事项时，一般只能写"拟"怎么办，不能写"决定"怎么办，因为既已"决定"就不必请示了。

五、写作训练

下文是某航空安全组写的一份请示的正文部分，请指出其错误之处。

我部安全组自××××年××月成立以来，在有关部门的大力支持下，工作开展顺利，但目前仍存在一些较为实际且急需解决的困难。第一，我部办公室人员编制甚少，现编制3人，除两名正、副组长外，只有1名工作人员，因本部门需要经常检查安全，客舱服务任务重，故工作不能很好开展。第二，本组人员在办公室文件流转和处理方面工作量大，急需增加电脑两台。以上请示报告，请尽快回复。

第六节 批 复

一、批复的概念及适用范围

批复适用于答复下级机关请示事项。批复是上级机关答复下级机关某一请示时所使用的下行文。

批复的行文是专对下级机关的请示的，有请示，才有批复。但是主管业务部门回答平行机关或不相隶属机关询问的问题时，应用"答复"或"函复"，不能用"批复"。

二、批复的写作格式

批复由标题、主送机关、正文和落款等部分组成。

（一）标题

批复的标题由"发文机关+事由+文种"组成，还有一种完全式的标题是"发文机关+表态词+请示事项+文种"，这种较为简明、全面和常用。

（二）主送机关

提出该请示事项的下级机关。

（三）正文

批复的正文一般包括批复依据、批复内容和结语三方面的内容。

1. 批复依据

批复依据涉及两个方面：一是对方的请示，二是与请示事项有关的方针、政策和上级规定。对方的请示是批复最主要的依据，要完整引用请示的标题并加括号注明其请示的发文字号，如"你部《关于将 12 月 2 日设立为"全国交通安全日"的请示》（公部请〔2012〕83 号）收悉"，用以交待批复的根据，点出批复的对象，必要时还要简述来文请示事项。

2. 批复内容

批复内容是正文的主体，说明批复事项，一般不需要进行议论。批复内容必须紧扣请示内容，不能含糊不清或避而不答。一般有以下三种回复情况。

（1）完全同意。用"同意"表明批准的态度以及同意的具体内容，必要时写明指示、要求。表达为：同意××（针对请示正文中的事及要求进行答复）。

（2）不同意。写明对请示中具体内容不同意的原因、理由，然后写明不同意的意见。表达为：关于××，依据××，不予同意。

（3）部分同意、部分不同意。先写明同意哪些内容，对于不同意的内容，要写明理由或处理该问题的方法。

3. 结语

常用"此复"或"特此批复"等作为结语，也可省去不写。

（四）落款

批复要签署做出批复的机关的名称，并写明批复的年、月、日。如果发文机关名称已在标题中出现，可省略发文机关只签署日期。

三、批复的写作要求

批复的写作要注意以下几个问题。
（1）批复要有针对性，是针对请示的问题而批复。
（2）态度要明确，语气要肯定，无论同意与否，都不能含糊其词。
（3）批复要及时，以免贻误了请示机关的工作。

四、范例

【范例 2-17】
关于××客舱服务部增置电脑的批复

××客舱部：

你部《关于增置电脑的请示》（×客发〔××××〕15 号）收悉。为满足生产的需要，保证空乘服务的正常运行，经公司研究现批复如下：

1．同意从行政部调拨 2 台内存 100GB 联想电脑到你部，2 班、3 班各 1 台。

2．此次电脑的配备按原购置办法执行，××客舱部承担电脑购置费用的 40%，并上交给公司。

3．由公司信息部门上报公司备案，并负责为××客舱部固定资产登记。

4．待购置款上交经省局，国家局批复下发邮资机。

××航空有限公司（公章）
××××年××月××日

五、写作训练

根据下列材料，以民航局为发文单位，写一则批复。

汉中城固机场 2014 年 8 月投入使用以来，机场航空业务发展迅猛。2018 年旅客吞吐量达到 49.5 万人次，2019 年旅客吞吐量突破 60 万人次，已远超 2020 年旅客吞吐量 30 万人次的设计目标。为确保军民航安全，满足航空运输发展需求，市委、市政府确定按照秦巴地区区域中心机场定位进行机场二期扩建，按满足 2020 年旅客吞吐量 30 万人次、货邮吞吐量 1300 吨的目标设计建设。陕西省发展改革委向民航局发出《关于恳请支持汉中城固机场二期扩建工程建设的请示》。

中国民用航空局对此予以批复，积极支持汉中城固机场建设发展，建议科学合理地确定项目建设内容及规模，加快推进机场总体规划修编和扩建项目前期研究工作，安排民航发展基金支持项目建设。

目前，各项工作正在顺利推进，机场总体规划修编初稿已完成，所需的支撑文件环评报告、水土保持方案、通航产业规划、物流产业规划等已启动。

第七节　函

一、函的概念及适用范围

函适用于不相隶属机关之间商洽工作、询问和答复问题、请求批准和答复审批事项。函的适用范围非常广泛，各级党政机关、企事业单位、社会团体都可以使用。函不用正式文件的文头纸，也不按正式文件编制文号，而是另行编号，或不编号。

二、函的种类

函在机关工作中使用频率较高，因为它便捷。从格式上分，函可分为公函和便函。公函是一种正式公文，多用于重要的具体事项，有标题、发文字号、机关印章；便函多用于一般性的事务工作，不加标题，没有发文字号，如同一般信件。从使用范围上分，函可分为商洽函、请准函和问复函。从行文方向上分，函可分为去函和复函。

按照内容和用途的不同，函在民航领域的应用可分为以下五类。

（一）商洽函

商洽函适用于平行机关或不相隶属机关之间商洽工作、联系有关事宜，如《××航与××航建立合作乘务培训业务关系的函》。

（二）请准函

请准函适用于向有关职能主管部门（如工商局、税务局、人事局等）请示帮助解决有关问题，如《甘肃省人民政府关于请求解决民航机场移交地方管理有关问题的函》。上行、平行均可使用请准函。

（三）问复函

问复函适用于向有关单位查询、了解问题，如《关于××航空股份有限公司实际控制人履行相关承诺事项的问询函》。上行、平行、下行均可使用问复函。

（四）去函

去函适用于向有关单位告知某些情况或事项，《关于××航空有限责任公司行李收费的告知函》。去函多为平行、下行文。

（五）复函

复函适用于针对来函所做的答复，如《关于同意××航空公司增加航班班次的复函》。

三、函的写作格式

函的写作结构一般由标题、主送机关、正文、发文机关署名和成文日期组成。

（一）标题

函的标题有以下两种写法。

1. 发文机关+发文事由+文种

如《××人事部关于同意提高职工夏季高温补贴费标准的函》。

2. 发文事由+文种

如《关于商洽代培客舱高级管理人员的函》。

如果是答复性的函，文种名称应写明"复函"或"函复"，如《××机场关于修建跑道需动迁居民房屋问题的函复》。

（二）主送机关

主送机关即受函单位的名称。

（三）正文

函的正文一般包括发函缘由、发函事项和结束语三个部分。

1. 发函缘由

发函缘由即函的开头，要有针对性地写明发函的依据、背景和原因。如果是复函，开头应先引叙来文的标题和发文字号，以示尊重，常用"你（贵）单位××××年××月××日《关于××的函》（××〔2017〕×号）函收悉"做引语。

2. 发函事项

发函事项即函的主体，是函的核心部分，要写明商洽什么、告知什么、请示什么，以及要求受函单位答复什么、批准什么等内容。发函的事项一定要写得明确、具体。

如果是复函，主体部分应写明对来函所谈事项的态度主张，或答复询问，或提出疑问。如同意，可写希望；如不同意，应简述理由，并提供解决问题的方法，切不可简单生硬地拒绝。

3. 结束语

函的结束语很多，常用的有"即此函告""专此函洽""特此函达""敬请函批"等惯用语，也可用"是否同意，请研究后函复""请大力协助为盼""望准予××为荷""望早日函告"等语。

如果是复函，则常用"即此函复""特此复函""特此函告""此复"等惯用语做结。

（四）发文机关署名和成文日期

在函的正文末尾的右下角写明发函机关名称和成文日期，并加盖公章。

四、范例

（一）商洽事宜函

【范例2-18】

××航空研究所关于建立全面协作关系的函

××大学：

近年来，我所与你校双方在一些科学研究项目上互相支持，取得了一定的成绩，建立了良好的协作基础。为了巩固成果，建议我们双方今后能进一步在学术思想、科学研究、人员培训、仪器设备等方面建立全面的交流协作关系，特提出如下意见：

1．定期举行所、校之间的学术讨论与学术交流。（略）

2．根据所、校各自的科研发展方向和特点，对双方共同感兴趣的课题进行协作。（略）

3．根据所、校各自的人员配备情况，校方在可能的条件下对所方研究生、科研人员的培训予以帮助。（略）

4．双方科研教学所需要高、精、尖仪器设备，在可能的条件下，予对方提供利用。（略）

5．加强图书资料和情报的交流。

以上各项，如蒙同意，建议互派科研主管人员就有关内容进一步磋商，达成协议，以利于工作。特此函达，务希研究见复。

××航空研究所（公章）
××××年××月××日

【范例2-19】

关于商洽代培客舱服务安全管理人员的函

××航安全培训中心：

得知贵中心将于近期举办客舱服务安全管理人员讲习班，系统培训客舱安全管理人员。因我公司客舱服务培训设备和师资力量不足，经研究，拟派10名客舱服务部管理人员随班学习。代培费用由我公司如数拨付。

如蒙慨允，恳请函复为盼。

××航空客舱服务部（公章）
2019年3月2日

【解析】 这是一则商洽函。开头简明交代了商洽代培事宜的原因，随后就代培的一些相关事宜，如代培人数、代培费用拨付等提出想法，最后以"如蒙慨允，恳请函复为盼"作为结束，静候对方答复。文章语气谦和，思路清晰，逻辑性强。

（二）答复事宜函

【范例2-20】

关于代培客舱服务安全管理人员的复函

××航空客舱服务部：

获悉贵客舱服务部拟将派遣10名客舱服务部管理人员，随班参加我中心举办的客舱服务安全管理人员讲习班，我中心感到十分荣幸。由于本中心的培训教室容纳有限，只能容纳50人，目前培训班的报名人数已经有45人。如你们要参加这期安全管理培训班，只能派遣5名成员。因我中心住宿接待能力有限，需你部自行解决住宿问题。代培费用5 000元/人，请于2019年2月14日前拨付至我中心财务处。讲习班将于2月16日开始，具体事宜见附件。

特此函复。

附件：《关于举办客舱安全管理人才讲习班的通知》

××航空安全培训中心（公章）

2019 年 3 月 8 日

（三）催办函

【范例 2-21】

××航空催办函

××制造厂：

贵厂××××年为我公司建造的登机廊桥，出厂至现在已经三年了，可是当时欠装的辅助设备至今尚未安装。为此公司曾多次去函催贵厂尽快给予解决，但贵厂一直未明确答复。该轮由于缺少辅助设备，长期无法正常执行运输任务，经济上已造成了很大的损失。为此特再次函请贵厂尽快为我公司登机廊桥安装辅助设备，以免再延误旅客的正常登机。

敬礼！

××航空有限公司（公章）

××××年××月××日

五、函写作的注意事项

（一）内容要单一

要遵循一函一事的原则，不要在同一函中提出多个性质不同的事项。

（二）文种要准确

写作中应注意"请示函"与"请示"、"函复"与"批复"之间的区别，防止混用。

（三）行文要简洁

要开门见山，直陈其事。表达简明扼要，事项明确具体，切忌套话、空话。

（四）用语要得体

函主要用于平行机关或不相隶属机关之间，因此，撰写时要特别注意用语礼貌得体。要多用商讨的语气，态度要诚恳谦和，既不能恭维逢迎，也不能盛气凌人、简单粗暴。忌用"决定""履行"等词语。

六、写作训练

根据下列材料写一则函。

为庆祝中华人民共和国成立 70 周年大庆，××航空公司决定组织一台节目，向国庆

70周年献礼，其中有一个节目是欢庆歌舞，由该公司客舱服务部的几位空中乘务员担任舞蹈演员。公司人事部门发出一则函，要求客舱部予以支持配合，并合理安排工作，抽调王××等六位同志到总部参加排练。时间为2019年6月1日—6月30日。

第八节 纪　　要

一、纪要的概念及适用范围

纪要适用于记载会议主要情况和议定事项。纪要是根据会议记录摘要整理而形成的一种纪实性公文，用于记载、传达会议主要情况和议定事项，要求与会单位共同遵守、贯彻执行。

二、纪要的种类

根据纪要的用途，可将纪要分为记载性纪要和传达性纪要。

（一）记载性纪要

记载性纪要主要记载会议情况和议定事项，用于归档备查，有时也可发有关单位知照和执行。

（二）传达性纪要

传达性纪要是指把会议情况和议定事项综合整理成文，发给与会单位，或者传达给下级单位，以便遵守和执行。这类纪要有时可上报，要求上级机关批转给有关单位和地方落实。需要下发执行的纪要，可以"通知"形式发出。

三、纪要的写作格式

纪要由标题、正文、出席人员名单和落款署时等部分组成。

（一）标题

纪要的标题一般由"发文机关+事由+文种"组成。

（二）正文

纪要的正文一般包括导语、主体和结尾三部分。

1. 导语

简要概述会议基本情况，一般包括会议目的、名称、时间、地点、规模、与会人员、主要议程、会议情况、对会议的总体评价等。往往以"现纪要如下"等作为连接下文的过渡语。

2. 主体

纪要的核心部分，根据会议的中心议题，有主次、轻重地写出会议的情况和成果。写法多样，主要有以下几种。

（1）集中概述法：多用于小型会议，而且讨论的问题比较集中、单一。

（2）分项叙述法：适用于大中型会议或议题较多的会议。一般要采取分项叙述的办法，即把会议的主要内容分成几个大的问题，然后另上标号或小标题，分项来写。

（3）发言提要法：如上级需要了解与会人员的不同意见，则可以采用这种写法，把会议上具有典型性、代表性的发言加以整理，提炼出内容要点和精神实质，然后按照发言顺序或内容类别，分别加以阐述说明。

3. 结尾

有的纪要提出希望和要求，也可以没有。

（三）出席人员名单

标注出席人员名单，一般用三号黑体字，在正文或附件说明下空一行左空二字编排"出席"二字，后标全角冒号，冒号后用三号仿宋体字标注出席人单位、姓名，回行时与冒号后的首字对齐。

标注请假和列席人员名单，除依次另起一行并将"出席"二字改为"请假"或"列席"外，编排方法同出席人员名单。

（四）落款署时

落款署时可在标题下，也可在人员名单之后，根据实际情况确定。

四、纪要的写作要求

（1）"要"是关键，分清主次，条理清楚，突出重点，简明扼要。

（2）真实、准确。忠实于会议实际，不能随意取舍，会议没有涉及的内容不能写入。写成后应提请会议主持人审核与签发。

（3）采取第三人称叙述。如"会议听取了""会议指出""会议强调""会议要求"等。

五、范例

【范例2-22】

民航局治理工程建设领域突出问题专项工作领导小组办公室会议纪要

××××年××月××日，民航局治理工程建设领域突出问题专项工作领导小组办公室召开了第一次会议。会议由领导小组办公室主任、机场司司长张××主持，办公室副主任韩××、刁××及各成员参加了会议。

会上认真学习了中共中央办公厅、国务院办公厅《关于开展工程建设领域突出问题专项治理工作的意见》、中央治理工程建设领域突出问题工作领导小组《工程建设领域突出问题专项治理工作实施方案》及《民航局开展工程建设领域突出问题专项治理工作方案》，通报了领导小组办公室前一段时期的工作情况。之后，会议研究部署了民航局治理工程建设领域突出问题的下一步工作。现将会议研究确定的主要事项纪要如下：

一、会议明确了民航局专项治理工作领导小组各成员单位的12项工作措施及牵头单位，要求各牵头单位研究制订本单位的工作方案，明确目标任务、工作进度、时间要求及工作措施，并将工作方案于××××年××月××日前报领导小组办公室。

二、会议研究确定适时提请召开民航局专项治理工作领导小组会议，对专项治理工作深入开展做出进一步部署，提出具体要求。

三、民航局综合司负责在民航局门户网站上开通专栏，介绍专项治理工作的有关情况，并随着工作的深入开展，及时宣传中央关于专项治理工作的文件精神、方针政策和决策部署，以及民航开展专项治理工作的动态信息、成功经验和典型做法等。

最后，韩××副主任强调，领导小组办公室各成员要深刻认识开展专项治理工作的重要性和紧迫性，认真学习中央指示精神，提高思想认识，切实增强工作责任感，按照职责分工，认真制订本部门开展专项整治的工作方案，加强协作配合，及时沟通情况，形成工作合力，确保专项治理工作扎实、有效地开展。

附：参会人员名单（略）

【范例2-23】

2019年中南民航工作会议纪要

2019年1月11日，中南民航工作会议在广州召开。会议传达学习全国民航工作会议和安全工作会议精神，总结中南民航2018年工作和40年发展经验，分析当前形势，部署2019年的任务。会议由杨进书记主持，胡振江局长做工作报告，梁世杰副局长通报2018年航空安全责任书考核情况。

胡振江指出，2018年，中南民航大事多、喜事多、亮点多。主要表现为：安全形势平稳向好，辖区单位责任事故征候万时率0.023，同比下降18%。完成春运、全国"两会"博鳌亚洲论坛年会、中国—东盟"两会"、世界航线发展大会、珠海航展、广西60周年大庆等重大航空运输保障任务。运输生产平稳增长。辖区运输机场保障飞行起降281.2万架次，旅客吞吐量3.05亿人次，货邮吞吐量453.1万吨，同比分别增长5.3%、10.1%和6.8%。三亚机场突破两千万人次大关，珠海机场迈入千万级机场行列，辖区千万级机场达到9家，约占全国四分之一。国际化进程提速，中小机场发展迅猛，基础设施稳步推进，辖区运输机场达到37个。广州机场T2航站楼、桂林机场T2航站楼投入使用。全年固定资产累计投资达76.4亿元。通航发展动能积蓄，通航企业99家，在册通用航空器561架，完成飞行19.7万小时、49万架次，均占全行业四分之一左右。通航产业园区24个，航空制造企业 47 家，中航通飞自主研制的 AG600 实现水上首飞。1 032 家无人机经营企业获批，占全国近 40%。航班正常取得进步，辖区机场放行正常率达到 84.23%，主运营航空公司航班正常率 79.59%，分别同比增长 6.15%、8%。服务质量全面提升，9 个千万级机场和 16 个中小机场实现无纸化乘机，112 架飞机可提供机上 Wi-Fi 服务，机场餐饮"同城同质同价"全面推进。

胡振江强调，2019 年要深入学习贯彻习近平新时代中国特色社会主义思想和党的十九大精神，以总书记对民航工作系列重要指示批示精神为总指针，以更好满足人民美好生活需要为目标，坚持新发展理念，落实民航"一二三三四"总体思路，按照"一加快、两实现"要求，抓安全、谋改革、促发展、带队伍、强党建，推动中南民航高质量发展再上新台阶。重点抓好五方面工作：一是始终强化政治担当，深入贯彻民航局 26 条措施和管理局 110 条措施，进一步提高政治站位、坚守安全底线、强化"三基"建设、加强安全监管，确保安全运行平稳可控。二是始终坚持创新引领，在质量变革、效率变革、动力变革、管理变革等方面发力，持续推进行业深化改革。三是始终坚持锐意进取，推动中南民航高质量发展。要服务国家战略，推进基础建设，提升服务质量，补齐发展短板。四是始终坚持强基固本，锤炼高素质专业化队伍，要提能力，强素质；立规矩，强纪律；严作风，抓落实。五是始终坚持高标准建设，在加强政治建设、推动中心工作、夯实基层基础、落实八项规定等方面始终坚持高标准，推动党建工作高质量发展，为中南民航安全发展提供有力保证。

杨进做大会总结，就工作会议精神贯彻提出要求，一是坚决做到以习近平总书记对民航工作的重要指示精神为指引，在确保中南民航安全运行上要有必胜"决心"，要强化政治担当，狠抓责任落实，突出结果导向。二是坚决做到以新发展理念为引领，在推动中南民航高质量发展上要有强大"信心"，要贯彻"五新"理念，服务国家战略，推动"四个"变革。三是坚决做到"以人民为中心"，在提升中南民航服务质量上要有坚定的"恒心"，要在源头治理、协同配合、严格监管上持续发力。结合 2019 年春运工作，杨进指出，春运工作是开年第一件大事，2019 年又恰逢中华人民共和国成立 70 周年，做好春运保障工作意义重大，要提高政治站位，强化组织领导，做好春运筹备工作，主要在坚守安全底线、科学安排运力、提升服务质量、打造诚信春运等方面下功夫，确保广大旅客安全、便捷、顺畅出行。

会议还对2018 年 30 家航空安全管理达标单位进行通报表彰。

六、写作训练

开展一次客舱优质服务活动，事后召开一次活动总结会。根据活动内容撰写会议纪要。

第三章

民航事务文书

教学提示

处理日常事务除法定公文外，还有一种文体，就是民航事务文书。民航事务文书的使用频率远远超过法定公文，涉及面广泛。本章重点学习民航管理事务中常见的应用文中的客舱工作计划、客舱工作总结、客舱工作简报和会议记录等，民航事务文书是民航客舱管理部门处理日常事务时用来沟通信息、安排工作、总结经验的实用文体，是应用文写作的重要组成部分。

第一节　客舱工作计划

一、客舱工作计划的概念及应用

客舱工作计划是指团队或个人对未来一定时间里飞机执行航行任务中，对客舱要做的工作从目标、任务、要求以及措施等方面预先做出设计安排的事务文书。

客舱工作计划的制订是对将要实施的客舱工作进行一个预见性的安排，包括做什么、怎么做，以及对航行中客舱可能遇到的情况、问题提出具体的解决措施。

客舱工作计划制订的目的是顺利完成即将进行的客舱工作和保障完成目标任务，具有积极指导意义。

对于有关团队和个人而言，客舱工作计划不仅是工作指南，而且带有权威性和约束力，无论是空防安全保障、特殊旅客服务，还是号位安排，都应按照计划要求去做，计划得到了顺利实施，航行服务和安全就得到了保障。

客舱工作计划有许多不同称谓，通常而言，长远、宏大的客舱工作计划称为"规划"，比较切近、具体的客舱工作计划称为"安排"；比较繁杂、全面的客舱工作计划称为"方案"，相对简明、概括的客舱工作计划称为"要点"；比较细致、深入的客舱工作计划称为"计划"，比较粗略、雏形的客舱工作计划称为"设想"。

二、客舱工作计划的写作格式

客舱工作计划的写作结构一般由标题、前言、主体、结尾、署名和日期组成。

（一）标题

客舱工作计划的标题有以下两种形式。

1. 制订主体名称+时间+内容性质+文种

如《山东航空公司"彩虹精品组"2019年春运客舱工作计划》。

2. 适用时间+内容性质+文种

如《2019年度客舱安全工作计划》。

如果是还没有最后确定的计划，可在标题后面注明"讨论稿""草案"等字样。

（二）前言

客舱工作计划通常有一个"前言"段落，主要点明制订计划的指导思想和对基本情况的说明分析。前言文字要力求简明，以讲清制订本计划的必要性、执行计划的可行性为要，应力戒套话、空话。

（三）主体

如果说前言回答了"为什么做"的问题，那么主体要回答"做什么""怎么做""何时做"等问题。主体包括任务与要求、办法与措施、时间与步骤三个方面。

1. 任务与要求

首先要明确指出总目标和基本任务，随后应根据实际内容进一步详细、具体地写出任务的数量、质量指标。必要时再将各项指标定质、定量分解，以求让总目标、总任务具体化、明确化。

2. 办法与措施

以什么方法、用什么措施确保完成任务、实现目标，这是有关客舱工作计划可操作性的关键环节。所谓有办法、有措施就是对完成计划需动员哪些力量、创造哪些条件、排除哪些困难、采取哪些手段、通过哪些途径等心中有数。这既要熟悉实际工作，又要有预见性，还要有实事求是的精神。唯有这样，制定的措施、办法才是具体的、切实可行的。

3. 时间与步骤

为了让计划顺利实施，必须将工作的先后、主次、缓急区分，为此在计划的每一个阶段，针对具体情况事先规划好操作的步骤、各项工作的完成时限及责任人。这样才能职责明确、操作有序、执行无误。

任务与要求、办法与措施、时限与步骤是制订客舱工作计划的三要素，缺一不可。这三条内容，在具体写法上，任务与要求一般要单列，办法与措施、时间与步骤则可分别分段列项来写，也可揉为一体来写。根据内容的需要，客舱工作计划可采用文件式、条文式或表格式来进行谋篇布局。

（四）结尾

结尾的内容一般包括在执行计划时应该注意的事项，需要说明的问题，或是提出要求、希望和号召等。

（五）署名和日期

注明制订计划的单位名称和日期。如在计划标题上已标明了单位名称，结尾处就不必重复。

三、范例

【范例 3-1】

2019 年 8 月 26 日 MU5303 次航班个人工作计划

一、任务与要求

为确保顺利执飞 8 月 26 日上海虹桥国际机场至广州白云国际机场正班 MU5303 次航班，现就个人有关工作计划如下：

1．了解该航班的具体飞行日期，复习该航班的相关航线知识，包括飞行距离、地理人文及航班配餐情况。

2．了解该航班的执飞机型及人员配置情况，就自身将会执行的号位，明确号位分工。

3．上网查阅客舱部的近期安全及业务通知，就目前严抓的安全整改项目进行学习，熟练业务技能。

4．进行个人证件资料和个人用品的整理和确认。

二、措施与步骤

1．个人飞行网显示本次航班是由上海虹桥国际机场至广州白云国际机场的正班航班，飞行距离 1 400 千米，飞行时间约为 2 小时 30 分钟（2019 年 8 月 26 日 MU5303 去程 11:30—14:05，回程 14:50—17:20）。登陆业务通复习成都航班的相关航线知识，了解到该航班飞行正值台风季节，飞行过程较为颠簸，于是做了相关的防机上颠簸处置预案。

根据飞行时间，此次航班的配餐情况为去程早餐、回程午餐。由于飞行时间较长，我将需要在落地安全检查前的 15 分钟再送一遍矿泉水和茶水。

2．该航班是由 A320 执行，根据我的资质一般担任外场 4 号的岗位。该号位具体负责普通舱外场的工作，在内场准备餐食的同时，我需要做好外场的服务工作，并及时清洁洗手间。该号位在紧急情况下需要手动释放救生船，所以我需要就该项目进行专门复习。

3．近期客舱部的重要安全通知为《夏季飞行——防颠簸及烫伤》。我已再次复习颠簸的三个具体处置方案，并就近期遇到的相关颠簸情况进行了梳理。现结合本次执飞的航班多由游客组成，并且暑期儿童旅客较多的情况，做出如下安排。

（1）在服务过程中及时口头提醒旅客在座位上坐好，系好安全带。提醒带小孩的旅客多关注自己的小孩，不要随意走动。

（2）颠簸期间频繁广播通知旅客，让旅客就安全问题引起重视。对每一个上洗手间的旅客，提醒他们拉好扶手。

（3）冲泡咖啡和茶水这些热饮时，适当加些矿泉水，中和一下水温。建议小朋友喝果汁类饮料，避免热饮。

4．航班起飞的前一晚确认飞行中应始终备用的证件资料是否齐全，清洁并熨烫好围裙和制服，确保充足睡眠。在出门执飞航班任务前，检查自身的仪容仪表是否符合规定，登机牌、姓名牌、丝巾和手表是否佩戴完整。

本人就 2019 年 8 月 26 日 MU5303 航班的个人工作计划如上。其中，考虑到上飞机后大部分旅客已经饿了，所以第一段餐食的发放需要及早配备，我和组员们就当天的具体情况进行适当调配。

×××
2019 年 8 月 24 日

【解析】这是一则客舱工作计划。前言部分用一句话说明了制订计划的必要性，简明扼要；正文部分首先提出了具体的任务数量和质量指标，既符合乘务员工作的实际情况，又涵盖了乘务员工作的方方面面。随后根据上述任务与要求，分条列项，确定了完成任务的具体措施、行动步骤以及时间安排，以保证飞行任务的顺利完成。结尾部分就餐食发放注意事项做了补充说明。文章结构完整，表述清晰，有针对性，可操作性强。

四、客舱工作计划的注意事项

（一）实事求是，留有余地

制订客舱工作计划时不仅要考虑工作的需要，而且要考虑工作中的可操作性。所以，要在深入细致调查研究的基础上进行，不能只凭主观愿望、热情来制订计划。目标任务，不能提得过高，也不能偏低，要有实际可操作性，又留有余地。客舱工作计划应是经过一定的努力之后才能达到的行为目标，再好的计划，在执行的过程中也难免有预测不到的地方，所以要根据遇到的新情况、新问题及时进行修正、补充、调整，要保持一定的弹性。

（二）具体明确，突出重点

客舱工作计划的目标、任务要具体明确，措施、步骤要切实可行，具有可操作性，切忌目标笼统、措施含糊、职责不明。另外，要根据任务的主次、缓急来安排工作的顺序，把中心工作和重点任务突现出来。通常在写客舱工作计划时，重要的、紧迫的工作应安排在前面写，一般的、可缓的工作应安排在后面写，这样，既使行文错落有致，又使计划便于执行。

（三）语言简洁，说明为主

客舱工作计划以叙述和说理为主，语言要简洁明了，尽量用深入浅出的语言，不做冗长的叙述和过多的议论，行文上也要力求条理清楚、段落分明。

五、写作训练

假设你是某航空公司的一名乘务长，你即将执飞上海浦东至美国旧金山的航班。请根据相关内容要求，择其要点，拟写一则客舱工作计划。

第二节　客舱工作总结

我们工作、学习、生产进行一段时间后，一般都要对前一阶段的工作、学习或生产进行全面系统的回顾检查、分析研究，回顾检查、分析研究后写成的文书就是总结。总结的目的在于归纳经验教训，得出规律性的认识，从而指导和推进今后的工作，提高生产和管理的效率。

总结的使用范围很广，党政机关、企事业单位、个人团体，上至中央，下至基层，都要使用总结这一文体。总结是自我评估，及时总结经验教训，对做好任何工作都是必不可少的一个重要环节。总结一般在内部使用，必要时也可上报下发。

总结的种类很多，按内容分，有工作总结、生产总结、学习总结、思想总结等；按时间分，有年度总结、季度总结、月份总结、阶段总结等；按范围分，有单位总结、部门总结、班组总结、个人总结等；按功能分，有汇报性总结、经验总结；按性质分，有综合性总结、专题性总结等。

然而，民航乘务系统只是民航事业的一个环节，客舱部只是其中的一个小部门，而乘务小组乃至乘务员的工作范围甚至更小。所以本节只介绍客舱部的工作总结，为了与之后的总结区分开来，这里的总结被称为客舱工作总结。

一、客舱工作总结的概念及应用、分类

（一）客舱工作总结的概念及应用

客舱工作总结是指团体或个人对一段时期内所进行的客舱工作实践活动进行检查、反思、分析和研究，找出成绩，总结经验，吸取教训，以提高客舱工作水平，促进今后客舱工作的一种事务性文书。

客舱工作总结是对一段时期内客舱工作生产情况进行的回顾，具有事后性的特点。客舱工作总结的目的是总结经验教训，提高理性认识，扬长避短，指导未来。

（二）客舱工作总结的分类

根据不同的角度，客舱工作总结可以分为很多类。

（1）按时间的长短分类，客舱工作总结可以分为：长期工作总结、中期工作总结和短期工作总结；年度工作总结、季度工作总结、月度工作总结和周工作总结。

（2）按内容分类，客舱工作总结可以分为综合性工作总结和专题性工作总结。

（3）按制定总结的主体分类，客舱工作总结可以分为部门工作总结和个人工作总结。

二、客舱工作总结的写作格式

客舱工作总结的写作结构一般由标题、引言、主体、结尾、署名和日期组成。

总结正文的结构形式常见的有三种：条文式、小标题式和全文贯通式。条文式是将总结的内容按性质和主次逐条排列，行文简要，眉目清晰。小标题式是将总结的内容划分为几个部分，每部分冠以一个小标题，分部写作，层次井然。全文贯通式是行文上下相连，不列条目，将总结的内容按事物内在的逻辑联系逐一写来，流转自如。

（一）标题

总结的标题的拟制与计划的标题的拟制相同，一般包括单位名称、总结时限、总结内容概括和文种。还有一种文艺式的标题，由正题和副题组成，正题概括总结内容，副题表明单位名称、总结时限和文种，或者由单位名称和总结的主旨概括而成的副题，如《传承、传递客舱精神——一个优秀乘务人员的成长之路》，这样的标题常常用在航空公司的宣传册标兵事迹总结中。

客舱工作总结的标题有以下两种形式。

（1）制定主体名称+时间期限+内容性质+文种。如《山东航空公司"彩虹精品组"2019年春运客舱工作计划》。

（2）时间期限+内容性质+文种。如《2019年度客舱安全工作总结》。

（二）引言

客舱工作总结通常有一个"前言"段落，一般简单概述总结的内容和目的。引言的方式主要有以下几种。

（1）概述式。概括介绍基本情况，如客舱工作背景、时间、地点等。

（2）结论式。提出总结的结论，使读者明白总结的核心所在。

（3）提示式。对客舱工作的主要内容进行提示性的简要概括。

（三）主体

主体一般由基本情况、经验和教训、打算和意见等内容组成。

1. 基本情况

基本情况包括所要总结的客舱工作的环境背景、具体任务、实施步骤等。这部分扼要地介绍单位（或个人）工作上或生产上或学习上的基本情况、过程和结果，交代清楚前期在什么情况下做了什么工作，取得了什么样的成效。或者概括前期工作的基本情况是对总结的主要精神或中心内容做必要的提示，以此显示总结的动因和必要性。总之，这部分内容的写作要使读者先得出总结者前期生产、工作、学习基本情况的概括印象，或对总结的主要精神有个大致的把握，给予必要的注意。

2. 经验和教训

总结工作成效和规律性的、有指导意义的体会。除了所取得的成就、经验外，对工作中出现的失误也应实事求是地说明，做到既不一味铺陈优点，也不有意回避缺点。这部分一定要写得丰富、具体翔实，并选用具体事例适当地展开议论。使总结出来的经验和教训有论点，有论据，有血有肉，鲜明生动，确实能给人以启发和教益。

成绩与缺点，这部分是总结的主要内容，所占篇幅最大。在总结成绩时，要叙说清楚做了哪些工作，采取了什么样的步骤、方法与措施，取得了什么样的成绩，并分析概括出取得成绩的主客观原因，归纳出经验和体会。在谈缺点时，必须老老实实，不欺上瞒下，要叙说清楚在工作上存在的问题与不足，出现了哪些失误，有什么样的教训，并分析概括出失误产生的主客观原因。由于谈成绩与缺点所涉及的内容多、篇幅大，故在叙说时必须注意材料的取舍，做到点面结合，叙述要详略结合，表述中叙议结合。在分析经验教训时，不能就事论事，要上升到一定的理论和规律的高度去探讨，这样才能使写出的总结对今后的工作具有指导意义和借鉴作用。

3. 打算和意见

这部分在总结经验教训的基础上，针对工作中存在的问题提出解决办法。主体部分的结构形式通常可采用"情况—经验—问题—建议"的顺序，分成四大部分进行总结，这是写总结的传统方法。根据需要还可以用其他形式，如阶段式，用于对周期长、阶段性显著的工作进行总结，把整个工作过程按时间顺序划分为若干阶段进行总结；并列式，以具体的工作项目为顺序，把要总结的内容按性质逐条排列，夹叙夹议，这种形式较适用于专题性总结。此外，也可以按时间的顺序、围绕的中心、突出的重点等进行总结，还可以按文章的自然段落安排行文的层次。

总结的正文因内容不同、重点不同，其写法也不尽相同。

（四）结尾

结尾应在总结经验教训的基础上，提出今后的方向、任务和措施，表明决心，展望前景。这段内容要与开头相照应，篇幅不过长。如果总结在主体部分已将这些内容表达过了，就不必再写结尾。

（五）署名和日期

总结的正文写完以后，应该在正文的右下方写上总结单位或个人的名称和总结的日期。

三、范例

【范例 3-2】

2019 年 8 月 26 日 MU5303 次航班个人工作总结

2019 年 8 月 26 日，本人执飞了上海虹桥国际机场至广州白云国际机场正班 MU5303

次航班，航班总体平稳顺利结束。上海—广州去程人数162人，配餐165份，无特殊餐，有一位UM（无人陪伴儿童）旅客。广州—上海回程人数145，配餐150份，有一份穆斯林餐，及时送出，无特殊旅客。与机组配合默契，机组准备会中联络暗号及时传达，乘务组服务受到机长肯定。现将有关工作总结如下。

一、经验和教训

航前准备阶段，乘务组上机后第一时间进行了应急设备的检查，负责内场的乘务员及时清点餐食，负责外场的乘务员检查了客舱设备，确保旅客上机后服务设备正常使用。乘务组配合安全员共同实施了清舱。

飞行实施阶段，由于去程几乎满客，在头等舱和金卡这些"天合优享"旅客的服务上，我们在地面已备好名单与服务用品，最大限度地争取了有效时间。去程头等舱8人，金卡共计32位，我们对每一位都进行了姓氏服务。其中31A王先生为清真教徒，但其未进行特殊餐的预订。后舱乘务员在地面准备时已发现相关情况，于是将机组餐中的鸡肉饭与旅客餐中的鱼香肉丝米饭（含猪肉）进行了调换，确保了这位金卡旅客对于餐食有两种选择。对于后舱乘务员处理这件事情时所表现的细心与专业，我给予了充分的肯定。

时值暑假，去程旅客多为旅游团体，小孩子较多。对于热饮和餐食的服务乘务组格外小心，把关到位。其中由4号乘务员具体负责UM（无人陪伴儿童）的服务，小朋友的具体空中生活已另附特殊旅客单据，与地面服务员的交接及时。

去程旅客较多，飞行时间短，服务时间紧凑，我在巡视客舱时发现后舱的洗手间卫生仍是一个薄弱环节。洗手间地板水渍较多，卫生纸也未叠成三角。与后舱乘务员沟通后情况有所改善。

二、设想和安排

回程航班准点起飞，未涉及延误。航班总体服务情况较好，共有22位金卡旅客，收到两位旅客的表扬意见。回程餐食是由广州航食配备，所采用的餐具是新型的环保餐盒，在送餐过程中硬质的餐盒不够密封，容易造成滴漏，建议广州航食在使用这类餐盒时适当减少餐食内的汁水含量，这样更便于送餐服务。另外，蛋炒饭和炒面之类的餐食口味也较受旅客欢迎。

暑期航班旅客携带的行李较多，来回程均有部分行李在关舱门前不能及时摆放到位。对于这个问题我主要有以下三个设想。

1．在旅客上机过程中，一面加强客舱广播的次数，告知其具体的行李储藏空间，一面由乘务员第一时间进行协助合理摆放。

2．前舱乘务员在旅客上机时对于过大体积的手提行李第一时间在机门口进行拦截，联系地面人员办理托运手续。

3．过站阶段及时清理储物空间，把机供品收纳整理，腾出更多的行李架和衣帽间。

希望大家在今后的工作中能严格履行职业规范，把客舱工作做好做实。

乘务长：×××

2019年8月7日

【解析】 这是一则客舱工作总结。引言简单概述该总结的目的和内容；正文分为经验和教训、设想和安排两大部分。经验和教训部分如实评价了飞行工作，既总结了成功的经验，也分析了失败的教训，客观而公正。设想和安排部分重点针对本次航班出现的"行李在关舱门前不能及时摆放到位"的问题做了分析，并提出了三点解决办法，重点突出，有的放矢，对今后的工作有实际的指导意义。

四、客舱工作总结写作的注意事项

（一）实事求是，客观公正

实事求是是写好客舱工作总结的重要原则，客观陈述航班中的正负案例，以及从中得出的经验与教训，为今后的执飞任务提供借鉴。需要特别注意的是，在总结时应该对事不对人，寻求"什么是对的"，不是"谁是对的"。

（二）兼顾全面，突出重点

在兼顾全面的基础上，对本次航班的重要关注点进行总结，切忌主次不分、面面俱到却又处处浮光掠影。注意不要舍本逐末，不要过度关注问题的一些无关紧要的细节，而忽略对于如何改进整体航班运行品质的总结。

（三）叙议结合，语言简朴

叙议结合是客舱工作总结写作的主要方法。语言要朴实准确，不必追求辞藻华丽，也不必引经据典，以准确简洁为好，以便让阅读者在尽可能短的时间内抓住要领，用于实务。

总结正文的结构形式常见的有三种：条文式、小标题式和全文贯通式。条文式是将总结的内容按性质和主次逐条排列，行文简要，眉目清晰。小标题式是将总结的内容划分为几个部分，每部分冠以一个小标题，分步写作，层次井然。全文贯通式是行文上下相连，不列条目，将总结的内容按事物内在的逻辑联系逐一写来，流转自如。

五、写作训练

请结合下述材料，根据乘务员的工作职责要求和民航的相关条例，拟写一则客舱工作总结。

假设你是中国××航空股份有限公司的一名乘务长，你刚执飞了MU5303上海至广州的航班，本次航班上发生了以下两件特殊的事情。

（1）乘务组在安检时，安检人员拿了一个45A旅客的容量为150Wh的充电宝询问机长是否可以带上飞机，机长表示其没有权利决定。上客期间临近关门时刻，45A旅客上机向乘务长反映："你们为什么不让我带充电宝上机，乘坐过多次航班都可以，为什么就今天不行？"并拿出一张9月14日南方航空开出的100~160Wh锂电池申报和放行单，反映因鄂尔多斯没有东航柜台给其开放行单，所以本次航班没有，乘务长询问机长，机长表示他没有权利，但是可帮忙联系，鄂尔多斯东航代办表示他们没有此类放行单可以开，所以不可以带上飞机，乘务长与旅客解释沟通，旅客仍然不悦。报告机长关闭舱门，晚关门 16 分钟。

（2）7L 旅客在飞机起飞 10 分钟后想要上厕所，乘务长在第一时间制止了 7L 旅客，告诉 7L 旅客再等一会儿，飞机还没有平飞，7L 旅客就先坐下了，5 分钟后 7L 旅客直接走到厕所门外把厕所锁打开，乘务长又制止了 7L 旅客，告诉 7L 旅客现在还不能上厕所，7L 旅客说飞机飞得很平稳，上厕所没关系的，乘务长告诉 7L 旅客飞机起飞 20 分钟后才平飞，先回去坐一下，7L 旅客又回去坐下，乘务长在平飞后第一时间为 7L 旅客打开了厕所，邀请 7L 旅客使用。

第三节　客舱工作简报

简报即简明扼要的工作报告，在民航系统中，简报是反映民航系统党政机关、企事业单位内部的日常工作、重要问题和业务活动情况的一种事务性文书。简报具有汇报性、指导性和交流性的特点，它既可以向上级汇报工作，便于上级了解情况，也可以向下级通报情况、指导工作，还可以用于平行机关之间交流经验、传递信息。

简报是个总称，其别称有很多，如"工作简讯""情况交流""情况反映""思想动态""内部参考"等。按时间分，简报有定期简报、不定期简报；按性质分，简报有工作简报、生产简报、学习简报、思想动态简报、会议简报；按内容分，简报有专题简报、综合简报。简报与消息有着明显区别，具体如下。

（1）表达方式不同。简报和消息都要求反映真实的情况，但消息仅限于客观事实的报道，而简报则允许对客观的事实加以适当地评论。

（2）时效要求不同。简报和消息在编发时都要求快速及时，但消息在编发的速度上要求更高，追求的是快速反应。而简报的编发时间则允许一定程度的滞后性。

（3）内容侧重点不同。简报和消息的内容都要求新，但消息侧重于新闻性，简报则侧重于经验性。

（4）传播范围不同。消息一般面向全社会，内容是公开的，没有保密价值，读者越多越好。简报则通常以领导者和有关单位为发送对象，阅读范围特定，有的还会加注"内部刊物，注意保存"字样，具有一定程度的保密性。

民航乘务人员常用的客舱工作简报相对简单些。下面专门就客舱工作简报做介绍。

一、客舱工作简报的概念及特点

客舱工作简报又称客舱情况简报、客舱工作动态，是客舱服务部编发的反映一段时期内客舱工作进展情况、沟通信息、交流经验、指导工作的一种简短、灵便的事务性文书。

客舱工作简报的应用范围广泛，可上行，向上级机关汇报工作，反映情况，为领导的正确决策提供可靠信息；可平行，和同级机关（单位）沟通信息、交流经验，起到一定的提示和参考作用；也可下行，向下级机关（单位）通报情况、传达精神，起到指导工作的作用。

客舱工作简报具有较强的时效性，须及时反映、交流新问题、新情况和新动态。

简明扼要是客舱工作简报的显著特点。一份客舱工作简报有的刊登一篇文章，或几段信息；有的刊登几篇文章，一般一两千字，短则几百字，长的也不过三五千字。内容简要，要选取那些重要的、主要的事项进行报道。表达简练，不铺排和修饰。

客舱工作简报的传播有其局限性。在多数情况下，简报只在管辖范围内的有关领导或机关（单位）之间内部传阅，不宜甚至不能公开传播，有的还会加注"内部资料，注意保存"字样。

二、客舱工作简报的分类

按照内容涵盖的范围划分，客舱工作简报可分为客舱综合工作简报和客舱专题工作简报。

（一）客舱综合工作简报

客舱综合工作简报，即反映客舱部的日常工作和动态的简报。这种工作简报的内容是综合性的，有工作研究、经验总结、信息交流、批评建议等。这类工作简报可以定期出，也可以不定期出，主要供公司领导和有关部门全面准确地了解客舱情况、掌握客舱动态，以便从实际出发指导全面工作。

（二）客舱专题工作简报

客舱专题工作简报，即为某一项重要工作而专门编发的简报。一般内容比较单一，如"客舱争先创优简报""客舱安全信息简报"等。

三、客舱工作简报的写作格式

客舱工作简报有较为固定的格式，通常可分为报头、标题、正文和结尾四部分。

（一）报头

报头一般包括简报名称、简报序号、编发单位、印发日期，有机密等级的简报，左上角还有机密等级。报头在首页上端，约占全页三分之一的位置，报头与标题之间有一根横隔线。

（二）标题

标题是简报中中心内容的概况，因而简洁醒目。标题既可用单行标题，也可用双行标题，有的简报标题上还有简短的按语，或提示内容，或提出要求，或强调意义。

（三）正文

正文有几种写法。最常见的是新闻报道式：先导语，后主体，最后是结尾。导语起总领作用，一般要交代清楚六个要素：时间、地点、人物、事件、原因、结果，使人先有一个总的印象。主体是正文的主干，承接导语。把导语所说的内容全面展开，一般要包括重要事件、事实情况、具体措施、成功的经验以及存在的问题等。这部分要写得内容充实，层次分明。结尾时正文的自然收束，或评论，或小结，或号召希望。但也有不加结尾的，视具体情况而定。除了新闻报道式写法外，简报的正文还可以采用列小标题式的写法、分条列述式的写法、集纳式的写法。

（四）结尾

结尾一般包括抄送单位和共印份数，前者居左，后者居右。报尾与正文之间有一条横线隔开。

简报写作总体上的要求是：简、快、真、精。所谓"简"，是指篇幅简短、简明扼要，如果拉拉杂杂，就不能称为"简报"了。所谓"快"，是指简报具有内部新闻报道特点，采、写、编、发速度要快，如果拖沓，则会时过境迁，失去效用。所谓"真"，是指简报反映的事实材料要真实可靠，核实无误。如果材料失真，则会以讹传讹，贻误工作，甚至导致领导决策的失误。所谓"精"，是指简报所选的事实材料要精确恰当，要把那些最新、最重要、最有价值、最有代表性的材料写入简报，而不能事无巨细。

四、范例

【范例3-3】

机供品餐食一体化客舱工作简报

一、近期的重点工作

（一）全力做好春运保障工作

春运特色甜品研发与配备：延续十二生肖特色新年甜品设计理念，今年大年三十、年初一、年初二（2月15日—2月17日）三天，将在上海、北京、青岛、昆明、江西五个基地站出港航班头等舱/公务舱继续推出"灵犬吟祥"特色绿豆糕；为了让更多的旅客感受到东航的心意，上海出港沪京线经济舱同时推出此款甜品。祥和灵犬代表我司对旅客新年的祝福寄语，寓意大家的工作生活蒸蒸日上。

根据商委发布的加班包机计划，要求各分子公司及航食提前做好各国内站点春运备货、调拨计划，尤其是非基地站春运期间加班包机航班机供品备货工作。同时为确保春运期间餐车保障，有效提升餐车利用率，于1月中旬开展餐车检查工作，提前部署餐车调拨工作，共计调拨1 468辆长餐车、130辆半餐车，涉及20家配餐公司。

（二）提升沪京线机供品餐食品质

1．配备标准提升。产品优化：为提升旅客乘机体验，结合春、夏、秋、冬四季的特点，经济舱尝试推出季节性餐食。本季菜品中增加春的元素，头等舱推出质地鲜嫩的纸片笋，经济舱推出清香爽脆的笋片。机供品方面：为提高经济舱旅客体验，沪京线来回程均增加经济舱餐卡。同时为切实保障沪京线白金卡服务，在沪京线增配毛巾碟。

2．加强质量管控方面：我部制订沪京线餐食质量专项检查方案，上海、北京出港每天抽取三个涉及早餐和正餐的航班，要求带班人员取样餐食清晰照片，落地后在任务书内上传；提高航食检查频次，上海和北京两场质量管理人员以十天为一个周期进行配餐公司餐食质量检查，并做好相关台账记录。

（三）餐食优化提升

1．推出"妈妈味道"第二季菜品：2017年"妈妈味道"系列经济舱菜品。

第一季菜品推出后广受欢迎。经过客舱部与东方航食团队成员紧锣密鼓的潜心研发，自2018年1月1日起，"妈妈味道"第二季菜品已配备上机，包括咸肉香肠菜饭、卤肉饭等菜品，同样获得了广泛关注和好评。在新菜品推出的同时，持续跟踪菜品品质和满意度等相关反馈情况。

2．上海—太原航线配备大碗面：为提升旅客乘机体验，自2018年2月1日起，在上海至太原往返航班头等舱餐食中增加大碗面的配备，太原出港配备山西特色刀削牛肉面，上海出港配备海派虾仁葱油拌面。

3．持续推进各地优化试餐：1月上旬完成西宁、银川、西安试餐工作，西安以"丝路味旅"为主题，对西安出港的远程线及西安—上海线餐食进行调整，增加特色元素，如西域主食之一的"手抓饭"、清真美食"芝麻牛肉"等当地菜品。西宁、银川结合国家"一带一路"倡议同步提升餐食品质，餐食选用当地特色藜麦粥、猫耳朵、洋芋擦擦、肉夹馍等。

（四）机供品优化提升

1．新款香槟逐步配备上机：根据公司香槟起泡酒招标工作进程，已完成三款香槟和一款起泡酒的合同签署及备货，待原蒙马特香槟和泰亭哲香槟库存消耗完毕将配备新款香槟。法国马克西姆经典干型香槟、艾洛伊金丝带绝干香槟、罗斯福珍藏香槟、澳大利亚德保利杨柳谷起泡酒将在不同航线上实施配备。目前已发布新款香槟资料，并同步实施酒水单的更新工作。

2．新款头等舱和公务舱洗手液、润肤乳实施配备：新款头等舱洗手液、润肤乳和公务舱洗手液、润肤乳已完成合同签署。新头等舱洗手液和润肤乳选用来自英国专业个人护理品牌Seven Plus，自2018年1月6日起在国际远程航线头等舱实施配备。新公务舱洗手液和润肤乳选用国内知名品牌佰草集，待原洗手液和润肤乳库存消耗完毕后实施机上配备。

协助服务手册修订工作。按要求完成《服务手册》新增《关于食品安全国家标准航空食品卫生规范》相关条例，协调武汉分公司完成××2506航班餐食中心温度检测任务。

（五）开展航食质量季度检查工作

完成长春航食、长沙航食检查，空调出风口、电子秤、餐食克重达标等存在问题，已要求航食进行整改，并将书面整改报告及整改后的照片发送我部。

（六）机供品餐食三期系统上线

在信息部的统一部署下，机供品餐食三期系统于1月底正式上线使用。各分子公司根据操作手册提前对相关业务人员及片区内各航食相关业务人员做好培训，确保系统上线顺利。对上线后出现的问题及时与信息部协调反馈，第一时间解决。

（七）近期重要工作提醒

1. "小客舱大滋味"系列餐食工作：发布2018年"小客舱大滋味"系列餐食提升工作总体要求，包括开展"特色美食周"活动、推进第二季"妈妈味道"系列经济舱餐食工作、基地站餐食优化改进。请各分子公司于2月28日前提交"特色美食周"工作计划，并在月报中以专项内容形式汇报以上三项工作具体推进、落实情况。

2. 关于规范国际航线餐具DH及调拨流程：为提升DH及境外调拨的执行效率，1月向片区发布《关于在境外航线实施DH满配及规范境外调拨流程的通知》，要求自2月1日起正式实施。请各片区检查相关航食及乘务员实施情况，并做好台账记录。

二、2018年1月的运行质量

（一）餐饮、机供品满意度情况

由于2018年新的餐饮、机供品满意度统计方法正在调整中，目前暂未有相关考核、实际完成数据。待公司下落具体指标后，将第一时间向分子公司发布。

（二）空中餐饮投诉

1月份涉及投诉12起，分子公司指标下落情况如下：总部6.5起，上航2起、西北1.5起、云南1.5起、北京0.5起。

三、下一阶段的主要工作

1. 做好2018年机供品餐食的各项工作计划。
2. 持续推进新机型引进机供品餐食相关工作。
3. 请各分公司做好春运运行保障工作。
4. 启动第一季度航食质量检查。

机供品餐食一体化办公室
2018年1月31日

报：公司领导　送：各部门

发：各分公司客舱服务部（共印×份）

【解析】 机供品餐食部隶属于客舱服务部，主要承接与生产密切相关的餐食机供品相关运行管理工作，具体负责机供品餐食的标准与计划、运行管理、质量监控、回收控制等工作。

该部门不仅需要每月制作配餐配备航段计划，而且要结合过去的反馈和季节特点，对机供品配备标准做较大幅度的调整，把有限的资源投入最需要的航线，力争取得最佳的投入收益。

围绕"成本管控"和"提升内外部客户满意度"两大目标，客舱服务部每月都会出一份"工作简报"，用以反映当月机供品餐食部的工作情况及布置下一阶段的工作要点。

上述是一则客舱工作简报。报身部分首先抓住"机供品餐食"这个大家普遍关心而又重要的话题，使得该文具有实用指导价值。随后采用归纳分类表述法，分近期的重点工作、2018年1月的运行质量、下一阶段的主要工作三个方面来介绍近期的"机供品餐食"情况，其中又有大量的事实材料支撑，具体而有说服力。全文表述精练，逻辑清晰，符合工作简报的基本写作要求。

五、客舱工作简报写作的注意事项

（一）要找准主题

主题是否准确是一份简报价值大小、作用好坏、质量高低的关键所在。一般来说，选题应符合面上指导需要，符合实际情况；抓住普遍存在的问题、急需回答和解决的问题，提炼出具有覆盖全局的广泛性、切中要害的针对性、发人深省的典型性主题。确定主题要深入思考，斟酌推敲，提炼出深刻的主题思想。要敢于创新，做到"见人所未见，发人所未发"，写出意义深刻的鲜明主题。在提炼主题的过程中，力求使主题内容体现创新的思维和独到的见解，体现认识的升华和规律的揭示。

（二）选择典型事迹

俗话说"事实胜于雄辩"，要将一篇客舱工作简报写得血肉丰满，需要大量的事实材料来填充。写情况简报，必须选择最本质、最典型、最有说服力的事实材料，这样才具有说服力。以事实为依据，靠事实来说明，则一定要掌握和运用大量的事实材料。

（三）挑选真实材料

客舱工作简报所反映的情况必须真实、准确、可靠。对基本情况的估计要客观、全面、辩证，不能以偏概全，更不能只报喜不报忧。引用材料，应准确无误，严禁弄虚作假，随意拔高夸大，确保选用的材料经得起事实检验。未经审核的材料，不要写入简报。

（四）语言要精练

客舱工作简报要求语言要精练、简洁明快，不能拖泥带水。要惜墨如金、删繁就简，讲究语短话明、言简意赅。要尽量把纷繁复杂的情况加以归纳，善于用概括性语言，用更少的话说更多的事；要多用文件性语言，准确估计所涉及的内容，增加工作指导的权威性。

六、写作训练

请根据下述材料，代客舱服务部拟写一则客舱旅客投诉情况简报。

MU7786 信阳至上海的航班上，31C 戴先生（白金卡）在安检时向乘务员反映，对坐在 25C 的机组成员不满意，说这是你们飞机上的安全员吧，他在上客时就一直拿个水杯从 25B 换到 25C 晃悠，还喝着水，回头看客舱，还时不时地瞪我，让我很不舒服。后乘务长单独和戴先生进行沟通，表示安全员并非对戴先生有任何不满，而是监控客舱，戴先生反问安全员可以坐在超级经济舱吗？（安全员座位确实是 25C）后去和安全员沟通，安全员完全不知道有旅客对自己不满，只是听到后面客舱有声音才多回头看了几眼，看到乘务员在跟戴先生讲话。戴先生表示，若乘务长或者其他机组人员再进行任何解释工作，就投诉整个乘务组。现在对乘务组没有任何不满，起飞以后乘务员进行正常餐饮服务工作，也告知安全员全程去后舱监控时要尽量避开旅客视线。乘务长和戴先生进行沟通，戴先生表示每次他从信阳回上海，地面值机和手机 App 都无法将他升到超级经济舱或公务舱，不管是否超售，解释都是计算机系统问题，对此戴先生已经很失望。询问戴先生是否需要有关部门回复，戴先生表示愿意留下电话，但是如果依然解决不了，希望不要再打扰他。乘务长已在电子任务书中报备。

第四节 会议记录

一、会议记录的概念及特点

会议记录是行政机关、企事业单位、社会团体在会议中如实记载会议组织情况、会议进程和会议内容的笔录性文书。会议记录是记录会议情况和内容的书面文字。它是记录会议情况和内容的原始凭证，是回顾、核查会议情况的资料，是检查落实会议之后执行情况的依据，也是会议纪要、会议简报写作的基础。

会议记录适用于机关、单位召开的会议，只要是正式会议，都应作会议记录。会议记录通常记在事先印好的会议记录纸上，以便于日后查找和存档。

会议记录有两种类型：一类是详细记录；另一类是摘要记录。

二、会议记录的写作格式

不管是详细记录，还是摘要记录，会议记录的写作结构一般是由标题、会议组织情况、会议内容和结尾四部分组成。

（一）标题

标题一般由单位名称、会议名称加"会议记录"二字组成，如《×航空公司 2019 年度评优评先工作会议记录》。

（二）会议组织情况

会议组织情况主要包括会议时间、地点、出席者、缺席者、主持者和记录人等项。这些内容必须在主持人宣布开会之前写好。人数不多的小型会议，可逐一写清出席人的姓名及职务；人数众多的大型会议，原则上只记出席范围和人数。人数不多的小型会议，可逐一写清缺席人的姓名及职务，并注明缺席的原因；人数众多的大型会议，原则上只记缺席人数。列席人：非参加会议的正式成员，但因工作需要参加会议的有关人员。要写清楚主持人的姓名和职务。要写明记录人的姓名和职务。

（三）会议内容

会议内容是会议记录的主体，主要包括议程、议题、决议事项等。如果是详细记录，就要按照发言顺序把会上所有人的发言都完整记录下来，尽量记原话。会议的性质和讨论的问题比较重要，一般都用这种记录方法。发言人一律写上姓名。决议事项是这部分最重要的，一定要记清楚，当场核对准确，并写明决议通过的情况，赞成、反对和弃权的票数。如果是摘要记录，只记下会议的中心内容和有关要点。一般性质的会议都采用这种记录方法。这种记录也可以有两种写法：一种是记录情况，把发言的要点和关键、有争议的意见摘记下来，并写上发言人的姓名；另一种是不记发言人的姓名，直接摘记议程、议题和决议事项。

（四）结尾

会议记录的结尾标志着会议结束。一般有另起一行"散会"的字样，并在右下方由会议主持人和记录人签名，以示负责。

要写好会议记录，作为记录者，必须具备灵敏的反应能力和听写能力，记录时要聚精会神，准确快速，记录后要及时整理，核对补正。

三、范例

【范例3-4】

××××年政协包机总结会会议记录

会议名称：××航空公司××××年政协包机总结会
时　　间：××××年××月××日
地　　点：×××
出 席 人：××5103航班全体组员
缺 席 人：无
主 持 人：××5103航班乘务长
记 录 人：××5103航班5号乘务员
议　　题：××××年度政协包机总结
会议内容：
乘务长：各位组员，大家好，今天我们圆满完成了××××年度的政协包机航班任务。本次会议的主要内容是政协包机航班任务。在此，作为本次航班的乘务长，感谢大家对于我工作的配合。在座的各位都是各乘务分部精挑细选的专包机乘务员，相信我们在接下来的飞行任务中将会有更多的合作。接下来，我们针对本次飞行做一些总结，本次航后讲评会议将由预先准备阶段、实际准备阶段、飞行实施阶段三部分来分述。

一、预先准备阶段

乘务长：本乘务组于××××年××月××日接到第××届全国人民代表大会第二次会议和政协第××届全国委员会第二次会议的包机航班任务，通过部门推优的方式共选拔了8名乘务员共同执飞由上海至北京的此次重要保障航班。

3号乘务员：我作为本次航班的内场乘务员，于××月××日下午前往东航食品公司就食品质量与数量进行查看与清点。

4号乘务员：我们也事先多次召开碰头会，熟悉与了解了本次重要保障航的相关信息，就当天的服务流程进行了一定的梳理。

乘务长：由于本次航班是包机形式，我们按照旅客名单进行了乘务员的统舱分配，取消原定的头等舱与普通舱分工，按照统舱的形式安排3号、6号及7号乘务员担任内场工作，2号、4号乘务员担任R道外场工作，5号、8号乘务员担任L道外场工作。

二、实际准备阶段

乘务长：通过PA形式，我指挥组员按《应急设备检查单》内容对应急设备进行了逐一检查，以切实保证航班的安全。

7号乘务员：我与3号、6号乘务员共同清点了餐食、机供品并汇总了数量。当时发现果仁有缺失，餐食单上是120份，清点下来是112份，及时通知了乘务长和航食航机员进行了增配。

4号乘务员：我在客舱设备的检查时发现27L的阅读灯不亮，第一时间联系了机上的机务人员进行修理。结果在旅客登机前修复。

乘务长：上客前乘务组与机组做好了沟通，并召开了机组准备会就飞行预案进行商讨制订。旅客登机前10分钟，我将最新信息传达至乘务组，做好了迎客准备。

三、飞行实施阶段

乘务长：迎宾服务是最易留下难忘印象的第一声问候，我们整个乘务组在努力营造热情、温馨的服务氛围时，更需关注高端旅客的入座情况。

2号乘务员：根据iPad上移动客舱的相关显示，我们及时为这56名政协委员提供个性化服务，送上热毛巾和报纸，并根据不同职位来称呼，在这方面真是下了不少功夫。

乘务长：在飞机起飞前的迎宾过程中，我发现大家的服务忙而不乱，和我之前提出的要求相符，相信大家都做了充分的事先准备。起飞后的飞行时间较短，但好在我们只有这56位重要旅客，大家的服务也是稳而有序。其中，我特别要表扬4号乘务员的工作，在地面她细心观察，及时发现了阅读灯的问题。在整个服务流程中，她也一直微笑得体，细致入微。

4号乘务员：多亏了大家的共同努力，特别是这次食品公司的配餐，黑椒牛柳米饭受到了许多好评。有了这些好评，我们和旅客的沟通也更顺畅了。

乘务长：虽然在大家的配合下航班的氛围营造得非常好，但有一点特别需要提出注意：由于我们本次航班是包机性质，所以增配了许多普通航班所没有的物品，如餐后的红豆沙糕团。在为旅客提供时要注意好时机的把握，在落地前的 40 分钟就应该开始收纳整理这些零散物品。我在落地前的安检中仍旧看到了一些散落在过道中的糕团包装袋，这不仅不利于客舱的整洁和美观，也不利于安全。

7 号乘务员：乘务长提出的这个问题的确需要特别注意，之前我们没有单独送小包袋食品的经验，现在想来，这个糕团可以摆在发放餐后水果时共同发送。因为餐后水果有一个大的塑料盒包装，利于收纳。这样我们也可以控制时间，在落地前 30 分钟把所有物品收理干净。

乘务长：对，流程虽是固定的，但像我们这样的情况结合实际也可以适当精简。主要是把握安全，同时也给旅客一个优雅安静的客舱环境。今天总结会的主要内容就是这些，我再次感谢大家的尽心尽责，希望在今后的航班飞行中，我们汲取今天的经验，保持今天的态度，越飞越好。

谢谢大家，散会。

主持人：×××
记录人：×××

【解析】这是一则航后讲评会的会议记录。开头部分记录了会议名称、时间、地点、出席人、缺席人、主持人、记录人和议题等基本情况。随后，从预先准备阶段、实际准备阶段和飞行实施阶段三个方面，如实记录了所有发言者的原话。最后以"散会"二字表示结尾。结构规范，记录完整，条理清晰，便于查阅。

四、会议记录的写作要求

（一）记录准确

要注意保持记录的"原始材料"特点，尽量记录原话、原意，主要数据要准确。如果没来得及记录，可暂时空着，会后找当事人补上；也可以先录音，会后根据录音内容再行整理。切忌用记录人的认识、语言代替或修改发言人的语言，更不允许随意增删发言内容。记录的真实性、准确性是做好会议记录的前提。

（二）表述清晰

会议记录不是简单的听写活动，它要求记录人训练有素，具有与会议内容相应的思想政治水平、业务知识和文字修养等条件。记录人必须专心致志、思维敏捷，抓住发言者的重点、要点，根据与会议主旨和议题关系的紧密程度或详或略记录，关系紧密的详记，非紧密的略记，与议题无关的、离题的可不记。记录力求清晰、重点突出，鲜明地反映会议内容。

（三）记录规范

会议记录是整理有关文件的依据，是日后查考的凭证，是重要的历史档案，这就要求它真实、准确，同时还要易于辨识、利于保存，因此要注意记录的规范性。首先，格式要规范、完整；其次，书写要规范，字体要求清晰易认，尽量不要使用不规范的简称和草书；最后，为了加快记录，使用了速记符号、简写字等代码，会后要翻译、整理。

（四）区别会议纪要与会议记录

切莫把会议记录写成会议纪要，两者的性质不同：会议记录是讨论发言的实录，它只需忠实地记载会议实况，保证记录的原始性、完整性和准确性，属事务文书；会议纪要是对会议记录内容的整理、归纳和提高，且需要严格按照公文制发的处理程序行文，属公文处理范畴。两者的功能不同：会议记录一般不公开，只作资料存档；会议纪要通常要在一定的范围内传达或传阅，要求贯彻执行。两者的结构不同：会议记录采用顺时实录式结构；会议纪要则以整理过的总分式结构为基本框架。

五、写作训练

请根据下面提供的材料要素（空缺的自己补上），写一则会议记录。

乘务班召开迎国庆汇演活动班务会，会议对采取何种形式表演、表演哪几个节目、如何在业余时间排练、请谁来进行辅导、演出服装如何准备等事项一一进行了讨论，并达成了一定的共识。

第四章

民航客舱常用礼仪文书

教学提示

中国素有"礼仪之邦"之称，人们的日常社会交往活动和思想情感交流，许多是通过礼仪类文书来进行的。在以服务为产品的民航业，民航乘务人员更需要知礼节、懂礼貌。本章重点学习邀请信、感谢信、慰问信、表扬信、倡议书、决心书、致歉信、检讨书、保证书等礼仪文书的相关知识，以使民航乘务人员在不同礼仪场合，针对不同对象，恰时、恰当、准确地表达出相应的礼仪礼节，进一步提升民航乘务人员的自身形象。

第一节 邀 请 信

一、邀请信的概念及应用

邀请信又称邀请书或邀请函，是单位或团体邀请相关人士前来参加某个重要活动（如会议、仪典、联谊、比赛等）时发出的书面邀约性函件。

邀请信与请柬相似，都包含表达尊重、郑重、联络情感的意味，具有礼仪性。不同的是，邀请信常用于公务礼仪活动中，请柬则多用于个人社会交往中。邀请信的发送对象通常是领导、兄弟单位或外来嘉宾，请柬的发送对象则多为亲朋好友。邀请信常会对活动目的、意义、活动流程、参与方式、活动时间与地点、联系人与联系方式等有比较详细的说明，信息含量大；请柬的写法则相对简单，一般只需简明扼要地将活动名称、活动时间、活动地点等交代清楚即可。邀请信比较正式，带有通知的意味；请柬则偏于庄重，礼仪和情感色彩更浓。按照通行的惯例和礼节，该邀请的不予邀请，这是严重的失礼，会给自己的社会活动造成不良影响。

二、邀请信的写作格式

邀请信的写作结构一般由标题、称谓、正文、署名和日期组成。

（一）标题

在信封封面或内文首页第一行居中写上"邀请信""××××（单位名称）邀请信""××××（活动名称）邀请信"，如《××航空公司首航庆典会邀请信》，也可以采用"事由+文种"之类的公文式标题，如《关于参加 2018 年民航通信员培训会议的邀请信》。

（二）称谓

称谓即对邀请对象的称呼。在正文的上一行顶格写明被邀请对象的姓名、职务、职称等，也可用"先生""女士""小姐"等泛称。有时还可以加上"尊敬的"之类的定语，以示尊敬。如果被邀请对象是单位，应写明全称。称呼之后加冒号。

（三）正文

邀请信的正文主要交代举办活动的缘由、目的、内容、时间、地点等内容。有些时间较长、内容较多、程序较复杂的活动，通常还会写上活动的具体流程、参与方式、联系人和联系方法等，以便被邀请对象灵活安排。正文之后，常用"敬请光临""恭候光临""欢迎指导"等礼仪惯用语作结，以示礼貌、尊重。

（四）署名和日期

在邀请信正文末尾的右下角，写明邀请者（单位或个人）名称，并注明发出邀请的日期。要写清楚具体的年、月、日。

三、邀请信的种类

根据内容和用途的不同，邀请信在民航领域的适用情形大致可分为以下三类。

（一）仪典类邀请信

仪典类邀请信适用于邀请参加新公司成立、股份制公司上市、航线首航等纪念性庆典活动，如《××航空北京—莫斯科航线首航庆典仪式邀请信》。

（二）活动类邀请信

活动类邀请信适用于邀请参加运动会、文艺晚会、联欢会等大型文体活动，或宴会、酒会、茶话会等各类社交性活动，如《××航空公司2018年高端客户答谢酒会邀请信》。

（三）会议类邀请信

会议类邀请信适用于邀请参加商务洽谈会、产品展销会、订货会、展览会等各类商务性、业务性会议，或学术研讨会、座谈会、论证会、鉴定会等各类学术性、专业性会议，如《民用航空与"一带一路"发展机遇论坛邀请信》。

此外，有些航空公司为了发展新会员或为了表示对求职者的尊重，也会使用邀请信，如《××航空公司空中乘务员招聘面试邀请信》。可见，邀请信的适用范围正趋于广泛。

四、范例

【范例4-1】

邀请信

尊敬的×××部长：

  为隆重庆祝公司成立30周年，谨定于2018年10月18日上午九时整，在公司本部大楼会议厅举行成立30周年纪念大会。敬请您届时光临!

　　致以

敬礼!

××航空公司
××××年××月××日

　　出于礼貌,对于一般的邀请信,被邀请人要有回信。应邀信又称邀请信的复信,应简明扼要,在书写时应注意以下几点。

　　(1)接受邀请的复信中应重复写上邀请信中的某些内容,如邀请年、月、日、星期几、几点钟等。

　　(2)应邀信应该明确地表明接受邀请,不能含糊其词。如不能写"如果有空我就来"这类的话,以使得对方无法做出安排。在应邀信中,应对受到邀请感到高兴。

　　(3)应邀信通常采用手写形式,而不用打字机打。以妻子代表夫妻两人写给女主人的应邀信,信中的内容应该是给男女主人的。

　　(4)出于对邀请人的尊重,邀请信的复信应在接到邀请信后24小时内给予答复。

【范例4-2】

川航"一带一路"发展机遇论坛邀请信

　　作为当代世界各国之间交往最重要的交通方式,民航业在"一带一路"建设中的作用突出。未来10年,我国与沿线国家贸易额将翻番,人员和货物流通需求规模也将空前增长,必将为区域民航运输发展带来更大的航空市场空间和发展机遇。精准分析、把握"一带一路"背景下的民航业跨国投资机遇,可为中国民航政府管理部门、相关企业了解各国民用航空业的发展状况、发现潜在机遇提供基础。

　　在"一带一路"民航业的发展中,中国政府政策导向如何?中国企业走出去有哪些切入点可进入航空业?未来民航项目合作过程中会面临哪些风险?又如何解决?7月7日,民航局国际合作服务中心和走出去智库(CGGT)将在京举办"民航业互联互通与一带一路共同发展"主题论坛,与会嘉宾将围绕"一带一路"国家民航业发展趋势、投资机遇、投资风险及实务话题展开深度研讨,双方还将在论坛上签署战略合作协议,并发布共同编撰的《"一带一路"沿线主要国家民用航空业发展状况分析报告》。

　　本次论坛的亮点:

　　1.权威解读航空业推进"一带一路"建设行动计划。

　　2.民航业投资机遇分析与企业走出去实践经验分享。

　　3.《"一带一路"沿线主要国家民用航空业发展状况分析报告》发布及解读。

　　如您感兴趣,请将信息(姓名、公司名称、职务、手机、邮箱)发送至CGGT微信公众号或发送邮件至×××××@×××.com,注明"民航研讨会",我们将尽快与您联系。本次活动名额有限,诚邀中国企业高管参会,先到先得。

日程安排（略）

会议议程（略）

中国民用航空局国际合作服务中心

走出去智库（CGGT）

××××年××月××日

【解析】这是一则民航会议类邀请信。标题采用"活动名称+邀请信"的形式，明确醒目。正文部分首先陈述了举办论坛的缘由、意义，以提请拟参与者的注意。随后对论坛主办单位、活动时间、活动内容、参与方式、日程安排、会议议程等逐一进行了具体说明，并对参与者发出积极、诚挚的邀约。文章思路清晰、目的明朗、内容完整，便于理解与操作。

【范例4-3】

××航空乘务员面试邀请信

尊敬的应聘者：

××航空乘务员招聘面试开始了！

××航空××××年××月经民航局批准筹建，总部设在××。

为了满足公司发展需要，现面向社会公开招聘空中乘务员50名，特邀您前来参加面试。

一、招聘职位：乘务长、头等舱乘务员、普通舱乘务员、兼职乘务安全员

二、工作地点：××

三、面试时间：××月××日（周六）9:00—16:00

四、面试地点：××市××区××路×号××航空乘务实训中心

五、应聘条件

1．工作经验：累计飞行500小时（含）以上。

2．面容姣好、有亲和力、身材匀称，男生双照持有者更具优势。

3．身高：女性163～175cm；男性175～185cm。

4．学历：已取得教育部承认的大专及以上学历。

六、所需材料

1．身份证复印件。

2．英语或小语种等级证书复印件。

3．毕业证书复印件。

4．学位证书复印件。

5．三证（登机牌、客舱乘务员训练合格证、体检合格证）复印件（请将训练合格证首页和最新签注页印在同一张A4纸上）。

6．小时证明（可从网页截图）。

7．原级别证明（网页截图也可）。

8．一寸照片两张。

七、着装要求

请着正装或制服参加面试。面试时请务必注意专业化形象、仪容仪表。

如您能来参加面试，请务必回复"姓名+Y"备案登记。
谢谢您的配合！
联系人：×××
联系电话：×××××××××××

××航空股份有限公司
××××年××月××日

【解析】这是一则关于人员招聘事宜的邀请信。相比招聘启事而言，此类邀请信的目标对象更为明确，既体现了对受邀应聘者的尊重，也拉近了招聘方与应聘方之间的情感距离，有利于增进了解，营造亲切、宽松、愉悦的面试氛围。

五、邀请信写作的注意事项

（一）措辞要庄重

邀请信是礼仪交往的媒介，用语应庄重、大方、得体，切忌华而不实地堆砌辞藻或干瘪乏味的公式化语言。

（二）行文要简明

邀请信讲究通顺明白，写作前应对邀约活动的各方面情况有充分了解。对邀请单位或个人的称谓，以及活动名称、活动时间、活动地点等的表达要明确具体，不得有误。

（三）形式要典雅

邀请信在款式和装帧设计上，讲究美观、精致、大方，注重艺术性。可适当做一些艺术化的加工，如图案装饰、美术字体、烫金等，以增加审美性和愉悦感。

六、写作训练

根据下述材料，拟写一则邀请信。

3月18日，××航空物业公司将在××宾馆举行成立3周年庆典。该公司由××航空集团公司与上实集团物业管理公司合资成立，是根据××航空集团公司的多元发展战略而成立的一家专门从事房产及房产物业管理的公司。作为××航空集团公司在国内市场经营航空相关产业的专业化公司，××航空物业公司的成立标志着××航空集团公司正式从空中向地面产业延伸，拉开了第三次产业结构调整的序幕。该公司将以航空宾馆和物业管理为先导，整合集团内部的房产资源，并在此基础上逐步向宾馆管理、机场大楼管理等业务推进。

第二节 感谢信

一、感谢信的概念

感谢信是机关、单位、团体或个人为感谢对方的关心、支持、帮助而书写的专用书信。它的对象及事迹，一般和写感谢信者有直接的关系，所以应满怀感激之情，把对方的好思想、好作风和光荣事迹概括出来，并表达谢意和向对方学习的决心。感谢信不仅有感激的意思，而且有表扬的意思。它可以直接寄送给对方或对方所在单位，也可以交送报社、电台、电视台刊登、播放。

根据感谢对象的不同，可将感谢信分为以下两类。

（一）写给集体的感谢信

写给集体的感谢信适用于对某一单位或群体表示感谢，如××航空公司给××机场边检站的感谢信。

（二）写给个人的感谢信

写给个人的感谢信适用于对某个特定的个人表示感谢，如一位孕妇旅客写给××空姐的感谢信。

二、感谢信的写作格式

（一）标题

在第一行居中写"感谢信"或"致×××感谢信"等字样，字号要比正文大几号。

（二）开头

另起一行，顶格写被感谢对象的单位名称或个人姓名。个人姓名后面应加上"同志""先生"或相应的称呼。称呼后面加冒号。

（三）正文

从第三行空两格起，写感谢内容和感激之情。应分段写出以下几个方面的内容。

（1）精练地叙述对方的好品德、好作风或先进事迹。在叙述过程中，要交代清楚有关主要情况，重点叙述在关键时刻对方的关心、支持、帮助所产生的良好效果。

（2）热情赞颂对方的可贵精神品质以及客观影响，并表示诚挚的谢意。

（3）表示向对方学习的态度和决心。

（4）结尾。写上表示敬意、感激的话，如"此致 敬礼""致以最诚挚的敬礼"等。

（5）署名。写明发信单位的名称或个人姓名，并写明日期。

三、感谢信的写作要求

（1）要把被感谢的人物、事件准确地叙述清楚，使得对方能够回忆得起来，对方单位也能具体了解。

（2）在叙述过程中，要怀着感激之情加以评价、议论，以突出其深刻含义。

（3）感谢之词要符合双方的身份，如年龄、性别、职业、境遇等，特别是要根据对方的具体情况表示谢意。感情要真诚、质朴，表达谢意的行动要符合实际，说到做到，切实可行。

（4）文字要精练，评价要恰当，篇幅不能太长。

四、范例

【范例4-4】

感 谢 信

××航空公司：

你们好！

当一位外国友人病重，想叶落归根回到祖国时，是你们克服了老人身体虚弱、轮椅登机、春运客运紧张、机场当天大雾天气等一系列不利因素的影响，为老人铺就一条"温暖回家路"。

我的伯伯是一位年已耄耋的老人，十年前他来到中国西安给大学生们教日语，十年如一日，且分文不取。最近，他被诊断为肠道癌晚期后，老人唯一的心愿就是能回到日本名古屋的家乡。当你们通过媒体获知老人想回到日本家乡的心愿后，就积极与老人的主治医院联系，经过院方组织医师对老人进行一系列治疗，老人的病情趋于稳定，符合病患乘机的相关规定。随后，又积极安排老人及其随行人员的回国事宜：为他们及时提供订票、地面和空中特殊服务、航班运行等保障，优先安排接老人的飞机起飞等。

为确保老人整个行程的身体状况和服务质量，你们公司的相关服务保障部门高度重视。运行控制部门在18日西安大雾航班大面积延误的情况下，专门关注老人所乘坐航班的实时动态，优先安排该航班由上海飞抵西安，成为当日大雾消散后东航和咸阳机场从浦东飞来的第一个航班，尽最大可能消除因天气原因造成航班延误给老人带来的影响；地面服务部在接到特殊服务保障任务后，专门安排有医疗服务工作经验的服务人员值班，并安排专人负责轮椅上下飞机的抬送。你们还提前将老人的情况和所乘坐航班的信息传递给飞行、机务、签派、客舱等部门，确保整个服务流程闭环管理，万无一失。飞机上还带了氧气、点滴、降压药等必备药品，病人出现任何情况都会及时处理，直到将病人护送到目的地。

老人乘坐的飞机于18日晚7时10分起飞，经过1小时50分钟后到达上海，在上海停留一个小时后，直飞日本名古屋。19日凌晨零时左右，老人顺利回到了家乡。

你们这种无微不至、丝丝入扣的一体化服务，为一个外国老人铺就了一条顺畅、便利、温馨的"返乡归途"。

这次运送能够如此顺利交接，离不开中国人民的悉心帮助，离不开××航空公司对我们的协助，我们非常感谢！

为此，我代表伯伯对他在中国西安受到各界的关爱表示深深的感谢！并代表我们全家向贵公司的热心服务表示真挚的感谢和崇高的敬意！

中日友好之树常青！

日本名古屋　大岛茂
2019年9月21日

【解析】这是一位外国友人写给航空公司的一封感谢信，正文描写了日本友人在空中旅行过程中受到了无微不至的照顾，最后对航空公司的热心服务表示真挚的感谢和崇高的敬意，对所受到的服务描写细腻，让人深入其境，感触颇深。感谢也很真挚，特别是最后上升到中日友好的层面，很受感动。

五、感谢信写作的注意事项

（一）内容要真实，评价要恰当

叙述对方给予本单位或个人的关心、支持和帮助，一定要把时间、地点、人物、原因、经过、结果等叙述清楚，不可模棱两可，更不可添枝加叶或随意杜撰。对被感谢对象的事迹评价和颂扬要热情、中肯，既要有一定的高度，又要注意适度，切忌夸大溢美，不着边际地议论。

（二）措辞要精练，感情要真挚

感谢信以感谢为主，兼有表扬之意，文字表达讲究精练简洁、详略得当；情感表达注重真挚、大方得体，既要符合被感谢者的身份，又要符合感谢者的身份。

六、写作训练

根据下列材料拟写一则感谢信。

2018年9月28日是××公司广州分公司员工王方的30岁生日。为给乘坐当日×航航班出差大连的王方一个惊喜，公司宣传部联系到了×航广州分公司党群工作部，想请他们帮忙办一次难忘的空中生日派对。××公司的"非分"要求得到的回答是：乘客的需求，就是×航的责任，广州分公司将全力沟通协调好。

随后,广州、大连两地的×航人为"空中生日派对"忙碌了起来。广州客舱部门与负责该航班配餐航食公司沟通,成功定制了一个8寸的生日蛋糕,提供给当日航班。大连这边,在9月28日CZ××××航班乘务排班确认后,请当班的乘务长章军落实飞机上的细节,章军立即致电"寿星"的同事,了解服务需求。

9月28日,航班起飞后,整个生日派对进行得非常顺利和精彩,让"寿星"开心不已。事后,王方从委托人的朋友圈和微信里知道不少细节,并被乘务组的精心和细心深深感动。例如,为了调动客舱气氛,乘务组在起飞前,悄悄和"寿星"周边的乘客打好招呼,请他们配合唱生日歌。派对开始时,还精心编写了空中广播。为了获得金卡、银卡乘客的谅解,乘务员事先做了大量解释工作。当两名乘务员推着蛋糕车来到王方座位前时,周边的旅客全都合着乘务员所唱的生日歌打着节拍,"寿星"既开心又感动,客舱气氛热烈而又温馨。

为此,××公司宣传部给×航公司党群工作部写了一封感谢信,讲述了为提高企业凝聚力寻求特殊服务的过程,赞扬章军乘务组精心为一名普通旅客提供"空中生日派对"个性化服务,并表达了对×航的欣赏和敬意。

第三节 慰 问 信

一、慰问信的概念及作用

慰问信是以组织或个人名义向对方表示安慰、问候、鼓励和关怀的专用书信,它能够充分体现组织的温暖或同志、亲友之间的深厚情谊,给人以继续前进的信心、克服困难的勇气、勤奋学习和努力工作的力量。慰问信可以直接寄给对方,也可以登报或广播。

二、慰问信的种类

根据具体写作内容,慰问信可分成以下三种类型。
(1)向做出贡献的集体或个人表示慰问,鼓励他们戒骄戒躁,继续前进。
(2)向由于某种原因而遭受重大损失或巨大困难(如自然灾害)的广大群众表示同情和安慰,鼓励他们战胜暂时的困难,加倍努力,迅速改变现状。
(3)节日慰问。

三、慰问信的写作格式

(一)标题

在第一行居中写"慰问信"三个字,或者写"×××致×××慰问信"(其中"慰问信"三个字也可以写在第二行正中),字号要大些。

(二)开头

另起一行,顶格写明被慰问的单位或个人的称呼,后面加冒号。

(三)正文

另起一行,空两格写慰问信的具体内容,应根据具体情况,写清以下几个方面。
(1) 说明写慰问信的背景、原因,并表示慰问之情。
(2) 简要概述对方的有关情况,如优异成绩和突出贡献,或者对方所遭遇的巨大困难(或灾害)及对方战胜困难的可贵精神等。
(3) 向对方表示慰问、鼓励或学习之意。
(4) 结尾。表示共同的愿望和决心,也可以写祝愿的话。

(四)署名

写明单位名称或个人姓名,并写明日期。

四、范例

【范例4-5】

慰　问　信

地震灾区的××航空分公司干部职工们:

惊悉四川省汶川县2008年5月12日发生强烈地震。此次地震灾害影响范围广,抢救难度大,人员伤亡和财产损失十分严重。××航空分公司所在地区房屋和人员也遭受了严重的破坏和损毁,1名职工罹难失踪。

在此,谨向你们及你们的家属表示深切的慰问,向死难者表示沉痛的哀悼,向在此危险和困难的条件下仍坚守在抗震救灾第一线的广大干部职工表示诚挚的感谢和崇高的敬意!

灾害发生后,总公司高度重视,按照党中央、国务院的抗震救灾要求,迅速组织、周密部署抗震救灾工作,要求公司各系统必把抗震救灾工作作为当前最重要、最紧迫的任务,坚决打赢抗震救灾这场硬仗,同时号召其他分公司发扬"一方有难,八方支援"的精神,积极行动起来,支援受灾公司的救灾工作。

灾情就是命令,灾难无情人有情,在这场突如其来的灾难面前,××航空总公司已安排紧急抗震救灾资金500万元,派出公司主管安全××副总经理赶赴一线指导抗震救灾工作,组织公司技术力量进行震后的救援工作。

灾情凝聚感情,××航空总公司的其他分公司和机关部门与广大气象干部职工也心系灾区,竭尽全力支援灾区,截至5月15日下午已募捐100余万元。请同志们放心,总公司将随时根据灾区的实际需要提供一切帮助,全力以赴调集各种资源和力量,帮助灾区××航空分公司恢复灾后重建工作。

希望××航空分公司的广大干部职工坚决贯彻总部的紧急部署,在公司党委的领导下,把抗震救灾作为当前最重要、最紧迫的任务,科学组织,积极投入,充分发扬××航空人不怕牺牲、不畏艰险、连续作战、团结协作的精神,在做好抗震自救、确保人员安全的同时,严密监测天气变化,切实做好气象预测预报服务,尽量把灾害造成的损失降至最低。

我们坚信,在总公司的领导下,在全系统的大力支援下,××航空分公司的全体员工一定能够迎难而上,共同夺取这场抗震救灾斗争的胜利,谱写气象人抗震救灾的新篇章!

××气象局党组
××××年××月××日

【范例4-6】

致参加反劫机斗争乘机旅客的慰问信

尊敬的旅客:

××××年××月××日,××航空公司GS××××航班执行新疆和田至乌鲁木齐飞行任务时,遭遇6名歹徒暴力劫机。在千钧一发的危急时刻,多名旅客英勇无畏、挺身而出,与劫机歹徒展开殊死搏斗,与民航机组人员并肩作战,成功挫败了此次暴力恐怖劫机事件,维护了国家安全和人民群众的生命财产安全,谱写了一曲民航机组与人民群众同仇敌忾、与恐怖势力针锋相对做斗争的时代赞歌。

在此,民航局谨向参与反劫机斗争的乘机旅客表示最诚挚的慰问和最衷心的感谢,并给予奖金奖励。民航局号召全体干部职工以您为榜样,在血与火的考验面前临危不惧,在生与死的抉择中大义凛然,立足本职、兢兢业业、加强防范、捍卫安全,共同营造一个安全舒适的出行环境,打造一片安宁祥和的蓝天!

最后,祝福您及家人身体健康,工作顺利,阖家幸福,万事如意!

中国民用航空局
××××年××月××日

【解析】这是一则表彰鼓励类慰问信。正文开头概述了慰问事由的来龙去脉,并就先进事迹所产生的积极意义做了评价与分析,随后致以诚挚的慰问和衷心的感谢,并向全体干部职工发出号召,提出希望。文章叙述流畅自然,评价中肯得体,语言简洁明快,格式完整规范,可供学习、参照。

【范例4-7】

致深航家属的新春慰问信

亲爱的深航家属:

您好!

在新春即将到来之际,首先祝您新春快乐,万事如意!衷心感谢您一年来对深航的关心、理解和支持，也更加感恩于您一年来的守望与操劳。您是深航每一个点滴进步、每一天平安运转的坚强后盾！

　　2008年是不平凡的一年。雪灾、地震、奥运安保、油价高企、金融危机等，使深航和全国民航业一样经历着自美国"9·11"事件以来最严峻的考验。国际上已经有47家航空企业倒闭，国内绝大部分航空公司也通过大规模裁员、降薪，艰难度日。深航的经营也经历了前所未有的困难，2008年业绩指标没有能够达到预期，有来自外部的客观原因，但也有内部自身的原因，辜负了深航家属对深航发展的希望，我们深深地感到内疚！

　　一年来，在您的儿女的共同努力下，我们也取得了一定的进步。深航基地分公司达10多个，初步完成全国布局。飞机总架数124架，总资产230亿元，员工人数12 633人，规模是3年前的4倍。2008年旅客运输量超过1 200万人次，收入达到150亿元，职工工资总额10.2亿元，纳税总额6.15亿元。为国家和社会做出了应有的贡献。2008年，深航陆续获得多项赞誉，4月，被授予全球服务业最高荣誉"五星钻石奖"；6月，获得"中国500最具价值品牌""亚洲品牌500强"，在国内航空界的品牌价值仅次于国航；9月，获得"中国10大雇主品牌""中国最佳雇主企业奖"，成为国内唯一获此殊荣的航空公司。深航能取得这些成绩，离不开您的儿女们的共同努力，更离不开亲属们的理解、支持和帮助。对此，我们全体深航员工向您表示最诚挚的感谢。

　　汶川大地震发生后，深航是全国民航中反应速度最快、投入最多的航空公司，无偿投入累计3亿余元。中华全国总工会命名深航为抗震救灾重建家园"工人先锋号"、广东省"抗震救灾先进集体"、深圳市"慈善企业"。面对社会的赞誉，我们认为深航人只是在祖国和人民需要的时候，做了自己该做的事，没有辜负家属亲人们对深航的认同。还是那句老话，深航永远是党的，是国家的，深航永远听党和祖国的召唤。

　　中国在过一个坎，民航也在过一个坎。15岁的深航像个风华少年，正面临着大环境的严峻考验。我们的管理也有很多不如意的地方。与三大航相比，我们还有很多地方不如人家，还需不断向人家学习，找出我们的差距和不足，自我完善。要使深航从大变强，必须改革管理体系。我们正在进行"强化职业精神、推行市场化变革"的运动，意在让深航健壮筋骨，稳健发展。希望您及您的儿女，能从深航长远发展考虑，不能只看眼前个人利益的一些得失，要有胸怀，要有能看深圳航空公司明天和后天的眼光，只要增强了企业的核心竞争力，同时也能使您的儿女们综合能力得到提高。请相信，我们像爱惜自己的生命一样爱着深航，像您爱着自己的儿女一样地热爱着深航人。

　　2009年，市场可能还是很艰难，深航也许仍然不易。但是，我们仍坚持"不裁员"和"公司工资总额增长"两项承诺不变。

　　新年伊始，万象更新。2009年，全体深航人都将以百倍的信心，逆势奋进，坚定实践"科学发展观"，为建设"和谐深航大家庭"而艰苦奋斗。

　　在新桃换旧符的美好时刻，我们祈愿祖国平安，祝愿您在新的一年里，身心健康、阖家幸福、大吉大利！

深航高级顾问李泽源
携经营班子全体成员
2009年1月12日

【解析】这是深航高级顾问携深航经营班子致深航家属的新春慰问信。本文采取的是先致慰问、后述事由、再表祝愿的结构方式。在这封信中,深航领导向员工亲属简要汇报了深航上一年度的经营情况和发展成就,还毫不隐瞒地指出了由于国际金融危机给深航经营发展带来的困难和内部管理的不足。慰问信同时还表达了深航领导直面困难、迎接挑战、发展深航的信心,并坚持"不裁员"和"公司工资总额增长"两项承诺不变。深航建设亲情文化的细微举动感动了深航广大员工和家属,受到了社会各界的广泛赞誉。

五、慰问信写作的注意事项

(一)明确对象,分辨情况

慰问信的内容要求具体清晰,要明确慰问对象是谁以及为什么要慰问,并根据不同的慰问对象、慰问事由和慰问目的有针对性地表达慰问之意。

(二)语言亲切,情感真挚

慰问信的作用是向处于某种特殊情况下的对方表示同情、安抚、关心、问候或表扬、激励,用语应亲切朴实,情感应真挚恳切,给收信人以心灵的慰藉和精神的鼓舞。

(三)措辞恰当,篇幅适中

慰问信的写作应注意委婉、简洁、精练,切忌套话、空洞的辞藻堆砌或不着边际地大发议论。篇幅宜短小。

六、写作训练

根据下述材料,拟写一则慰问信。

十月国庆节即将来临,为此,××航空客舱部给奋战在一线的乘务员写了一封慰问信,祝他们节日愉快,并对他们付出的辛勤劳动表示诚挚的感谢与深切的慰问,同时号召大家,再接再厉,撸起袖子加油干,保障节后第四季度航班各项工作任务圆满顺利完成。

慰问的内容:对民航工作人员在7月、8月、9月三个月的酷暑里,面临天气、流控等原因所造成的大面积航班延误,以及不正常航班保障工作带来的巨大挑战,面对工作量大、工作难度高的局面,民航工作人员,尤其是奋战在一线岗位的客舱乘务人员背负航空人的使命,付出了自己的辛勤的劳动和汗水。在7月、8月、9月三个月里,乘务员们要克服因航班延误给自身带来的早出晚归、寝食不安等种种困扰与不适,还要静下心来,耐着性子,一遍遍不厌其烦地为旅客解释延误原因,不辞辛苦地为旅客提供优质的客舱服务,尽最大可能满足旅客的各种需求。他们做出了一定的成绩,得到了广大旅客的好评。

第四节　表扬信、倡议书、决心书

空乘人员在特殊的环境中工作，常常会遇到各种问题，需要处理各种事情。作为充满正能量的年轻人，总希望走上最有挑战性的岗位，或参加一个组织，或发起做一件有意义的事情，或下决心做一件艰难的事情等，此时，你就要向组织表示决心、向同事发出倡议。这些书信都表示了写书信人的意愿、决心，或表示了自己的态度和立场，但每一种专用书信都表示了个人或团体的一种态度或愿望。

一、表扬信

（一）表扬信的概念

表扬信是一种用来表彰集体或个人的先进事迹、先进思想或良好作风的专用书信。

（二）表扬信的种类

表扬信主要有以下两种基本类型。

（1）以机关或团体的名义表彰所属单位或集体、个人。这种表扬信可以在大会上由负责人宣读，也可以登报、广播。

（2）个人之间的相互表扬。这种表扬信不仅赞颂对方的好品德、好风格，也有感谢之意。如果双方认识，可以直接寄送给本人或所属单位；如果双方不熟悉，可以将表扬信寄给报社，请编辑同志帮助转寄或刊登在报纸上。

（三）表扬信的写作格式

1. 标题

在第一行居中写上"表扬信"三个字。

2. 开头

另起一行，顶格写被表扬单位或个人的名称。

3. 正文

再起一行，空两格写表扬的内容。

（1）交代表扬的缘由。重点叙述人物事迹的发生、发展、结果及其意义。叙述要清楚，要突出最本质的方面，用事实说话，少讲大道理。

（2）在叙述的基础上，适当地进行评论和评价，并给予热情的赞扬，表示向对方学习。

4. 结尾

如果是写给被表扬者所在单位或领导者的，可提出建议，如"××××同志的优秀品质值得大家学习，建议予以表扬"等。如果是直接写给被表扬者本人的，则要适当谈些"深受感动""值得我们学习"等方面的内容。最后写上表示祝愿的话或希望。

5. 署名和日期

写明发表扬信的名称或姓名、发出表扬信的日期。

（四）范例

【范例4-8】

表　扬　信

××省交通厅：

在近日我省为××市、××省捐赠抗"非典"救灾物资活动中，省交通厅运输局张××副局长、刘××局长助理率领××联运公司车队等一行20人，不辞辛苦、废寝忘食、日夜兼程，从××到××连续行驶21小时，将捐赠物资顺利安全地运送到××。到××后他们不休息，发扬连续作战的精神，及时把捐赠物资分别送到指定单位。全体人员风格高尚、纪律严明、行动统一，以自己的实际行动践行了"三个代表"的重要思想，出色地完成了任务，树立了我省交通系统的良好形象。他们以高度的责任感和使命感，以大无畏的精神深入灾区，用自己的实际行动满载着省委、省政府以及全省人民的重托，表达了我省人民愿与首都和山西人民一道同舟共济、万众一心、共抗"非典"的决心。

他们的行动深深地感染了灾区人民，受到了××市及××省接受捐赠领导的一致好评，使灾区人民对"一方有难、八方支援"这种义举深受鼓舞，为灾区人民战胜"非典"增强了信心。

特此对贵厅张××、刘××等20名同志予以表扬。

此致

敬礼

××省人民政府驻××办事处
××××年××月××日

（五）表扬信写作的注意事项

（1）表扬的事实要清晰，要突出最本质的方面，少讲大道理。

（2）表扬的语言要恰到好处，不夸大、不缩小，让人感觉中肯实在。

（3）提出的建议，是向被表扬者的上级提出的建议，或是物质奖励，或是号召学习他们的这种品质，要恰到好处，不能是空话、虚话。

（六）写作训练

请根据下述材料拟一则表扬信。

旅客×××是一名糖尿病患者，在这次×航上午九点从上海到大连的航班中，乘务员李丽华对其照顾周到，在飞机上他突然发生低血糖，头晕欲吐，是李丽华立刻为他找来一块巧克力，并冲了一杯糖水，让他的病情得到了缓解，并将他的呕吐物处理干净。糖尿病患者有"三多一少"症状，得知他尿频，李丽华便和乘客商量，得到旅客同意后，安排他在机舱后面靠近洗手间的座位。虽然只有一个多小时的旅程，旅客感受到了无微不至的关怀。为此，在他回到大连后，专门写了一封表扬信给×航空，要求公司领导对李丽华把旅客当作自己的亲人，给予无微不至的关怀照顾的事迹予以表扬。

二、倡议书

（一）倡议书的概念及其作用

民航业是个特殊的服务行业，它对服务的要求很高，为了创造一个更好的空中服务环境，或者把服务质量提高到新的层次，有时要提出倡议，提倡或者发起做某些有意义的事情，而希望更多的空乘人员响应或参加所写的专用书信就是倡议书。

发出倡议者可以是乘务人员个人，也可以是一个班组、一个机组，或者是某一部门、某一单位。倡议的对象不是对一个人、一个集体或一个单位，而往往是一个部门、一个地区，甚至向全国的所有乘客发出倡议，对象广泛。所以看到和知道倡议书的人都可以响应。因此，倡议书可以在较大范围内调动公众的积极性，使大家目标一致，齐心协力，共同努力。它是把一项有创造性的建议或有关部门、领导的号召变成公众实际行动的主要途径。

（二）倡议书的写作格式

1. 标题

在第一行可居中写"倡议书"三个字，字号要大些。

2. 开头

另起一行，顶格写明倡议的对象，后面加冒号。

3. 正文

首先要写清楚发出倡议的根据、原因和目的。因发出倡议是要大家响应的，只有交代提出倡议活动的目的、意义，大家才能理解，才能变成自己的自觉行动；如果对倡议的目的、意图不交代，或者交代不清，莫名其妙，就很难得到响应。其次对倡议开展的活动和所要做的事情也要交代清楚，这样响应者的行动才有所依据，否则将造成盲目的行动。

正文的重点是倡议的具体内容和要求做的具体事项，这是总的要求的具体化。这部分内容一般是分条开列,从几个方面提出各自的具体要求。这样写清楚、明确,也便于响应者采取相应的具体行动。

4. 结尾

文末要表示倡议者的决心和希望,有的还可以写上建议和信念。一般不写表示敬意或表示祝贺的礼节性语言。

5. 署名和日期

写明发出倡议者的名称或姓名、发出倡议的日期。

(三)范例

【范例4-9】

倡 议 书

亲爱的外航同人们!

　　当大家在东升的朝阳中开始一天的忙碌,在西沉的夕阳中畅想人生与生活时,您可曾想到我们中的一位美丽可爱的女孩儿因患重型再生障碍性贫血,正经受着疾病无尽的折磨,她就是阿联酋航空公司中国籍乘务员陈颖仪。病魔的侵蚀,无情地改变了她的生活,暗淡了她对生命的畅想。高昂的医疗费用给原本就不富裕的家庭造成了更加沉重的负担,陈颖仪目前的身体状况极差,还没有脱离生命危险,急需大家向她伸出援助之手。

　　亲爱的同人们,生命是脆弱的,但人心是坚强的;病魔是无情的,但我们是有情的。您无私的爱也许无法改变什么,但可以让一个对生命充满渴望的女孩儿变得坚强;您的捐款也许数额不大,但那却能成为流在她身体中点点滴滴的热血。我们坚信,爱心会汇聚成一道神圣的光环,给她温暖,给她勇气,助她击退病魔,让她重新开始健康的生活。

　　到目前为止,阿联酋航空公司总部已根据其公司保险条例为陈颖仪报销了近40万元人民币的医药费。北京外航服务公司员工服务部的工作人员也代表公司前往医院看望了陈颖仪,并带去了36 060元的慰问金和捐款,但离其巨额的医药费还相差甚远。为了尽快帮助陈颖仪摆脱困境,在此,我们真诚地倡议:

　　请伸出大家的友爱之手,献上一份爱心吧!无论金额多少,每一笔捐款都凝聚着对脆弱生命的尊重和关爱,都昭示着无私奉献的温暖情怀。我们热忱地期盼您的援助!

　　"爱人者,人恒爱之"。

北京外航服务公司
2013年1月6日

(四)倡议书写作的注意事项

(1)倡议书的内容,既要表现出改革创新的精神,又要切实可行,符合国家和公司的方针政策。

（2）目的、意图必须明确，理由必须充足，这样才有号召力，大家才会响应并采取相应的行动。

（3）语言除了简洁、明晰外，还要具有鼓动性，具有感召力。

（五）写作训练

根据下述材料，拟写一则倡议书。

×航客舱部将开展评比最美乘务组活动，评比要求是：在××××年7月、8月、9月三个月里获得旅客表扬信最多的航班乘务组，以及在客舱随机抽查中，乘务员的仪态着装得体、微笑服务到位的乘务组将有机会被评为"最美乘务组"。××乘务组获悉通知后，由该组乘务长××发出倡议，要求小组成员借客舱部开展"最美乘务组"活动之际，在乘务组内部开展"谁是最美乘务员"的活动，活动内容是比一比谁的微笑最甜，谁最受旅客欢迎，谁的服务最规范等，希望通过活动，取得好成绩，为客舱部的活动做准备。

三、决心书

（一）决心书的概念及作用

决心书是个人或集体响应上级号召或为完成某项工作，向上级表示决心或态度的专业书信。写决心书，既能调动自己的积极性，把自己置于领导和群众的监督、指导之下，又能教育和鼓舞广大群众。

（二）决心书的写作格式

1. 标题

在第一行正中用较大字号写"决心书"三个字，有的还写明决心书的性质，如"努力争当五好乘务员的决心书"。

2. 开头

另起一行，顶格写决心书接受者的名称，后面加冒号。

3. 正文

再起一行，说明表决心的原因和目的，写决心要做到的事项和实现决心的具体措施。为使内容清楚、醒目，事项的具体措施往往分条写。

4. 结尾

最后，可写上表示敬意和祝愿的话，如"此致敬礼"之类，也可以不写。

5. 署名和日期

写明下决心者的姓名，下决心的日期。

（三）范例

【范例4-10】

决 心 书

尊敬的客舱部领导：

你们好！此时此刻，"最美乘务组"评比活动已拉开了帷幕，我们的心情无比激动。

为了圆满完成新年空乘服务任务，提高自己的服务及管理能力，此次评比活动主要解决乘务员队伍中存在的敬业精神淡化、工作动力不足、服务素质薄弱等问题，力图建设一支政治思想坚定、服务意识强、服务专业技能精湛、安全责任感强的乘务员队伍。为了更好地提高服务意识和服务本领，结合本职岗位实际，下面我们表决心如下：

一、加强组织领导，提高思想认识。作为乘务员，服从大局是我们的责任，虽然这几个月正是空中客运的高峰，任务艰巨，但我们是民航的空中乘务员，决不能怕任务艰巨，要敢于挑战任何困难，战胜困难，夺取最后的胜利。乘务员是民航事业的一个特殊的岗位，是我国航空事业的一个服务窗口，在充分认清自身责任重大的基础上，我们要时刻提醒自己，保持清醒的头脑。俗话说得好，"给人一杯水，自己要有一桶水"，想当好一名称职的乘务员，只有不断提高自己的业务水平和能力素质，才能够干出业绩。

二、苦练本领，提高素质。首先要开展岗位练兵成才活动，通过这次评比活动，把自己身上的薄弱环节以及技术水平进行增强补弱，在空运高峰中可以向优秀乘务员进行请教学习，以及对某项科目与服务比较突出的人员进行交流，相互取长补短，传授经验，从而不断增强自身的服务水准。

三、以身作则，模范带头。乘务长是领头羊、机组前雁，也是整个乘务组的一面镜子，乘务长的素质与整个乘务小组的成绩密不可分。乘务长要在日常工作中，时刻要求自己，起到一个模范带头的作用，乘务员要在乘务长的带领下，不折不扣地完成上级交给的各项任务。

通过这次评比，我们按思想不放松、言行不放纵、作风不散漫、纪律不松弛、服务标准不降低五项标准严格要求自己，在此次"最美乘务组"评比中，我们将以过硬的综合素质，优异的成绩向×航交上一份完美的答卷。

×乘务组全体员工
××××年××月××日

（四）决心书写作的注意事项

（1）要根据实际情况表决心，要实事求是。能做到，就写；不能做到，就不写。不说大话、空话、假话，不开空头支票。

（2）决心要下得明确，措施要定得具体，便于领导指导、督促，也要便于自己执行或别人借鉴、学习。

（五）写作训练

根据下述材料，拟写一份决心书。

最近，公司发出简报，指出近一段时间，在安全检查组检查安全中，发现不少事故隐患。为此，公司发出"加强安全管理，确保旅客旅行安全"的活动通知。为了保持飞机安全、旅客安全，××机组向客舱部发出了确保飞机安全、旅客安全的决心书。表示一定要执行公司安全管理制度，开展人人讲安全，处处讲安全，从小事抓起，从每一个环节抓起，把事故隐患消灭在萌芽状态的活动。让每一位旅客放心，让客舱部领导、公司领导放心。

第五节　致歉信、检讨书、保证书

一、致歉信

（一）致歉信的概念

致歉信又称致歉书或道歉信，是单位或个人对因自身原因而给对方单位或个人带来不便、造成不利影响时，表达赔礼道歉，请求理解见谅，以消除误解不快，增进友谊和信任的礼仪专用书信。

致歉信的目的是以诚恳的态度向对方表达由于自己的过失给对方带来不便或不利影响的歉意，具有解答、澄清、安抚的作用。

（二）致歉信的类型

根据行文方向的不同，致歉信大致可以分为以下两类。

1. 发给单位的致歉信

发给单位的致歉信适用于单位对单位、个人对单位表达歉意，如《××航空公司给××机场运行保障部的致歉信》。

2. 发给个人的致歉信

发给个人的致歉信适用于单位对个人、个人对个人之间表达歉意，如《××航空公司给乘坐××航班旅客的致歉信》。

（三）致歉信的写作格式

致歉信的写作结构一般由标题、称谓、正文、署名和日期组成。

1. 标题

在首页第一行居中写上"致歉信"或"给/向/致×××（单位或个人）的致歉信"等

字样，如《×航班旅客的致歉信》，也可由"致歉双方+文种"组成，如《×航空公司给×旅客的致歉信》。

2. 称谓

在标题下一行顶格写需要致歉的单位名称或个人姓名。个人姓名之后应加上"先生""女士"或职务（职称）等作为后缀。姓名前可加上"亲爱的""尊敬的"等修饰词，以示亲切、敬重，如"尊敬的×航空公司领导""亲爱的旅客朋友们"。

3. 正文

致歉信的正文一般由开头、主体和结尾三部分组成。

（1）开头。简要交代对何事进行致歉。常用"对……给大家带来的不便，我们深表歉意"之类的句式来表达。

（2）主体。致歉信的起因多为自己失误或拒绝而引起对方的误解或不快，故此部分的写作应简要概述事情发生的经过，诚恳反思并解释引起误解或不快的原因，表明歉意，请求理解、见谅，以消除误会，化解矛盾，达成谅解。

如果是因拒绝答应对方的请托，则应在表明态度的同时，对不愿为的事，可声明自己的一贯主张；对不能为的事，可陈述理由，明确告知自己为什么不能为。

如果是涉及补偿或赔偿事宜的，应写明补偿或赔偿的依据、标准以及执行要求。

总之，此部分的写作应该语气委婉含蓄、态度诚恳谦和、措辞精练准确、表述简明扼要。

（3）结尾。再次表示遗憾或歉意，表明愿意补救的愿望，提出建议或安排。

4. 署名和日期

在正文末尾的右下角，标明写信单位名称或个人姓名，并在署名下方写上成文日期。

（四）范例

【范例4-11】

致 歉 信

致全体中国人民及中国政府：

对于此次事故给所有乘客和家属及中国人民带来的极大悲痛和忧虑，我们深感愧疚，并对所有中国人民表达最深刻的歉意。

此次事故航班为 OZ214 航班，于韩国时间 7 月 6 日 16:35 自韩国仁川机场出发前往美国旧金山机场，客机于韩国时间 7 月 7 日凌晨 03:28（美国当地时间 7 月 6 日 11:28）在旧金山机场 28 号跑道着陆时发生事故。

韩亚航空株式会社（以下简称韩亚航空）现已成立了包括韩国总部和美国总部及北京方面的事故处理专门小组，正在对人员伤亡及确切的事故原因进行调查。韩亚航空将在各相关部门及机构的协助下，尽快妥善安排中国乘客家属赴当地。

韩亚航空将尽全力尽快做好事故原因调查及各项善后处理工作。

再一次向全体中国人民表达最深刻的歉意。

韩亚航空社长 尹永斗
2013 年 7 月 12 日

【解析】这是一封以韩亚航空社长的名义致全体中国人民的致歉信。在互联网时代，每一次客机空难都会成为世界头条新闻。韩亚航空的这次空难虽是一次伤亡人数不多的空难，但因本次航班上中国人众多，死亡乘客也是正当花季的中国学生，在中国民众间的传播范围非常广泛。因此，韩亚航空必须将自己的歉意和责任担当等信息尽可能传达到可能接收到负面信息的地方，以影响和改变人们对该事件的看法。韩亚航空的这封致歉信显然起到了这样的作用，既符合社会道德和商业伦理，又维护了公司形象，稳定了潜在旅客。

【范例 4-12】

针对达美航空公司官网将西藏、台湾列为"国家"事件，达美航空公司于 2018 年 1 月 12 日下午发布了公开致歉信，内容如下：

致 歉 信

达美航空公司对于在官方网站的相关网页上将西藏、台湾列为"国家"这一严重错误，表示由衷的歉意！

我们已经采取紧急措施纠正了网站上已经发现的错误。对于给中国人民造成的感情伤害，我们深表歉意！

中国是达美航空公司最重要的市场之一。我们致力于为中国市场和中国客户服务。

与此同时，我们也正在彻查内部流程，并将采取必要行动，以避免未来再出现错误。

最后，恳请接受我们对此次严重错误的诚挚歉意！

达美航空公司
2018 年 1 月 12 日

【解析】这是达美航空公司以整个公司的名义公开地向中国广大人民致歉，由于该公司在官方网站的相关网页上将西藏、台湾列为"国家"这一严重错误，引起了中国广大民众的愤慨，为了保持公司经营的正常开展，该公司立即发出了致歉信。不得不说这是一件明智之举，其对后事的处理也说得明白。

【范例 4-13】

致 歉 信

尊敬的××先生/女士：

感谢您选乘×航航班！由于我公司的原因造成本次航班不正常，给您的旅途带来了不便。在此，我们向您表示深深的歉意，对您给予我们工作的支持和配合，我们表示感谢！

为了表示我们的歉意，您可获得以下任意一项补偿（限选一项）：

1．×航常旅客 3 000 千米里程积分（尚未办理×航常旅客计划的旅客，×航可为您免费办理常旅客入会手续）。

2．现金人民币 200 元（特头等舱、公务舱、儿童和婴儿机票的旅客分别按照上述补偿标准的 150%、130%、50% 和 10% 予以补偿）。

办理办法：

1．凭您的身份证、致歉信、登机牌原件和机票旅客联或电子客票行程单复印件（缺一不可），在您机票上标注的乘机日期后 30 天内，前往致歉信背面所列的××航空股份有限公司售票处办理。

2．您也可将您的身份证复印件、致歉信、登机牌原件和机票旅客联或电子客票行程单复印件（缺一不可），在您机票上标注的乘机日期后 30 天内，以挂号信件方式寄往致歉信背面所列的××机场城市航站楼×航售票处办理。（注：请在信中注明您的具体国内联系地址、邮政编码和电话号码，以便我们及时为您提供服务。现金仅限邮政汇款。）

3．办理时间：周一至周五 08:30—11:30 及 13:00—17:30，法定节假日除外。

咨询电话：×××-××××××××

注：在您接受了上述选定的补偿后，将视作您同意不再以本次航班延误为由向×航及其代理人投诉其他赔偿。

再次为给您旅途带来的不便深表歉意！

×航空股份有限公司
××××年××月××日

【解析】 这是一则航空公司写给旅客的致歉信。因天气、机械故障、空中管制等原因导致的航班不正常现象，是引发机场冲突事件的主要原因之一。该航空公司巧妙应用致歉信的方式，在为航班不正常给旅客出行带来不便表示歉意的同时，根据有关规定和要求，提出可供选择的弥补措施，态度诚恳积极，措施周到具体，有助于消除旅客的误解与不快，预防冲突事件的发生。

（五）致歉信写作的注意事项

1. 委婉含蓄，态度谦恭

致歉信写作的目的是消除误解或不快，请求理解、见谅。写作致歉信时应注意态度诚恳，用词委婉，语气温和、得体，切忌盛气凌人、目空一切、自说自话。

2. 实事求是，措辞准确

要就事论事，说清楚为何你觉得要道歉，日后你希望怎样补救。事情原委要解释清楚，情况说明要简明扼要，既不能夸大，也不能缩小，既不能为规避责任而隐瞒事实，也不能为求太平而罔顾事实。

（六）写作训练

请根据下述情况写一则致歉信，不足的条件，自己酌情加上。

×航空××航班因为在起飞时，突然发现轮胎起落架发生故障，即刻停飞，公司立即换了一架同类型飞机执行起飞任务。并请旅客下机乘上另一架飞机。由于故障，致使航班延误了一个小时。请撰写一则致歉信，向全体乘机旅客致歉，并酌情提出一定的补偿。

二、检讨书

对服务工作中的失误表示检讨，这就需要掌握和运用这类专用书信。一封合格的书信不仅准确地表达了你的意愿，也体现了你的文化水平。

（一）检讨书的概念及应用

1. 检讨书的概念

检讨书也叫检讨。它是个人犯了错误、做了错事时，向组织、单位或上级领导表示承认错误、吸取教训和改正决心的专用书信。

2. 检讨书的应用

民航乘务人员从事服务行业，每天都会遇到新的乘客，发现新的问题，乘务人员难免会出错。单位领导可根据犯错误同志的检讨、认识情况做出相应的处理。认错态度好，检讨深刻的，只给予批评教育，从轻处理；态度恶劣，拒不检讨或敷衍塞责的，要严肃处理。

（二）检讨书的写作格式

1. 标题

在第一行居中书写"检讨书"或"检讨"字样，字号稍大。

2. 开头

另起一行，顶格写明接受检讨书的单位或领导的名称或称呼，后面加冒号。

3. 正文

正文内容要一次写明以下几个方面。

（1）写明写检讨的缘由，即交代为什么写检讨书，叙述要扼要，并表示认错检讨。

（2）表明认识态度，对所犯过错做出恰当的分析或评价。

（3）写明应该吸取的教训。

（4）表示悔改的决心与措施。

（5）结尾。写上"此致敬礼"之类的敬语。

4. 署名和日期

署名时，可写成"检讨人：×××"样式。

（三）范例

【范例4-14】

检 讨 书

尊敬的客运主任：

  在上海—贵阳的飞行航班中，面对一位旅客的无礼要求，我没能解决，在争执过程中，也没有忍住自己的脾气，与客人相互谩骂开来。在旅客中间造成了极坏的影响，也违反了航空服务条例。现为此专门做出检讨，请主任和其他乘务人员对我进行批评教育。

  我作为一名民航乘务员，应该给予旅客优质的乘机服务，让旅客有宾至如归的感觉。然而，在面对旅客的无礼行为时，我没能给予耐心细致的说服工作，反而与旅客发生争吵，这种行为给×航空公司的一流服务形象抹了黑。事后，经过主任您的批评以及同事的教育，我认识到事件性质的严重性，也从反面深刻地教育了我、触动了我。在此，我向主任和同事们认错，并事后与旅客联系沟通，向其道歉，取得谅解。我保证今后不再发生类似事情。

  今后，我一定从中吸取教训，树立服务意识，提高服务水平，对待旅客像对待自己的亲人一样，让旅客乘兴而来，满意而归，做一名称职的空乘人员。

  主任和同事们，请看我的实际行动吧！

检讨人：×××
××××年××月××日

（四）检讨书写作的注意事项

（1）要认错态度端正，认识深刻，不能敷衍了事，否则难以争取别人的谅解。

（2）语气要诚恳，分析要深入，对所犯错误的分析和评价，既不能隔靴搔痒，也不能随便给自己上纲上线，要恰如其分。

（3）要勇于承担相应的责任，行文中不可狡辩、诡辩或推诿责任。

（4）表示悔改的决心时，态度要坚决，语言要明快。

（五）写作训练

请根据下述内容，帮乘务员D写一份检讨书。

  乘务员D在广州飞往杭州的航班中，由于在为旅客配送饮料时，不小心将一杯热茶倾倒在旅客手上，虽没有造成客人大的伤害，但也烫红了客人的手臂（夏天，客人穿短袖），虽然经过沟通，客人不予追究，但是工作上的疏忽，对于以服务为主要工作的乘务员而言，是不能允许的。为此，乘务长对乘务员进行了严肃批评，并要求乘务员D写一份检讨书。

三、保证书

(一) 保证书的概念

保证书是个人、集体或单位响应上级号召开展工作，或为了圆满完成上级布置的工作任务而提出的书面保证时所写的专用文书。有时做了错事、犯了错误、表示悔改而做出保证时也会写保证书。

保证书和决心书一样，是单方面的，而不要求上级领导做出答复，只是希望组织、领导、上级给予指导、监督、检查。写保证书，可以调动自身的工作积极性，增强责任感，让自己对工作更加认真负责。保证书是自愿订立的，虽然不是法律文书，没有法律效力，但它对保证者的相关言行有较大的约束力。

(二) 保证书的写作格式

1. 标题

在第一行居中写上"保证书"三个字，字号要大一些。

2. 开头

另起一行，顶格写明接受保证书的单位名称或领导称呼，后面加冒号。

3. 正文

首先说明为什么写保证；然后写明保证事项和具体落实保证的措施。保证事项和措施要分项、分条列出。特别是"保证事项"一定要写得清楚明白。

4. 署名和日期

写明保证者的名称或姓名，做出保证的日期。

(三) 范例

【范例 4-15】

运输安全保证书

民用航空业对安全技术和管理的要求很高，任何忽视安全的行为都有可能造成严重的后果和无法弥补的损失。所以，必须以对国家和人民高度负责的精神，正确处理好安全与业务经营的关系，任何岗位、任何环节、任何时候都要把安全放在第一位。我们作为民航运输的销售代理企业，也要为民航的安全运输做出相关联的贡献。为了保证民航运输安全，保证民用航空的正常运输以及配合民航各环节工作，我公司特做出以下民航运输安全保证，以配合其他运输工作的进行。

首先，牢固树立"安全第一、预防为主"的思想。在申请成为民航代理企业的同时，我公司保证严格按规定条件、程序和标准报批。在今后的销售工作中，不违章操作，在日常工作中，对公司员工进行相关的民航运输法律法规的培训。要求各部门严格按照国家关于加强民航代理企业管理规章的各项执行，不断地提高和强化公司员工的法律法规意识，不断地加强公司员工的安全意识和高度的责任感，努力做好自身的本职工作，为我们民航代理企业今后在民航业中的发展提供一定的安全基础。

其次，在日常的客票销售过程中，对旅客灌输相关的民航安全法律法规知识，将与旅客乘机相关联的安全注意事项在各营业部门和各办公场所进行张贴，提醒旅客注意乘机安全和了解相关乘机注意事项。对于乘机禁止携带的危险品和违禁品对旅客进行详细说明，并严令禁止旅客携带此类物品，以保证民航运输过程中的安全，对民航业发展以及旅客自身提供保障。

最后，在民航运输过程中产生的各种特殊事项，与旅客及时进行沟通、协调，做好各项突发事件之后的旅客安抚和安置工作。避免与旅客因为突发事件产生误会，造成一系列的不安全因素。

作为民航代理销售企业，我公司保证严格遵守国务院发布的有关民用航空法规，遵守民航局颁布的有关规章、标准、指令，自觉服从民航局的安全管理，接受其监督检查，保证今后的运输安全，使我国的民用航空事业沿着法制轨道健康发展。

陕西山水航空票务公司
2020年2月8日

（四）保证书写作的注意事项

（1）保证的事项，要实事求是，有针对性，要切实可行，不开空头支票。

（2）要交代具体、清楚，保证什么事项，做到什么程度，什么时间完成，都要写得具体明白。这样既便于上级指导、检查、督促，也便于自己具体落实。

（3）具体内容要分条列写，做到条理清楚。

（4）措辞要明确，文字要简洁，不能模棱两可，似是而非，造成歧义或误解。

（五）写作训练

请根据下述内容写一则保证书，可以酌情添加保证条例。

×机场安保组为了迎接国庆，让客人走得安全、走得更快，保证飞机航班不因安检通关环节而延误，为此在提高安全通道畅通无阻方面，提出几点保证：一是加快安检的速度；二是提高安检过程的服务质量，提倡"您好""请"等礼貌用语；三是合理调节通道安检，使过安检更快等措施。

第五章

民航客舱服务专用文书

教学提示

民航客舱服务专用文书是民航乘务员按照航空公司规定，在完成民航乘务培训，进行民航客舱常规服务或应对突然事件时所使用的各类专用文书。本章重点介绍客舱广播词、客舱乘务初始新雇员带飞记录表、机上事件报告单、其他特殊事件报告单等民航客舱服务专用文书。

第一节　客舱广播词

客机飞行在上万米的高空，无论是从国内的这个城市飞向另一个城市，还是从这个国家飞往另一个国家，旅客都需要将手机设置成飞行模式，短暂地生活在小小的空中世界，接受的唯一信息就是飞机提供的报纸杂志，以及飞机广播员不定时、不间断的客舱广播。客舱广播是旅客了解旅途状况的重要媒介。

客舱广播词是航班乘务员在飞机飞行过程中，通过广播告知需要大家周知的事项的书面稿件，内容包括迎送、安全设备示范、提供餐食、起飞降落的安全提示，以及特殊情况告知等。客舱广播词面向全体旅客，是客舱沟通服务的重要内容之一。

一、客舱广播词的种类

按广播性质和情况所需，客舱广播词可分为以下三种。

（一）常规广播词

即航班运行正常情况下所使用的常规性广播词，如登机广播、安全演示、起飞前安全检查、起飞后广播、餐前广播、机上免税品销售、颠簸提示、下降时安全检查、飞机着陆提示等。

（二）特情广播词

即航班运行过程中遇到某些特殊情况时所使用的广播词，如等待旅客登机、飞机清舱、等待随机文件、航空管制、机械故障、需要到候机厅等待、换乘飞机、装货等待、飞机滑回停机位、系统故障、找医生、机上有病人备降、落地前由于强逆风飞机推迟落地时间、空中盘旋、备降、中途站天气不好直飞、返航、临时着陆、航班取消等。

（三）即兴广播词

即航班运行过程中根据航班旅客特点、节庆活动、业务通告要求等临时编撰的广播词，如生日祝词、春运欢迎词、两会代表欢迎词，以及元旦、"三八"妇女节、"六一"儿童节、教师节（9月10日）、中秋节等节庆祝词。

二、客舱广播词的内容

一般来说，客舱广播词的主要内容包括以下几个部分。

（一）称呼

客舱广播起始，除了在广播之前"叮咚"的广播提示音外，还需用"女士们、先生们""各位旅客"等称呼来提请旅客注意。

（二）正文

正文一般包括飞行状态告知、介绍和提示等方面的内容。

（1）飞行状态告知。如"飞机已经离开……""现在飞机已经开始下降"等。

（2）介绍和提示。根据客舱服务各阶段的不同要求拟写不同的内容，如供餐广播词，需介绍供餐的时间和品种等；飞机下降广播词，需提示安全检查要求等。

广播词的表述内容有一定的先后顺序，告知内容一般宜具体直接、简洁清楚。不同的广播内容应该分写成不同的广播词，分次广播，不能混合在一起，以方便旅客理解。广播词的遣词造句应用词恰当，语句规范，表情达意准确无误，不宜独创一些不常通用的字、词、句等。

（三）致谢

广播结束时，应对旅客的认真收听表示感谢，对旅客的旅途顺利和愉快表示祝福，如"感谢您的理解""感谢您的关注""谢谢""祝您旅途愉快"等。

三、客舱广播词举例

（一）起飞前的广播

（1）各位贵宾早安。欢迎搭乘马航 0366 班机由吉隆坡飞往台北。机长已经打开了系好安全带的灯号，请各位乘客入座时系好安全带并请竖直椅背、收妥椅背上的餐桌。谢谢。

（2）各位女士和先生，我们即将起飞。准备起飞时，请确认已竖直椅背、收好桌子并系妥您的安全带，您的随身行李也安全收妥。直到机长将灯号熄灭前，请遵守安全带指示灯和其他亮起的指示灯。

（3）这是机长的广播。我们想利用这个机会欢迎您搭乘我们的班机到意大利米兰。今日飞行时间为 11 小时 40 分钟。目前的飞行高度为 35 000 英尺。航程中的天气晴朗且顺风。米兰目前的天气晴朗，气温为 28℉或是-2℃。安全带指示灯已经熄灭，但为了预防未预期的乱流，我们建议您在座位上时还是将安全带系好。现在请放松并享受这段旅程。

注：机门关闭前，客舱经理/带班乘务长通知全体乘务员做好致礼准备，在机门关闭待命后，第一时间立即进行欢迎词广播。不同情境之下的致礼表达方式略有不同。致欢迎词后，紧接着提示接下来需要广播的事项。如关机门后地面停留时间充足，且客舱氛围较好，或在专包机、节假日、特色活动航班等情况下，由客舱经理决定，可向旅客逐一介绍乘务员，所播报的乘务员经征询本人意见可播报其小名、昵称，可在名字前增加"巾帼乘务员""××品牌示范组（如凌燕、金鹰等）乘务员"等头衔。

（二）安全事项

（1）各位女士和先生，欢迎来到曼谷。为了您的舒适与安全，请在机门打开、安全带指示灯熄灭之前留在您的座位上。现在您可以使用手机。我们即将滑行至抵达闸门。谢谢。

（2）各位女士和先生，欢迎搭乘法国航空第 38 号班机到法国巴黎。再过几分钟我们即将在屏幕上播放各项安全设备及使用方法的示范。请您注意屏幕上的示范并阅读座位前方的安全指示卡。谢谢。

（3）如果您坐在紧急出口旁的位置，请详阅在座位上的相关特别程序卡。如果在紧急状况时您不愿意执行卡片上指示的行为，请与空服组员联系安排换位。

（三）注意事项

（1）机长已将系好安全带指示灯亮起，为了您的安全，请立刻回座并系好安全带。谢谢。

（2）各位女士和先生，我们正在经过一段不稳定的气流。为了您的安全，请立即回座并系好安全带。我们将暂时暂停供餐的服务。谢谢。

（3）请注意所有电子产品在起飞时都需要关闭。到达安全的飞行高度时，空服组员将会通知您可以开启部分电子产品。

注：安全设备示范的开头提醒注意，随后应逐一介绍救生衣、氧气面罩、安全带、紧急出口等安全设备的位置及其使用方法、注意事项等。

（四）服务广播

1. 降入广播

（1）各位早安，这是机长广播。欢迎搭乘 753 号班机到芝加哥。今天的飞行时间是 3 小时 50 分钟，我们会在 29 000 英尺的平均高度飞行。芝加哥当地时间为早上 10 点 15 分，天气晴朗，但是傍晚会有下小雪的机会，气温在 30℉。我们的抵达闸门为 32A，即将抵达芝加哥奥黑尔国际机场前，我们将会通知转机航班信息。15 分钟后我们将开始供应点心的服务。在此谨代表达美航空和全体组员祝您在芝加哥地区或是您的目的地有个愉快的旅程。谢谢。

（2）各位女士和先生，我们即将降落于洛杉矶国际机场。请确实系妥安全带、竖直椅背、收妥桌子。洛杉矶当地时间是下午 5 点 40 分，地面温度是 75℉。

2. 特殊情况

（1）突然之间，飞机开始摇晃起来，接着响起"叮"的一声，上方的座位安全带指示灯（Seat Belt Sign）亮了起来。乘务员马上将装满了开水与果汁的水壶收到冰箱里，并将餐食停在厨房内，准备进行机内广播。待新加坡籍的座舱长完成英语广播之后，接着轮到客舱乘务员进行广播：

各位乘客，由于目前气流较乱，飞机产生晃动，为了各位的安全，请回到座位上并系好安全带。另外也请携带婴儿的父母，抱起您的孩子，不要将您的孩子放在婴儿床上。谢谢各位的配合。

（2）各位女士和先生，我们目前有紧急医疗状况需要专业医疗人员的协助。如果您是医生或护士，请通知机组人员，谢谢。

（3）各位女士和先生，因为波士顿的天气状况转坏，机场已经暂时关闭。在机场重新开启之前，我们被改降至纽瓦克自由国际机场。我们将在 5 分钟后开始往纽瓦克自由国际机场方向下降。地勤人员在我们抵达后会提供更多信息。不便之处敬请见谅。组员，30 分钟后降落。

（4）娱乐系统故障。女士们、先生们：非常抱歉，为了确保航班正点起飞，机上娱乐系统没能及时修复，因此造成×舱第×排到第×排的旅客无法正常使用音频系统，给您带来不便，我们深表歉意。感谢您的谅解！

注：表达顺序上通常是先致歉，然后简要说明原因，并就所导致不便，再次致歉。广播时，语气要诚恳，语速不可过快。

（5）空中颠簸。女士们、先生们：本架飞机受到气流影响，正在颠簸！为了您的安全，请您尽快就坐，系好安全带。机上洗手间暂停使用，正在使用洗手间的旅客，请您注意抓好扶手。谢谢。

注：告知发生颠簸的原因，并做安全提示。

（6）客舱温度偏低。女士们、先生们：我们的飞机（在上升过程中）客舱温度偏低，（给您带来不适/不能提供足够的毛毯），我们感到很抱歉。这种情况稍后在飞机到达安全高度后会得到改善。感谢您的谅解！

注：说明客舱温度偏低的原因，告知该情况将会得到改善的时间节点，并对旅客的谅解表示感谢。

（7）寻找医生。女士们、先生们：现在，飞机上有一位生病的旅客/即将分娩的孕妇需要帮助。如果您是医生或护士，请立即与乘务员联系。谢谢！

注：告知需要帮助的原因，并有针对性地发出求助信息。

（8）迫降。女士们、先生们：由于天气原因（机场大雾/机场罢工/机场关闭/机场跑道上有障碍物一时无法消除/机上有一位病人/有一位即将分娩的孕妇/航路有雷雨），为了安全起见，我们的飞机不能按时降落在目的地机场，只能先降落在备降机场。给您带来不便，我们深表歉意。备降后的事宜，我们会及时通知您。飞机预计在×时抵达机场。感谢您的理解！

【范例5-1】

即兴广播词

  北京是有着三千年历史的国家历史文化名城。北京在历史上曾为六朝都城，在从燕国起的两千多年里，建造了许多宏伟壮丽的宫廷建筑，这使北京成为中国拥有帝王宫殿、园林、庙坛和陵墓数量最多、内容最丰富的城市。其中北京故宫，明朝时叫大内宫城，清朝时叫紫禁城，这里原为明、清两代的皇宫，住过24个皇帝，建筑宏伟壮观，完美地体现了中国传统的古典风格和东方格调，是中国乃至全世界现存最大的宫殿，是中华民族宝贵的文化遗产。天坛以其布局合理、构筑精妙而扬名中外，是明、清两代皇帝"祭天"的场所。

  北京四合院源于元代院落式民居，是老北京城最主要的民居建筑。一座座青瓦灰砖的四合院之间形成的窄巷，就是著名的老北京胡同。

  北京的宗教寺庙遍布京城，现存著名的有：佛教的法源寺、潭柘寺、戒台寺、云居寺、八大处等；道教的白云观等；伊斯兰教的北京牛街礼拜寺等；藏传佛教的雍和宫等；天主教的西什库天主堂、王府井天主堂等；基督教的缸瓦市教堂、崇文门教堂等。

  今年是中华人民共和国成立七十周年，10月1日，北京还将举行有16万人参加的国庆盛事、规模空前的大阅兵、10万人的游行，晚上有精彩的歌舞，还有精彩无比的烟火。

  【解析】 本则广播词是针对到达城市的文化艺术活动，根据业务通知或乘务员的了解确认，即时增加的相关活动简短介绍。通常是先致欢迎词，随后点明到达站点的活动名称，发出观摩邀请，并根据业务通告，对相关活动做简要介绍。

（五）其他

1. 包机欢迎词

  尊敬的各位领导，尊敬的两会代表，女士们、先生们：你们好！×航空公司特为各位代表前往北京参加两会提供了本次专机航班，我们全体机组人员热烈欢迎您的到来并向您致以衷心的祝愿，祝各位北京之行愉快，并预祝两会圆满成功！

2. 重大节日欢迎词

  亲爱的旅客朋友们：新年好！我是本次航班的乘务长。今天是大年，是中华民族传统的新春佳节。在这个喜庆祥和、合家团圆的节日里，请允许我代表中国东方航空公司及机组全体人员向您致以最真诚的问候！祝您新年吉祥，万事如意，身体健康！愿我们的祝福在新的一年里能给您带来好运！

  注：就重大节日的来临向旅客真诚问候和祝福，营造温馨亲切的客舱气氛。通常由乘务长广播，以示郑重。

四、客舱广播词的写作要求

客舱广播是机组人员与旅客沟通的重要手段。客舱广播中的很多内容需要旅客了解、理解、支持和配合。因此,客舱广播在文本组织与广播时都有其特殊要求。

(一)用词要准确规范

客舱广播属于有声语言,有着稍纵即逝的一过性特点,不像文字读物可以反复阅读,人们在听广播时,不可能有较长的品味时间。如果客舱广播词的语言过于冗长晦涩,会导致旅客听不懂或听不清广播员所要表达的真实意思,容易造成旅客理解上的缺失与空白,大大影响客舱广播的服务效果。因此,客舱广播用语要求准确规范,使用国际通用的专业术语。既不宜过于口语化,也不宜独创一些不大通用的字、词、句等,而应用词恰当、语句规范、言简意赅,以示庄重、规范,如用"稍后"取代"过一会儿"、用"隶属"取代"是属于"、用"本次航班"取代"这一次航班"、用"感谢您的理解"取代"谢谢您能理解我们的难处"等。

由于广播词的内容承载着对空中飞行的服务信息及飞机状况的及时通报与传达任务,是飞行员及乘务组与旅客之间的沟通桥梁与纽带,因此念广播词有一定的讲究,具体如下:① 吐字清晰、流畅;② 中英文发音准确;③ 语速正常,不能太快或太慢;④ 不能有错别字或不当用词;⑤ 语气甜美、柔和;⑥ 掌握抑扬顿挫和重点词句的读音。

这样乘务员通过广播发出的每一个声音都能到达旅客的耳朵里,让他们听清楚和听明白。绝不可像小学生念书那样,一张口一个声调全部念下来。

(二)内容要切实集中

由于客舱广播受航班时间、航班环境等特殊因素的限制,旅客收听时又常常带有一定的随意性,因此,客舱广播词的内容要具体切实,简洁集中。要突出重点告知的内容,不能随意对一些枝节问题进行渲染铺陈,以免掩盖了重点,使旅客在聆听时发生理解上的障碍,如直飞广播词的撰写,只需重点申明"×机场天气不符合飞行标准/关闭,导致飞机无法降落,机长决定直飞×机场"即可,无须对天气为什么不符合飞行标准,或机场为什么要关闭等做具体的铺陈、描述和解释。

(三)情感表达要亲切自然

客舱广播中的内容,很大程度上需要旅客了解、理解、支持和配合,所以语言的表达应该确切晓畅,情感的传送应该温馨贴心,切实避免因用词或语气不当影响旅客的心情和配合态度,造成不必要的误解或冲突。要注重礼仪规范,如对旅客乘坐该航班表示真诚的欢迎,对旅客的配合行为要表示感谢,对发生设备故障时给旅客带来的不便表示诚挚的歉意等。

(四)客舱广播要及时有效

客舱广播员应根据《乘务广播手册》内容,及时落实各项广播。当航班延误时,应及时广播,通知旅客相关信息。遇有颠簸时,应及时提醒旅客,必要时重复广播。

(五)客舱广播要灵活机动

在特殊情况下,应根据航班的不同情况临时组织广播词,如关门后因航空管制、机械故障、天气、等待货物等原因发生的航班延误,清舱时的寻人广播、失物认领、特殊气象提示等;针对到达地的文化艺术活动,有的航空公司会要求根据业务通知或乘务员了解确认,即时增加相关活动的简短介绍;针对某些重要的节日,如春节、劳动节,要即时安排节日祝福类广播;针对某些专包机旅客,要结合旅客的不同背景和特点致以别具一格的欢迎词等。

五、写作训练

客舱广播一般按常规进行。但遇到特殊情况时,广播内容也会稍加调整增加。请根据下列场景提示,在下面横线上填写广播词。

1. 各位先生、女士,我们目前有紧急医疗状况需要专业医疗人员的协助。这时你可以广播:各位旅客_____。

2. 35L 的一名乘客突发哮喘,急需一种名叫沙丁胺醇气雾剂的药品,这时你可以广播:各位旅客_____。

3. 18C 的乘客×女士向乘务组求助说,自己随身携带的一只红色手包不见了,内有华为手机一部、信用卡一张,以及人民币若干。这时你可以广播:各位旅客_____。

注:客舱广播一般由乘务长指定有广播员证书的乘务员负责广播。广播员要用中、英文两种以上语言广播,根据航线情况添加相应语种。广播用语要求准确规范,使用国际通用的专业术语。客舱广播时,要求吐字清晰、音调柔和、速度适中。在正常情况下,较为适宜的中文播音速度建议为每分钟 200~220 字,英语播音速度为每分钟 120~150 词。发生紧急情况时,由(主任)乘务长负责广播。

第二节 客舱乘务初始新雇员带飞记录表

民航乘务员上岗前需要经过三个月以上的文化和岗位操作的专业培训,考试合格后方能进入有老师指导的航班带飞训练与实践,带飞阶段圆满结束后,由带飞老师审核通过后,才能正式上岗。

一、客舱乘务初始新雇员带飞记录表的概念与内容

客舱乘务初始新雇员带飞记录表是用来记录客舱乘务初始新雇员在航班实际操作或模拟、演示形式带飞训练过程情况的一种常用文书表单式文件。

客舱乘务初始新雇员带飞记录表通常分为以下三个部分。

（一）工作情况记录

通常以标准化表格的形式从预先准备、直接准备、起飞前、飞行中、着陆前、着陆后、特殊情况处置等方面分项列条对新雇员在带飞训练过程中的表现情况进行逐一评估。"带飞评估"通常用符号进行标注，例如，"☆"表示掌握熟悉；"△"表示基本掌握；"×"表示未掌握。简单明了，一目了然。

（二）带飞辅导员点评

带飞辅导员点评的撰写，通常应先对客舱乘务初始新雇员的带飞训练时间做简单交代，随后对照客舱乘务初始新雇员的岗位职责要求，从品德、形象、绩效、能力和态度等方面进行评价，具体内容包括个人仪容仪表是否得体规范、是否有较强的工作责任心、岗位工作、岗位技能的掌握是否熟练、能否规范完成岗位工作任务、是否服从领导、是否有团队精神等，最后做出考评结论，如按时转正、延期转正、带飞训练合格或不合格等。

【范例5-2】

带飞辅导员点评

张丽霞学员自2018年8月1日开始航班实际操作形式带飞训练，至2018年11月1日，先后进行了六次带飞航段训练。在带飞训练过程中，张丽霞学员始终注意保持个人仪容仪表的得体，专业化形象好，服务用语规范，微笑服务好。工作勤恳积极，主动协助旅客取放行李，开关阅读灯、发放小毛毯、提示遮阳板等细微服务均执行到位。乐学好问，悟性强，能较快适应乘务岗位工作的需要。业务能力强，能根据工作需要及时调整工作方法和端正心态。注重个人成长，善于反思、分析、归纳，不断提高工作能力，改善工作方式和方法。思维敏捷，反应灵活，遇事沉着冷静，有较强的特殊情况处置能力。愿意服从领导，乐于奉献，团队协作能力良好。

带飞训练评价合格。

带飞辅导员×××
××××年××月××日

【解析】这是一则带飞辅导员点评。开头概述带飞时间，主体结合岗位要求，从学员形象、服务用语、专业技能、学习能力、合作能力等方面进行了点评，结尾是总评。要素齐全，格式规范，表述到位。

（三）学员感想（或带飞心得）

学员感想是客舱乘务初始新雇员在航班带飞训练过程中所获得的感受和体会。这些感受和体会不一定经过严密的分析和思考，可能只是对乘务工作的感性认识和简单的理论分析。

学员感想是一种日常应用文体，属于议论文的范畴，一般篇幅可长可短，结构比较简单。其正文部分通常分为开头、主体、结尾、署名四个部分。

1. 开头

学员感想的开头简述所参加的乘务带飞训练的基本情况，包括参加带飞训练的时间、航段，所从事的具体工作的过程及结果等。

2. 主体

通常采用并列式结构，从不同角度将自己的感受和体会总结成几个不同的方面，分别加以介绍，各层次之间是并列关系，如一、二、三……每一部分的写作可以采用先从理论上总述，再列举事实加以证明的方法，使文章有理有据，不流于空谈。

3. 结尾

学员感想的结尾一般可以再次总结并深化主题，可以提出未来继续努力的方向，也可以自然结尾，不专门作结。

4. 署名

学员感想一般应在文章结尾的右下方写上姓名，并署上日期。

【范例5-3】

学 员 感 想

2018年8月1日，我开始正式进入航班带飞训练的操作与实践。至2018年11月1日，我先后进行了6次航段的实际带飞训练。在带飞辅导员章军老师的精心指导下，我的客舱服务意识和服务能力有了很大进步，并切实体会到了"对不同旅客提供不同需求的服务，拉近距离，把服务想在前头，做在前头"的真实内涵。

一、强化业务知识，巩固生活常识

这是一份特殊的职业，现实和梦想还是有差距的。空服员，顾名思义，就是在空中（飞机上）的服务人员，主要工作为确保航空旅行的旅客在旅途上的安全与舒适。听起来似乎轻松，但事实不然。从拿到班表的那一瞬间，生活节奏就跟着紧凑起来，除了正式休假外，每天都要将行李和仪容打理好，随时都有可能出任务。到了公司报到后，从行前会议（Pre-Flight Briefing）开始，接着上飞机后要检查机舱（Cabin Check）、迎客、餐饮服务（Meal & Beverage Services）、贩售免税商品（Duty-Free）、处理突发状况等，随时不得休息，还要确保随时有笑容，并牢记着全部的标准作业程序（SOP）和安全设备（Safety Equipment）的使用方式，以备不时之需，一直到乘客安全地下飞机后，才能喘口气。

虽然工作辛苦，但每年还是有上万人报考各航空公司，较好的待遇和服务多元客户群的机会更是令人称羡。在工作中，不仅可以磨炼自己的语言能力和服务态度，更能接触到各种不同的文化，扩展自己的视野。作为一名客舱乘务新雇员，我有很多的业务知识和生活常识需要巩固和学习，例如，一旦出现紧急情况会应用到的特殊用语；飞机上如有乘客需要紧急医疗救助时，需要懂得基本医疗常识；不论是飞国内还是国外都需要掌握流利的中文和英文；不仅要熟悉机上服务用的各类饮料，还要知晓提供不同饮料时所用的饮具……这些都需要平时慢慢积累，尤其是对于我这样的初始新雇员来说，最重要的还是飞机处于紧急情况下的专业用语，不仅记得好，更要用得适当、说得熟练。

二、把握旅客心理，服务态度热诚

在客舱服务方面，我认为客舱乘务员为旅客提供服务，实际上是一种人与人之间的沟通、交往。我的个性非常开朗，而且非常容易与大家交朋友。我对人生的看法非常正向。做好服务工作的基础在于了解旅客心理，关心旅客。要有针对性地对不同旅客提供不同的服务，把服务想在前头，做在前头。在工作时，我非常主动、细心和有条理。

在实习中我习惯写日记，并确认我把每件事都在规定的时间内完成。我相信开朗的个性、好的英文能力和工作管理技能是这个职业所需要的。在处理各种突发情况或特殊问题时，我尽量做到眼勤、嘴勤、手勤、腿勤，时常检查每个座位，确认座位状态是否良好、个人电视或是娱乐系统（Entertainment Console）是否有故障、阅读灯（Reading Light）是否有故障等。负责区域的洗手间也经常打理，并且确认地上和上方置物柜没有任何可疑物品。尽量满足旅客提出的合理要求，让旅客真正有宾至如归的感觉。如果有什么不足，我总会要求自己做到情绪稳定、沉着冷静，确保处理不失规范。

三、注意观察积累，广泛学习知识

作为窗口单位的成员之一，民航乘务员代表的不仅是个人形象，也代表着一个公司、一个地区，乃至一个国家。拥有广博的历史地理文化知识是一名合格的民航乘务员的必备素养。在现实工作中，我更多地与不同的旅客打交道，目的是磨炼自己的语言能力和服务态度，虚心地接受和学习各种不同的文化，扩展自己的视野，并设法了解一些到达站的历史名胜、旅游景点、风土人情等，以方便客人咨询时，可以给他们进行概括或介绍。

在飞国际航班时，通过各种途径对两国的国情、海关制度等有一些大体的了解。同时在实习中，老师的示范让我深深知道乘务员工作的特性：乘务员的工作不仅仅是在飞机上提供简单的餐食服务，还需要有细致到位的人文关怀，而这需要乘务员注重日常生活的积累与细心观察，并加强学习，只有这样，才能使乘务工作变得更加得心应手、细致入微。良好的客舱服务是确保航班得以顺利运行的保障。

通过此段时间的航班实际带飞训练，我学到了很多，也收获了很多。在此，再次真诚地感谢带飞辅导员章军老师的悉心指导与教诲。在今后的乘务工作中，我将继续不断学习，把所学所知运用到实际工作中去，争取做一名合格的空乘人员。

学员×××

××××年××月××日

【解析】范例 5-2 和范例 5-3 为初始乘务员带飞记录表的两部分，即带飞辅导员点评和学员感想，带飞辅导员侧重点评初始乘务员在带飞训练过程中的表现，学员感想则重点对带飞学习中的收获和经验教训进行总结，两篇例文语言简洁、条理清晰、有理有据，符合带飞记录表的基本写作规范。

二、客舱乘务初始新雇员带飞记录表的制作要求

（1）一般来说，带飞个人感想主要是带飞一项工作结束后，对该工作所做的全面回顾、分析和研究，力求在一项工作结束后找出有关该工作的经验教训，引出规律性的认识，用以指导今后的工作。因此，它注重带飞过程的客观性、全面性、系统性和深刻性。

（2）要内容真实，实事求是。个人感想是在实际工作和活动中真实感受的反应，不能扭捏作态，故作高深，更不能虚假浮夸，造成内容的失实。

（3）要发乎真情，来自实感。个人感想在运用简洁的语言进行叙述、议论的基础上，可以适当地采用描写、抒情及各种修辞手法，以增强文章的感染力。

【范例5-4】

客舱乘务初始新雇员适应性带飞记录表如表 5-1 所示。

表 5-1　客舱乘务初始新雇员适应性带飞记录表

学员姓名　　　　所属队部　　　　带飞辅导员

带 飞 项 目	带 飞 评 估	带 飞 项 目	带 飞 评 估
1. 个人证件		14. 音频/视频设备的操作	
2. 仪表仪容		15. 预先准备	
3. 航线知识		16. 清舱意识协作情况	
4. 应急设备数量及分布		17. 向乘务长汇报客舱情况	
5. 空防预案		18. 仪表仪容自查	
6. 服务程序		19. 安排旅客入座	
7. 岗位职责		20. 出口座位的评估	
8. 应急撤离程序		21. 手提行李物品的存放和确认	
9. 应急设备的检查		22. 安全演示动作	
10. 客舱及盥洗室设备的检查		23. 各项安全检查	
11. 客舱及盥洗室卫生的检查		24. 乘员入座	
12. 餐食、供应品质量与数量的检查		25. 保持出口、过道畅通	
13. 应急设备的取/放、使用方法及注意事项		26. 救生设备的作用及使用（提问）	

续表

带 飞 项 目	带 飞 评 估	带 飞 项 目	带 飞 评 估
27．客舱释压的处理程序（提问）		42．客舱、厨房、盥洗室安全检查到位	
28．危险品的处理程序（提问）		43．乘务员做好落地前准备	
29．客舱失火的处理程序（提问）		44．滑行时的客舱监控	
30．服务意识		45．舱门解除预位的操作	
31．服务语言和态度		46．送客	
32．巡视客舱		47．特殊旅客的服务	
33．服务动作		48．汇报区域检查情况	
34．厨房整理		49．航班延误时的处置	
35．特殊旅客服务		50．急救处理（提问）	
36．颠簸处理		51．陆上/水上迫降程序（提问）	
37．呼唤处理		52．机组服务	
38．客舱整洁		53．各项管理规定	
39．盥洗室管理		54．亲和力	
40．出口座位及客舱动态监控		55．微笑贯穿始终	
41．归还衣物及保管物品			

带飞训练日期_____

带飞训练航段_____

带飞学员_____ 带飞辅导员_____ 带飞小时_____

注：以上各项带飞内容均为航班实际操作形式带飞训练，未能实施的以提问方式。

三、带飞须知

空中乘务员的业务培训包括初始训练、提高服务训练、升级训练、定期复训、重获资格训练等类别。

（1）初始训练：新聘乘务员应参加初始训练，通过训练基本掌握专业基础技能和服务技能，掌握应急设备的使用方法和紧急处置程序，获得飞行乘务员的资格。

（2）提高服务训练：飞行半年以上人员应参加提高服务技能训练。

（3）升级训练：

① 国内头等舱资格训练：飞行达 1 年以上的乘务员参加。

② 国内乘务长训练：飞行达 3 年以上的乘务员参加。

③ 国内转国际乘务员训练：飞行达 1 年以上的乘务员参加。

④ 国际航线头等舱/公务舱训练：在国际航线飞行达 3 年以上的乘务员参加。

⑤ 国际航线乘务长资格训练：在国际航线飞行达 5 年以上的乘务员参加。

⑥ 主任乘务长资格训练：任职 3 年以上的乘务长参加。

⑦ 乘务教员资格训练：准备聘任的乘务教员参加。

⑧ 乘务检查员资格训练：准备聘任的乘务检查员参加。

（4）定期复训：对所有的在职乘务员一年一次进行的紧急程序复归训练，提高乘务员在特殊情况下的处置能力。

（5）重获资格训练：培训对象为 6 个月没有参加飞行者；一年内没有飞过某个机型者；没有参加定期复训者；升级训练不合格者。

四、写作训练

（1）挑选你身边的一位同事（同学），根据其在乘务实训课上的表现，拟写一则乘务实训点评。

（2）结合个人在乘务实训课上的学习经历，拟写一则学员感想。

第三节　机上事件报告单

在所有交通工具中，空中飞行的飞机属于最安全的一种交通工具。可是飞机在空中飞行，要求的是万无一失，因为不出事则已，一出事就是惊天动地，危害极大。所以，空中飞行，安全是重中之重，头等大事。

为了确保民航安全，民航管理局、航空公司以及每个班机的空中乘务员都高度重视安全工作，制定了一系列的安全工作措施。其中有许多安全工作需要有记录，如《机上事件报告单》《紧急医疗事件报告单》《特殊旅客空中生活记录》等，要求航空乘务人员详细记录。

一、机上事件报告单的概念及内容

机上事件报告单是用来记录航班运输过程中所发生的机上事件的一种常用文书表单式文件。

根据民航条例规定，在航班运行过程中如遇到有旅客吸烟且不听劝阻、干扰或攻击他人、拒绝执行机组命令、损坏或盗窃机械设备、客舱中酗酒、非法携带武器或炸药、强行进入驾驶舱、暴力劫持飞机，或误放滑梯等机上事件时，（主任）乘务长除填写《乘务日志》外，还应填写《机上事件报告单》，并于航后第一时间将相关单据交生产协调分部调度室。

机上事件报告制度能有效预防以及正确、快速地处理航班运行过程中的各种突发事件，不断提高民用航空客舱服务工作中预防和控制突发事件的能力，最大限度地减少机上突发事件的影响和损失，保障航班的安全运行。机上事件报告的写作质量直接关系上级主管部门对事件的准确判断以及对事件的处理效果。

二、机上事件报告单的任务向导

机上事件报告单是对机上事件全过程的文字记录。写作时应详细陈述事件的经过、导致事件的原因和采取的措施，尤其要特别注明事件发生的时间、地点、旅客姓名和地址、目击者姓名和地址、乘务员或旅客受伤情况,包括全体机组人员的姓名等。

一般来说,机上事件报告单应包括以下四个方面的内容。

(一)航班的基本信息

航班的基本信息包括航班号、日期、机号、始发站、到达站、事件类型。

(二)当事旅客的基本信息

当事旅客的基本信息包括姓名、座位号、身份证号码、电话号码、联系地址和邮编等。

(三)事情经过和处理措施

这一部分是报告的主体部分,也是最重要的部分。要求完整、准确、客观地将事件发生的时间、地点、原因、涉及人员、经过、采取了哪些处理措施、最终处理结果等一一表述清楚。既要时间节点明确,又要避免有损他人的评论。这一部分的内容应分别由(主任)乘务长和机长签名确认。

(四)证人和证词

证人的证词在解决法律纠纷中具有重要的辅助证据作用。其大体内容包括:证人的身份信息(如座位号、电话号码、身份证号码、与案件当事人的关系、联系地址、邮编)、所要证明的事情、所证明事情的事实经过、证人签名以及日期等。

三、范例

【范例5-5】

机上事件报告单

事情经过:

飞机航班于 4:22 PM 起飞,4:38 PM 乘务长被 33J 周先生(银卡)叫去,周先生向乘务长反映:"32J(金卡)李女士起飞后就将座椅靠背往后倒,32A、32B、32C 起飞后就躺下睡觉,33C(金卡)张女士的手机没有切换到飞行模式,为什么乘务员不管?服务太差。"乘务长听完之后,跟周先生解释,乘务员安检完之后必须马上入座,在安检期间这些问题都是确认过没有的,并提问此航班有哪些服务让您不满意了。周先生说:"你不要跟我解释,起飞后这三个人就是这样的,安检就是你们的服务,我会向你们总部反映情况。"乘务长立刻对于周先生说的问题进行核实,32A、32B、32C 中睡了一位女士且安全带是系好的,并且该女士说为了倒时差,所以想睡一会儿。与 32J 李女士沟通,表示起飞和下降时是不可以倒下座椅靠背的,32J 李女士说她是不小心倒那么后面的。与 33C 张女士沟通,表示从飞机滑行后都要切换到飞行模式,33C 张女士表示知道的。33J 周先生说叫 33C 张女士把手机拿出来看,33C 张女士表示已经切换了。随后,33J 周先生说:"你们说的这些安检她们都不懂的,叫我们应该'口令式'确认,手机也要逐一检查!并且可以出一些宣传海报之类的，让更多的人懂机上安检是什么。"乘务长表示很感谢周先生提出的问题，也希望周先生给我们一次改过的机会，下降安检会更仔细一些。周先生就没有回复了。平飞后，乘务长倒了一杯龙井茶给周先生，周先生接受了。周先生和周太太（32K）未用餐，乘务长送了头等舱的蛋糕与红茶。航程中一直关注两位旅客，无特殊情况。下机时再次道别，称不会为难乘务长的。特此报备。

（主任）乘务长签名×××
日期：××××年××月××日

机组措施：

  航班平稳降落广州白云国际机场。飞机停稳后，机组接到乘务组报告，飞机起飞后一些旅客没有关闭手机，还有一个人没有立起靠椅，旅客周先生提醒的是对的，应该虚心接受，这些问题乘务组一一做了整改。对周先生的服务也感动了周先生夫妇，虽说不为难乘务长了，但存在的不足我们应该引起重视。另外，客户的建议也很有益，我们以此为契机，抓一下提高服务质量的工作。

机长签名：×××
日期：××××年××月××日

证词：

  ××××年××月××日，我乘坐上海飞机航班于 4:22 PM 从虹桥机场起飞，4:38 PM 乘务长被 33J 周先生（银卡）叫去，周先生向乘务长反映："32J（金卡）李女士起飞后就将座椅靠背往后倒，32A、32B、32C 起飞后就躺下睡觉，33C（金卡）张女士的手机没有切换到飞行模式。"乘务长立刻对于周先生说的问题进行了核实，32A、32B、32C 中睡了一位女士且安全带是系好的，并且该女士说为了倒时差，所以想睡一会儿。32J 李女士的靠椅没有立正，乘务员也提示起飞和下降时是不可以倒下座椅靠背的，32J 李女士说她是不小心倒那么后面的。33J 周先生说叫 33C 张女士把手机拿出来看，33C 张女士表示已经切换了。航行中，乘务员对旅客的服务是到位的，该提醒的事项均做了提示。

见证人签名：×××
日期：××××年××月××日

  【解析】 这是一则机上事件报告单。报告单完整、客观地反映了事件的来龙去脉，包括事件发生的时间、地点、涉及人员、原因、处理方式、处理结果等；机组处理措施阐述得很清楚，并且符合公司和法律规定；证人的证词详细叙述了事情发生的时间、地点、经过，客观公正，无个人情感偏向。

四、机上事件报告单制作的注意事项

（一）实事求是，完整记录事情过程

  机上事件报告单的写作必须忠实于客观事实，必须认真地观察已经发生的各种情况，

真实、客观地将事件的发生、发现和处置过程等情况原原本本地交代清楚，以免因表述不清而影响上级主管部门对事件的准确判断和对事件的处理效果。

（二）简明清晰，还原事实经过

机上事件报告单写作的基本目的是反映情况，还原事实，写作时应将事件名称、事件类别、发生时间、地点、涉及的地域范围、涉及人员、原因、经过、已经采取的措施、事件的发展趋势、最终结果等一一表述清楚。用语应简明顺畅，避免过多地铺陈描述。

（三）客观评价，保持报告的严肃性

机上事件报告单是对机上事件全过程的文字表述。过程的表述应尊重客观事实，力避个人主观性评价以及有损他人的评论。避免为了某种目的而去改换客观材料或者编造数据、伪造事实。不要随意涂改。

（四）及时报告，注意时效

发生客舱不安全事件和客舱紧急事件时，（主任）乘务长应填写《机上事件报告单》，并于航后第一时间将相关数据交生产协调分部调度室。

（五）报告流程

发生客舱不安全事件和客舱紧急事件时，（主任）乘务长除了填写《乘务日志》外，还应填写《机上事件报告单》，并于航后第一时间将相关单据交生产协调分部调度室，调度室第一时间上报业务执行分部。业务处应在接报后第一时间将事件上报安全运行监察部和部门领导，同时协同当事人及其所属部门对该事件进行调查核实，在调查结束后将事件调查结果以书面形式报部门分管领导；经分管领导审批后方可上报安全运行监察部，如遇特殊情况，业务处须以口头方式将事件上报安全运行监察部，经安全运行监察部批准后，在约定的时限内完成书面上报工作；客舱服务部应对相关单据做记录，并保存24个工作日。

五、写作训练

根据下述情节，拟写一则机上事件经过报告。相关缺失要素自拟。

2019年9月22日，MU2007上海浦东至澳门，7L旅客在飞机起飞10分钟后想要上洗手间，乘务长在第一时间制止了7L旅客，告诉7L旅客再等一会儿，飞机还没有平飞，7L旅客就先坐下了，5分钟后7L旅客直接走到厕所门外把厕所锁打开，乘务长又制止了7L旅客，告诉7L旅客现在还不能上洗手间，7L旅客说飞机飞得很平稳，上厕所没关系的，乘务长告诉7L旅客飞机起飞20分钟后才平飞，先回去坐一下，7L旅客又回去坐下，乘务长在平飞后第一时间为7L旅客打开了洗手间，邀请7L旅客使用。

旅客信息已截图上传。

第四节　其他特殊事件报告单

一、紧急医疗事件报告单

（一）紧急医疗事件报告单的概念与应用

紧急医疗事件报告单是用来记录航班运行过程中所发生的机上紧急医疗事件的一种常用文书表单式文件。

根据民航条例规定，在航班运行过程中，如发生造成飞机改航或备降等不正常运行的人员伤病或死亡、飞行不正常运行导致人员伤病或死亡、突发公共卫生事件、旅客或机组人员在航空器上突发伤病或死亡、在非紧急医学事件中使用了应急医疗设备、（主任）乘务长认为事后会有可能与航空公司发生纠纷的任何医疗事件等情况时，（主任）乘务长除填写《乘务日志》外，还应填写《紧急医疗事件报告单》，并于航后第一时间交机场相关部门。

紧急医疗事件报告单是客观、完整、连续地记录机上紧急医学事件中病人病情变化及医疗救助经过与结果的文书表单式文件，是关于机上紧急医学事件的原始情况记录，它真实反映了机上紧急医学事件的发现、发生、发展以及进行医疗救助的经过与结果，是正确、快速地处理航班运行过程中各种紧急医学事件，不断提高客舱服务中预防和处理紧急医学事件的能力，最大限度地减少机上紧急医疗事件的影响和损失，保障航空公司及当事人的合法权益，妥善解决相关法律纠纷的可靠依据。

（二）紧急医疗事件报告单的写作要求

1. 实事求是，确保报告的真实性

紧急医疗事件报告单的写作应忠实于客观事实，真实、客观地将事件发生、发现、进展、处置过程及结果等情况原原本本地交代清楚，力争真实地还原整个事件发生的每一个细节与过程。

2. 表述明畅，确保报告的逻辑性

紧急医疗事件报告单写作的基本目的是反映情况，还原事实，写作时应将事件发生的时间、座位号、发病对象、发病人数、病人的主要临床症状与体征、可能发生的病因、已经采取的措施、事件的发生经过、着陆后需要的医务帮助种类、事件结果等内容一一表述清楚。用语应简明顺畅，避免过多不必要的铺陈描述。

3. 数据准确，确保报告的严谨性

紧急医疗事件报告单中对时间的表述，力求精准到具体的时间节点，如"×时×分×秒"；对病人临床症状与体征的说明，力求精确到具体的数据，如不能用"心跳很快""血压偏低"等概约性词语，而应用如"脉搏 120 次/min""血压 85/56mmHg"等。避免为了

某种目的而去改换客观材料或者编造数据、伪造事实。

4. 撰写及时,确保报告的时效性

发生客舱紧急医疗事件时,(主任)乘务长应填写《紧急医疗事件报告单》,并于航后第一时间交机场相关部门。

5. 谨慎修改,确保报告的有效性

紧急医疗事件报告单必须用蓝黑墨水、碳素墨水书写,出现错字时应用双线划去错字。实施保护性医疗措施时,应当由患者本人签字,若不具备完全民事行为能力时,由其法定代理人签字;患者因病无法签字时,应由其同行亲属或同伴签字,若无同行,则乘务长请见证旅客签字。

(三)范例

【范例5-6】

××××年××月××日,××航班执行大连—上海航线

乘务长:章军

兼职安全员:陈春来

航班约9:20从机场起飞,正常服务结束后,我刚回到前厨房,此刻时间大约为9:40,突然听见客舱有人焦急地大声呼喊,我迅速赶到后舱,22C的一位老人身体抽搐,脸色发白,呼吸急促,他的女儿(22B)掐着他的人中大声呼喊他爸爸,没有回答,我拍打呼叫该老人,仍旧没有回答,该老人已经进入昏迷状态。我立即前往前舱壁板中取来氧气瓶为其吸氧,吸上氧的时间为9:43,我让兼职安全员在一旁监控,我便到前舱广播找医生,然后我进驾驶舱将情况报告机长。此时驾驶舱显示上海落地时间为11:00。我再次来到客舱询问是否有医生或护士,并同时嘱咐旅客不要围观,保持原位坐好,确保飞机平衡。但客舱中并没有医务人员与我联系。该老人在吸氧后状态有所缓解,但在9:50再次出现浑身抽搐、呼吸困难、身体僵硬的现象,随后不省人事。为了保证旅客安全,我立即向机长进行了报告,9:53机长告知我决定备降济南,25分钟后将在济南机场落地。得知备降信息后,我向旅客进行了广播,机上的旅客都表示理解。

10:30,该老人状态趋于稳定,旅客家属要求继续飞往上海。经向机长请示,旅客签署免责书后,机长同意继续飞往上海。11:25时该老人恢复意识,身体状态基本稳定,11:30,该旅客主动要求停止吸氧,经询问,该女士及家属认为上海落地后不需要医疗援助。整个过程中使用了一个氧气瓶,此时氧气瓶压力指针显示800PSI。随后我填写了机上医疗事件报告单,机长、病人家属、见证旅客均在报告单上签名确认。12:20,飞机在上海浦东国际机场落地,该老人身体恢复正常,自行走下飞机,其家属向整个机组表达了谢意。

【解析】这是一篇机上紧急医疗事件报告单。报告单记录了事件发生的时间、具体座位号、发病对象和人数、病人的主要临床症状与体征、事件发生经过和医疗救助经过及事件结果等内容。内容完整,表述明确具体,逻辑清楚,尤其是在对时间的表述上,精确到

节点，对进行医疗救助时所使用的医疗设备表述精准，数据明晰。

（四）写作训练

（1）下面这段机上紧急医疗事件的经过及处理结果的表述不够完整。请指出其不足之处，并根据机上紧急医疗事件的相关处理规定进行改写。

飞机落地前，机上有一名旅客突然全身抽搐，意识丧失。我立即拿了毛巾过来，塞到该旅客嘴里以防他咬住舌头。随后，我回到前舱报告机长并广播找医生。过了一会儿，该旅客停止抽搐，但处于昏迷状态，脉搏微细，心律不齐。飞机着陆后，地面医护人员上飞机对其进行了简单救护。该旅客最终恢复意识，生命体征恢复正常，并在其同事的陪伴下自行走下了飞机。

（2）请根据下述报道，结合相关写作知识和机上紧急医疗事件处理规定，拟写一则机上紧急医疗事件经过和处理情况的报告。相关缺失要素自拟。

中新网报道：张先生在沈阳飞往北京的南航航班上突发急症，飞机降落后，迟迟未打开舱门。50分钟后，机舱门打开，张先生两次向空姐求助，空姐则联系机长，并称机场已叫好救护车。航空公司与救护车上的医护人员却为谁来抬张先生下飞机发生争执，无奈之下，张先生自己爬下旋梯，爬上担架。最终，张先生被确诊为腹内疝，"因未及时确诊"被切除了一段小肠。目前，南航与首都机场已经分别致歉。而飞机降落后迟迟未打开舱门，原因是飞机刹车系统出现了故障，非停机位不能打开舱门。

（3）情境模写题。可以组织同学模拟一次机上紧急医疗事件。根据所学的医疗急救知识进行一次机上急救，同学们分别扮演病人、救助的乘务员、乘务长和随行家属，根据表演的情景，拟写一则紧急医疗事件的经过及处理情况报告单。

二、特殊旅客空中生活记录

（一）特殊旅客空中生活记录的概念及应用

特殊旅客空中生活记录是用来记录特殊旅客（又称特殊服务旅客或特服旅客）在航班运行过程中的生活状态、情绪和生理变化、行为等情况的一种常用文书表单式文件。

根据民航有关条例规定，特殊旅客通常指重要旅客、无成人陪伴儿童、孕妇旅客、病残旅客、婴儿旅客、犯罪嫌疑人及其押解人员、特殊餐饮旅客、酒醉旅客、额外占座旅客、机要交通员/外交信使和保密旅客等，因行为、年龄、精神或者身体状况、特殊身份等需要给予特殊礼遇和照顾的旅客，以及在一定条件下才能承运的旅客。

特殊旅客是客舱服务对象中必不可少的一部分，也是重要的一部分。由于其特殊的生理因素、心理因素或意外情况等原因，特殊旅客服务具有高于一般旅客服务的难度。客舱乘务员需要勤于观察，多注意他们的神态、情绪、行为，分析判断他们的心理，以人为本,对他们给予相应的特殊照顾,并做好空中生活记录。

(二)特殊旅客空中生活记录的记录要素

特殊旅客空中生活记录通常包括以下三个部分。

1. 特殊旅客的基本信息

特殊旅客的基本信息包括日期、航班号、始发站、到达站、旅客姓名、座位号、旅客年龄、性别、护照号码、随身携带行李数、联系人姓名、电话、地址等基本要素。这一部分的内容填写应根据乘客登机时,地面服务人员与(主任)乘务长交接时提供的《特殊旅客乘机申请书》以及《特殊旅客通知单》来逐一进行填写。

2. 特殊旅客机上生活记录

特殊旅客机上生活记录包括责任乘务员、旅客的用餐时间、餐食类别、用餐情况、休息娱乐情况、机上安全和个人生活情况以及其他特殊情况的说明等。如有特殊情况,则需将特殊情况发生的时间、具体过程、处理结果等予以具体陈述。某些特殊旅客未接受过特殊服务,如全程休息、睡觉,没有用餐或使用洗手间等,也可作为特殊情况予以简要说明。

3. 特殊旅客交接确认

特殊旅客交接确认包括地面接待人、(主任)乘务长、旅客家属(或监护人)等人的签名确认。

(三)范例

【范例 5-7】

无人陪伴轮椅老人的空中生活记录如表 5-2 所示。

表 5-2　无人陪伴轮椅老人的空中生活记录

休息娱乐情况	带班乘务长刘××在和地面人员完成交接以后,无人陪伴轮椅老人便开始了自己的空中旅程。上机后,责任乘务员陈薇按资料袋内的登机牌将老人扶至其座位,并将其随身物品等摆放至行李架内。午餐后,该老人午睡,乘务员取来毛毯给他盖好,并关闭通风口,防止他着凉感冒
机上安全和个人生活情况(In-flight Safety & Activities)	飞机进入平飞状态后,责任乘务员陈薇仔细教给无人陪伴轮椅老人座椅上各种服务组件的使用方法。餐饮服务过程中,责任乘务员陈薇向旅客详细介绍了饮料和餐食品种,得知老人为回族旅客,特别为他提供了回民餐。用餐服务结束后,乘务长刘××和无人陪伴轮椅老人进行了沟通。老人活泼开朗,沟通气氛融洽。飞机下降前,责任乘务员陈薇特意嘱咐老人在座位上坐好,等到乘务员来带他下飞机时才可以起身。飞行途中,无人陪伴轮椅老人有两次需要上厕所,乘务员亲自架着他领入盥洗室,使用完毕后带回其原座位。落地后,责任乘务员陈薇将无人陪伴轮椅老人转交给地面服务人员
特殊情况(Special Circumstance)	无人陪伴轮椅老人在航班上曾因咳嗽气急,乘务员赶来为他轻拍胸脯,并语言安抚后方得到缓解

【解析】这是一篇无人陪伴轮椅老人的空中生活记录,属于特殊旅客生活记录的一种。休息娱乐情况部分主要介绍了无人陪伴轮椅老人的座位安排、服务设施、所提供餐食及休息情况等;机上安全和个人生活情况部分主要介绍了对无人陪伴轮椅老人的安置、关心、机上个人生活状态、落地后交接等情况;特殊情况部分主要说明了特殊情况发生的具体过程及处理结果等。无人陪伴轮椅老人空中生活记录表的填写要注意基本信息准确无误,机上安全和生活情况记录要详尽,如发生特殊情况,要将事情发生的经过、处置的办法、事情的结果等一一记录下来,措辞要准确,逻辑要清晰。在到达目的地时,及时将旅客和记录表签字、交接。

(四)特殊旅客空中生活记录填写的注意事项

1. 信息要准确

特殊旅客的基本信息一定要仔细核对,填写准确。

2. 机上生活记录要详尽

特殊旅客机上的生活记录一定要详尽,包括机上安全记录和机上生活记录,如果发生特殊情况,更需要详细记录整个过程和结果。

3. 重视时效

特殊旅客生活记录表在到达目的地时要与地面交接,表格一定要在飞机到达目的地前填写完成,不然会影响签字和交接工作。

(五)写作训练

根据下述材料,拟写一份特殊旅客空中生活记录。

航班从地面接收了一名无成人陪伴儿童。在乘务长的安排下,乘务员马萍为无成人陪伴儿童的座位安排、服务设施介绍、所提供餐食及玩具安排、休息情况等负责。飞行过程中,对无成人陪伴儿童的安置、关心、儿童机上个人生活状态(包括吃饭、上厕所),以及中途因故哭闹,乘务员都一一化解,落地后顺利交接给地面人员。

三、机上遗留物品交接单

飞机客运和其他交通工具一样,客人在飞机到达目的地之后,很多人下机心切,往往在飞机刚停下的那一刻,就开始打开行李舱,拿出行李,准备舱门一打开就匆匆离机。手忙脚乱之中,很多人会将物品遗留在飞机上。

机上遗留物品交接单是客舱乘务员与地面相关部门进行旅客机上遗留物品交接时使用的一种文字凭证(表单样张)。

(一)机上遗留物品交接单的概念

根据民航条例规定,乘务员或客舱清洁人员在清舱过程中,如发现旅客遗留物品,应及时交还本人或地面相关部门,并填写《机上遗留物品交接单》作为交接时的必备文字手续。

机上遗留物品交接单真实记录了机上遗留物品处理流程中不同环节交接时实际发生的相关情况,是处理遗留物品过程的重要证明材料,是客舱服务机组与地面相关部门之间进行遗留物品交接的重要依据,明确遗留物品处理流程中不同环节之间物品交接的责任界限,是促成相关监督制度有效执行的重要措施。

(二)机上遗留物品交接单的填写内容

一般来说,机上遗留物品交接单主要包括以下三个方面的内容。

1. 航班基本信息

航班基本信息包括日期、航班号、飞机号等。

2. 旅客遗留物品信息

旅客遗留物品信息包括旅客遗留物品发现的时间、地点、数量、特征以及处理结果等。为了让交接的各个环节不出现遗漏,也为了所有物品能顺利地归还到旅客手中。这一部分的写作要求分类清晰、具体详细、数据准确。如果涉及钱款,其数目应用汉字大写。

3. 旅客遗留物品交接信息

旅客遗留物品交接信息包括送交单位、送交人、交接地点、交接时间、接受单位、接受者等。

(三)范例

【范例5-8】

> 日期:2019年8月12日
> 捡拾物品位置:45排E座
> 航班号:MU×××
>
> 捡拾物品详细描述:女式粉红色小包一个,皮质,内有钱包一个,钱包内含姓名为××的身份证一张,身份证号×××××××××××××××××××,中国工商银行卡一张,卡号××××××××××××××××××,中国建设银行卡一张,卡号××××××××××××××××××,现金人民币共计1 200元整(壹仟贰佰圆整)。包内另有华为手机一部、红色保温杯一个、化妆品盒一个。

【解析】这是该航班乘务长与地面相关部门进行物品交接时使用的一张《机上遗留物品交接单》。文中对捡拾物品进行了详细描述,分类细致,数据明确,表述清晰,符合机上遗留物品交接单的写作规范。

(四)机上遗留物品交接单填写的注意事项

1. 内容要完整

机上遗留物品交接单的内容应填写完整,无漏项,章戳签名要规范正确。必须在交接单上注明交接时间，且应写全年、月、日。

2. 表述要详尽

交接物品特征的描述应详细具体，数据准确，以便别人寻找和核对。

3. 填写要及时

要及时填写机上遗留物品交接单。

（五）写作训练

请根据下述材料，参照《机上遗留物品交接单》表单样例，拟写一则机上遗留物品交接单。相关缺失要素自拟。

2019年8月1日，×航××航班在广州白云国际机场着陆后，乘务组送走了最后一位旅客后，对客舱进行了仔细的清舱。3号乘务员发现蓝色的旅行背包被遗留在了31排C座的座位上，于是立即向乘务长报告。收到旅客遗留物品的报告，乘务长在第一时间跑下飞机，准备在廊桥上把失主找到，可是当乘务长来到廊桥上时，廊桥上已空无一人。返回客舱，乘务长按照旅客遗留物品处置程序，和安全员一起对包内的物品进行一一清点，并希望在包中找到旅客的联系方式，能够尽快地与旅客取得联系，让遗留物品尽快回到旅客手中。旅行包内除了照相机、一些衣服、名片和826元人民币外，没有可以判明失主身份的证件。而此时，飞机马上要飞往北京，这就意味着旅行包必须跟着飞机飞往北京，而它的失主还有可能在广州白云国际机场寻找自己的旅行包。这时地面清洁部门上飞机进行航后清洁，按照正常程序，旅客在机上遗留的物品应该交由清洁部的相关人员带回遗留物品中心存放，等待旅客查找。于是，乘务长取出了《机上遗留物品交接单》，详细地记录下了旅客遗留物品的每一个细节：名片、照相机型号、衣物品牌等，并请清洁队的负责人在交接单上签字，并当场再次确认包内财物之后将包交给了清洁队负责人，并再三嘱咐一定要好好保管，将旅行包交还旅客。在与客舱清洁队做好交接后，马上致电地面服务部商调，继续寻找失主。

第六章

民航乘务职场应用文书

教学提示

本章着重介绍乘务人员在工作中使用较多的应用文书,如求职信、简历、志愿书与申请书、竞聘书等。它们是民航各级各类企事业单位在招聘、任用、考核有关人员时常用到的应用文种类。了解这些应用文书的适用范围,掌握这些应用文书的基本写法和写作要求,有助于乘务员更好地开展工作,规划自己的职业生涯。

第一节 求 职 信

一、求职信的概念及特点

求职信也称自荐信或应聘书,是求职者以自我推荐的方式向用人单位表达求职意愿,提出求职请求,并要求用人单位考虑答复的专用书信。

求职信是以求职为目的,其内容具有较强的针对性。求职者必须根据用人单位的特点、应聘岗位的要求以及自身的条件等有的放矢地进行写作。

求职信具有自荐性的特点。无论是根据自身条件主动写信向用人单位求职,还是根据用人单位的招聘信息写信应聘求职,求职者首要做的就是通过自我介绍、自我推荐,把自身适合该岗位要求的长处和优势充分地展现出来,以便让用人单位认识自己、了解自己、信任自己,并最终决定录用自己。

择业与择人的双向选择机制决定了求职行为的竞争性。一份好的求职信有助于赢得面试机会,提高就业成功率。

二、求职信的写作格式

求职信的写作遵守书信体的格式,主要有标题、称谓、正文、结语、署名和日期等组成部分。

(一)标题

一般直接写"自荐信"或"求职信"即可。

(二)称谓

求职信一般应设法知道谁将收到你的信。如果有必要,可打电话询问公司。如果还是不知道读信人的姓名,一般可以用"尊敬的××人事经理""尊敬的××公司经理"等称呼。

(三)正文

正文一般应该包括以下内容。

(1)求职的缘由,可以说明消息来源,最重要的是,必须对应聘的岗位有明确而具体的交代。如"近日在《××报》上看到贵公司的招聘广告，获悉贵公司正在拓展业务，招聘新人，我有意角逐经理助理一职……"。

（2）介绍个人背景。包括与应聘职位有关的学历、经历、成绩等，关键在于打动对方，引起对方的兴趣。当然，这不能代替简历，较详细的个人简历可以作为附件附在求职信之后。

（3）展示自己能胜任竞聘职位的各种能力。这是求职信的核心内容，应该表明自己具有的专业知识与社会实践经验，具有与工作要求相关的特长、兴趣、性格与能力。主要是让对方感到你能胜任这个工作，主要是针对招聘条件突出自己的优势，与招聘条件无关的不谈。在写工作经验时，一般是由近及远，先写近期的，然后按照年份的顺序依次写出。

（四）结语

结语主要是致谢及进一步的要求。除了对招聘者花时间读你的信表示感谢外，还要告诉招聘者怎样才能联络到你，要留下电话、E-mail 等，同时可以表明如果几天内等不到他们的电话或 E-mail，你会自己打电话确认招聘者是否已收到简历和自荐信，以及面试安排，注意语气一定要肯定，但同时要有礼貌。

（五）署名和日期

最后，署上自己的姓名、成文日期，并留下联系地址和电话等信息。

一般的求职信还需要在信后附上有关材料，包括简历以及能够证明自己身份和能力的证明材料，如身份证、学历证书、职业资格证书、各种获奖证书等复印件。

三、范例

【范例6-1】

自 荐 信

尊敬的领导：

您好！首先感谢您在百忙之中能抽出时间来阅读我的自荐信，给一位满腔热情的大学生开启一扇希望之门。

我叫××，是××大学（学院）空中乘务专业××届毕业生。我很荣幸有机会为您呈上我的个人资料。在投身社会之际，为了更好地发挥自己的才能，谨向各位领导做一下自我推荐。

我的性格活泼开朗，是个不服输的人。三年前，我带着美好的憧憬走进了大学的校园，我刻苦学习，力求向上，一直凭着"没有最好，只有更好"的准则努力奋斗，掌握了所有与空乘相关的专业知识，在学有余力的情况下，我还利用课余时间广泛涉猎了大量书籍，不断地充实完善自己，养成了端正的学习态度，培养了朴实、稳重的性格。

现在，我以满腔的热情准备投身社会这个大熔炉中，我知道在未来的道路上还存在很多艰难困苦，但我相信通过在大学期间所掌握和获取的知识与技能以及我对生活的热爱，能使我战胜它们！我要在新的起点、新的层次上，以新的姿态展现新的风貌和热情。面对当今激烈的社会竞争，我自知理论知识有限，但我相信我有着不甘落后和不断学习的毅力，有对事业的热情与执着，更有一颗真挚的心和拼搏进取的决心，这些会让我不断进步和取得成功。

希望贵公司能给我一个发展的平台，我会好好珍惜并全力以赴，为实现自己的人生价值而奋斗，为贵企业的发展贡献力量。"吃得苦中苦，方为人上人"，我相信我一定会是尽责的员工。

最后，再次感谢您阅读我的自荐信。祝贵公司事业欣欣向荣，业绩蒸蒸日上！也祝您身体健康，万事如意！

此致
敬礼！

自荐人：×××
××××年××月××日

【范例 6-2】

求 职 信

史密斯先生：

您好！我写这封信是想应征贵公司刊登于 2013 年 12 月 20 日的《亚洲旅游人》上的空服员职缺。

我在 2012 年毕业于中国台湾高雄餐旅大学的旅馆管理系。现在伦敦上语言学校，并且正在准备 2014 年 4 月的雅思（IELTS）考试。

我是个充满热情的应试者。很希望有机会与您当面讨论我的学历和技能如何能有益于贵公司。我之前曾在桃园王子饭店打工，任职前台服务人员，负责办理顾客入住手续。我的主管对我的表现相当满意，并建议我从事能够运用服务顾客技能的行业。附上一份履历、成绩单以及推荐信供您参考。

非常感谢您的关注。我期待近期内能与您见面并更进一步探讨这个机会。如果您需要更多资讯，您可通过电话 09-33-111-22 或是电子邮件信箱 abcde@hireme.com 与我联络。

敬祝顺心！

（履历、成绩单、推荐信如附件）

【范例 6-3】

求 职 信

人事部主管：

您好！我写这封信是回复您于 2013 年 2 月 21 日在台北日报所刊登的求职广告。我对空服员职缺很有兴趣，并相信我的技能和背景非常符合您的需求。

我目前是澳洲航空的空服员，澳洲航空提供澳洲大陆国内航线的服务。我已有 3 年的客户服务经验。特别是我在招呼旅客、确保他们的舒适与安全、提供紧急情况的指示，以及在组员中建立一个友善的工作环境上有相当的技巧。

  附上我的履历、推荐信供您审阅，我非常期待有机会与您当面讨论有关空服员职缺的详情。

  感谢您的时间及考置。如有任何问题，尽管通过电话 13××××××××或电子邮件信箱 meoh@ pokemo/i.com.tw 与我联系。

  希望短期内能有您的回复。

  敬祝顺心！

（履历、推荐信如附件）

  【解析】这是一封应聘空中乘务员的求职信，正文包括求职缘由、个人背景、自我能力展示三部分。在求职缘由部分讲清楚求职者身份以及应聘具体岗位，交代清楚写这封求职信的根本目的十分重要；在个人背景情况中重点介绍了自己的工作情况；在个人实践能力方面展示了几个与空中乘务员岗位相关的实绩，写作目的十分明确。结尾部分的语言坦诚谦逊、彬彬有礼，体现出良好的个人综合素质。最后附上个人的联系方式，极其重要，不可或缺。

四、求职信写作的注意事项

（一）重点要突出

  求职者注意突出技术专长，根据用人单位的选聘条件，抓住重点，有的放矢。在职人员的求职信（自荐信）的个人工作资质应放在在校学习情况之前，在校毕业生则应把在校学习情况放在实践经历之前。无论是哪一种应聘者，都应重视个人相关实际工作能力的展示，因为这是用人单位真正看重的部分。

（二）内容要真实

  写求职信必须实事求是，不能夸大其词，更不可虚构材料，编造业绩。

（三）语言表述要谦和诚恳

  求职者充满自信地推销自己是必要的，但要注意态度谦和、言辞恳切、不卑不亢、情真意切。实践证明，只有那些既有真才实学，又言词得体的求职者才受人欢迎，易被录用。

（四）文面整洁，杜绝错别字

  求职信中若出现错别字、文面涂改等情况，会严重影响求职效果，因为它反映了求职者的工作态度不严谨，会给招聘方留下不好的印象。

五、写作训练

  以下为×航空公司招聘启事的主体部分，请结合自身情况拟写一则求职信。

×航空有限公司2019年度招聘民航乘务员事宜

×航空有限公司2019年度民航乘务员招聘计划已经全面启动。海阔天空,一"惊"高飞,热烈欢迎同学们加入国内唯一实现连续19年盈利的航空公司,用激情燃烧青春、用梦想成就未来!

一、招聘人数

面向全国招聘500人。

二、工作地点

北京、上海等地×航运行基地,并服从×航统一安排,学员培训合格后由×航根据各运行基地的人员需求计划,按其生源地所属省份统一分配至各基地。

三、招聘条件

(一)基本要求

1. 中国籍未婚人员,男女不限。
2. 国家教育部承认的大专及以上学历;自学考试必须在参加招聘考核之前取得毕业证书;境外学历需通过教育部留学服务中心国外学历学位认证。
3. 2015届应届毕业生(2015届毕业生也可以前来了解情况)。
4. 专业不限,外语类、医学类、护理类、艺术类优先。
5. 不接受现役军人、武警报名。

(二)年龄要求

1. 女生,1991年1月1日以后出生。
2. 男生,1990年1月1日以后出生。

(三)身体条件

1. 视力:女生矫正视力《C字表》不低于0.5,男生裸眼视力《C字表》不低于0.7,无斜视、无色盲、无色弱。
2. 身高:女生在163~175cm,男生在172~184cm。

体重:女生为[身高(cm)-110(cm)](1±10%)(kg),男生为[身高(cm)-105(cm)](1±10%)(kg)。

3. 符合民航局颁布的民航乘务员体检标准。

(四)其他条件

1. 五官端正,身材匀称,举止端庄,微笑甜美,语言流畅,气质较好,有较强的亲和力。
2. 具有良好的外语(英语、日语、韩语)听、说、读、写能力。
3. 符合中国民航空勤人员体检、背景调查条件。

四、报名方式(略)

五、招聘考核流程(略)

六、实习培训安排(略)

七、其他(略)

第二节 简 历

在学校专业学习三四年，再经过一段时间的实习，即将踏上工作岗位。在实习期间，你可能就开始设计你的未来，你一定想寻找一份可心的工作，一份既能体现自己价值又能获得较高报酬的工作岗位。

我们将简历放在"民航乘务职场应用文书"一章，因为简历就是向单位——你要从事工作的单位人力资源部招聘人员表白自己心愿和志向的信，一封求职信。

为了让公司了解你是个人才，不少人恨不得在简历上把自己从出生开始的经历都罗列出来，生怕遗漏了任何一点儿可能说明自己优秀的经历，甚至还采用很煽情的表达。但这种做法恰恰忽略了一个关键的部分，即你所应聘的公司与职位。不同的公司、不同的职位对人才的要求是不同的，对优秀人才的衡量标准也是不同的，简历要展现的就是你具备应聘的职位所要求的技能，而不是你的一切优点。例如，一个人去航空公司应聘乘务员，应该展现的就是他所具备的旅客服务能力，而不是他在大学曾经获得歌唱比赛冠军，或者中学时在超市做过促销员，而当这些与应聘岗位毫无关系的内容变成了简历的核心时，被淘汰就毫不意外了。

不少人喜欢在简历中附一张靓丽的个人生活照或写真照，暂且不说照片中的形象、仪容、服装、背景和岗位的要求是否有联系，仅仅因为查看你简历的人的主观因素，你附加的照片就可能增加你被淘汰的概率，因为不知道查看简历的人是男是女、是老是少，更无从得知其审美标准。

有的航空公司招聘只要求应聘者填表，不要求投简历，有的公司要求应聘者直接在网上填写个人详细的简历信息就可以，有的航空公司则需要事前收集面试者的简历，进行必要筛选。但是对于毕业生或求职者来说，关注简历的设计与制作也是十分必要的。因为一份内容丰富的简历是应聘者的第一手资料，而且各种信息比较齐全，易于了解。简历对于今天的人们来说已经是司空见惯的求职应聘的重要工具之一，一般的求职者大都是通过投放个人简历来达到应聘工作的目的。相对而言，制作简历，或者说简历如何设计才能具有吸引力，成为了简历制作的关键要素。

本节重点讲述简历的重要性、简历的制作要求、简历制作的注意事项和简历制作的技巧等细节。

一、简历的重要性

简历，就是对个人学历、经历、特长、爱好及其他有关情况所做的简明扼要的书面介绍。简历是个人形象，包括资历与能力的书面表述，对于应聘者而言，制作简历是一件非常重要的事。航空公司在发出招聘公告之后，一般情况下，首先就是收集应聘者的简历，根据简历来选择面试人员，确立面试名单。航空公司由于行业的特殊性，每次招聘民航乘务人员时，都有大批的求职者前来应聘，如何让自己的简历在众多的应聘者中脱颖而出，让用人单位选中，简历的制作就变得十分重要。

二、简历的制作要求

在制作简历的过程中，求职者应该明白，简历指的是简单的个人经历。简并不意味着简略，指的是简历的内容简洁、易懂。因为任何一家公司的招聘者一般都要面对众多简历，不可能都仔细阅读。因此求职者在制作简历时，要突出一个简字。现今网上有很多简历模板，可供求职者在制作简历的过程中参考，求职者也可以根据自己的需要制作适合自己的简历。但是不管是哪种类型的简历，在制作过程中，都应包含以下几点内容。

（一）准确的个人文字介绍

任何单位在招聘员工时都是通过简历来首先了解应聘者的个人情况，航空公司也不例外，因此准确的个人文字介绍可以让航空公司全面了解应聘者。个人文字介绍的内容包括以下几个方面。

1. 个人的基本情况

个人的基本情况主要包括应聘者的姓名、年龄、身高、体重、视力情况等基本信息。应聘者在填写个人的基本情况时要如实写出，这些基本情况不需要加工，也不可以加工。因为航空公司在面试时，还会对应聘者的身高、体重和视力等进行重新测试。如果简历上的信息和航空公司测试的信息不符合，应聘者会给用人公司留下不良的印象，甚至影响录用。

2. 个人的学习经历

个人的学习经历主要是应聘者对自己学习经历的描述，其目的是让航空公司能清楚地知道应聘者从小到大所就读的学校，到大学后所学习的专业，取得的学历，在大学期间是否学习第二专业，是否参加过其他培训（如职业资格考试培训）等。

3. 个人的工作经历

个人的工作经历是指应聘者参加工作后的主要工作历程。它是供人事部门行使录用和任免权的参考依据之一。一般可按本人经历的不同时期分职务填写，也可按其所担任的职务分时期填写。对于没有毕业的应聘者而言，一般没有工作经历，但是可以写上在学校读书期间的社会实践经历，如曾经在机场实习、做过礼仪工作、参加过促销活动等。这些经历可以帮助应聘者争取到胜出的机会。

（二）微笑大方的着装彩照

当个人简历具有"能否有第一次面试机会"的决定权时，个人简历上的细节部分也被格外重视起来。如小小一张照片，几乎成了应聘者求职的开端。航空公司通过应聘者的个人简历照片来了解应聘者的长相气质是否与工作岗位相贴切。简历照片就是应聘者的门面,所以设计好简历照片对于应聘者非常重要。

1. 个人简历照片的要求

简历照片一定要用标准的证件照,最好是一寸的,蓝底或红底,不能使用白底照片。使用标准证件照,一是显示对面试官的尊重,二是表达对工作的重视。

简历照片一定要清楚,背景简单,妆容简单大方,不要过度修饰打扮、浓妆艳抹。反之,一是让人感觉不庄重,二是如果反差太大,会产生欺骗的感觉,对于应聘者来说得不偿失。

有些应聘者会使用电子简历,在电子简历中插入电子照片时,贴照片的长方形框最好和照片大小吻合,居中放置。如果不吻合,一定要将照片同比例缩放,但不能缩放得过大或过小,否则容易变形或失真,不美观。

2. 拍摄个人简历照片的小技巧

(1)照片一定要是近照。所谓近照,是指近期拍摄的照片,很久以前的照片可能和应聘者本身不太相符。使用近照是因为招聘单位希望照片能与眼前的应聘者尽量吻合。一年前的照片和现在的本人肯定有差距。

(2)照片要尽量突显自己的气质。这要求应聘者拍摄照片时的着装打扮要与自身的形象气质相符,不要有太大差距。一般拍照时女性最好化个淡妆,男性要剃胡须,保持面部的干净整洁。

(3)整洁的发型很重要,避免蓬头垢面。拍照时女性最好把头发梳起来,后面用发网固定住头发,男性的头发要梳理整齐。

(4)服装尽量挺括,不要皱痕明显。一般情况下,拍摄一寸照片基本上看不见拍照人的服饰,但是同样也要保持服装的挺括,细节决定成败。

(5)精神焕发,不要萎靡不振。

(6)面带微笑,微笑能拉近应聘者与面试考官的距离。

(三)齐全整洁的证书资料

证书是由机关、学校、团体等发的证明资格或权力的文件,它是求职者在应聘时提供给用人单位的学习工作经历证明。虽然说任何一家航空公司看中的都是应聘者的能力,而不是学历或者各类证书,但是这些证书资料却是应聘者进入航空公司的敲门砖。大部分航空公司在发布招聘公告时都会对应聘者有相关的要求,如学历要求、英语等级要求等。只有符合相关要求的应聘者才能进入面试关。证书资料包括大学英语等级证书、计算机等级证书、学校证书、第二外语证书、竞赛获奖证书、毕业证、学位证、第二学位证等。

1. 大学英语等级证书

大学英语等级证书是指大学英语三级证书、大学英语四级证书、大学英语六级证书等。大学英语等级证书是应聘者英语能力的体现,它让航空公司从侧面了解应聘者的英语听说读写能力，因此在简历中应如实写出。对于任何一家航空公司来说，在同等条件下，优先录取英语等级高的应聘者。应聘者应该清楚地知道英语水平对于航空公司的重要性。如果应聘者的英语口语非常流利，同样可以获得航空公司的青睐。

2. 计算机等级证书

计算机等级证书包括省级计算机等级证书和全国计算机等级证书。计算机等级证书是用来了解应聘者对计算机操作和软件应用的实际掌握能力。

3. 学校证书

学校证书包括奖学金证书、三好学生证书、优秀毕业生证书、优秀学生干部证书等。奖学金证书非常重要，因为想要了解应聘者在学校学习过程当中，是否认真努力，从奖学金证书中就能看到。优秀学生干部证书，说明应聘者在学校学习期间积极参与班级及学校的各项活动，是应聘者组织协调能力的体现。

4. 第二外语证书

第二外语证书是指除英语之外的其他国家的语言。如果拥有第二外语证书，可以大大增加应聘者进入航空公司的机会。

5. 竞赛获奖证书

竞赛获奖证书是指应聘者在大学期间参加各类竞赛所获得的证书，如辩论赛、英语演讲比赛、模特大赛等。

6. 毕业证、学位证、第二学位证

专业背景是航空公司最看重的，很多职位只给限定专业毕业的同学面试机会。具有第二学位，跨学科辅修某些专业，使自己成为复合型人才，也是很多公司所看重的。

通过以上证书可以让航空公司从侧面了解应聘者的能力，了解应聘者在大学期间是否认真学习，了解应聘者是否有一种追求上进、不甘平凡的生活态度。

应聘者在制作简历时，要把以上相关的证书按简历的规格大小进行复印，贴在简历当中，切记证书的复印件不应大于简历的纸张。当然，证书原件也应一同携带，以便航空公司相关工作人员检验。

三、简历制作的注意事项

（一）要有目的性

不同功用的简历应该突出的重点不同，如果是求职，重点应放在学历、专业特长、能力业绩上；如果是晋升职称，重点应放在任现职以来所取得的科研成果、工作实绩能力上，突出个人贡献，展示取得的成果。

（二）要有针对性

在制作简历时，求职者必须针对不同的公司和职位制作不同的简历。在简历中要重点列举与所应聘公司及职位相关的信息，弱化甚至删去对方可能并不重视的内容。

（三）要有简洁性

目标岗位务必确定，要让招聘者一眼就能看到你的求职定位和目标。围绕定位，梳理工作经验，从中提炼出与应聘岗位直接相关的工作经验和业绩。只写重点信息，不要事无巨细。总之，简历要简，关联不大的信息要删减掉。

（四）要有关键词

现在一些大公司采用计算机删选简历的方法极大地提高了工作效率，但也给求职投递简历者提出了新的要求，因为计算机通过搜索关键词来删选合适人选，只有过这一关才有可能获得面试机会。因此，关键词在整份简历中至关重要，特定的关键词一定要出现在简历中。

（五）简历中的"政治面貌"问题

简历中经常会出现"出身""成分""政治面貌"等概念。"出身""成分"的填写，一般来说，不论是出身工人、农民，还是出身军人、干部家庭，凡是随父母生活长大的，其家庭出身应按其父母职业来定；凡是靠祖辈或亲戚朋友的经济收入抚养长大的，其家庭出身则应按祖辈或亲戚朋友的家庭成分来定。"政治面貌"是指一个人所参加的政党或政治团体，间接表明其政治立场和政治观点。如果是加入了中国共产党，他的政治面貌就是中共党员；如果是加入了中国共产主义青年团，其政治面貌就是共青团员；未加入任何政党或政治团体的，则填"群众"即可。

四、范例

【范例 6-4】

简　　历

××省××市××路××号××室（××××）
86-50-3××××××　86-50-137××××××××
×××××××@l63.com
求职意向：
××航空公司乘务员
个人信息：
性别：女　　　　　　生日：1991 年 7 月 5 日
籍贯：××　　　　　　民族：汉

身高：172cm　　　　　体重：58kg
工作经历：
2010年9月—2011年6月　×航空实习
2011年6月至今　××航空山东分公司乘务员
教育背景：
2007年9月—2010年7月　　　大专　　×市××大学航空服务专业
2004年9月—2007年7月　　　中专　　×市××中专航空运输专业
2001年9月—2004年7月　　　初中　　×镇初级中学
1996年9月—2001年7月　　　小学　　×镇中心小学
获奖情况：
2012年　××航空××分公司年度"十佳乘务员"
2011年12月　××航空优秀实习生
2006年9月　×市××中专市三好学生
2003年1月　2001年×镇初级中学优秀班干部
2002年5月　×镇初级中学演讲大赛二等奖
职业技能：
具有熟练的客舱服务能力和机上应急能力。
在学习和工作的过程中培养了良好的服务意识和良好的管理能力。
对BSP民航销售职业系统操作熟练。
良好的仪表和语言表达能力。
个人兴趣爱好：演讲、旅游、唱歌、烹饪。

【解析】这是一份求职者应聘民航乘务员岗位的简历，正文包括了标题、求职意向、个人信息、工作经历和教育背景、获奖情况、职业技能、个人兴趣爱好等几个部分。其中标题部分设计了联系方式，有利于加深用人单位对自己的印象，而且便于联系。求职意向紧跟标题出现，便于用人单位整理信息。这份简历的工作经历与获奖情况部分，将用人单位急需了解的信息加以展示，这些是所有个人材料中重要的部分，重点突出，处理很妥当。

五、简历制作的技巧

（1）真实。无错别字，无歧义。
（2）开门见山，将姓名、毕业学校、专业、性别、联系方式等信息置顶。不需要写QQ、MSN、Blog……（国企可能需要应聘者填写身高、体重、宗教信仰、身份）大学英语四、六级还是要写上。
（3）版面整洁，不用表格。不超过两页，作品另附，成绩单、奖状、介绍信另附。
（4）选择标准的正装照。简历中不要出现学校标志，可以有应聘公司的标志。

（5）字体用宋体即可，段间距 1.25～1.5 倍，有分隔栏最好，不要有口号式的语言。

（6）求职意向具体清晰，对于内容充实的选手来说，可以跳过自我评价。对于求职的应届毕业生来说，不用写期望薪金。

（7）重点突出的部分放在最前面。在校活动经历丰富，就先写这个，再写科研、实习经历；实习经验丰富，就先写公司实习，再写在校实践活动等。

（8）电子版保存为 PDF 和 Word 两种格式，视图比例为 100%。英语简历另存，不要混杂在一起。纸质版不必用彩色，纸张质量好一点，不要弄褶弄皱。

（9）发送邮件不要用 QQ 邮箱，其他邮箱也尽量以姓名+年份为标准格式，同时不要有签名档。以附件发送简历时，必须填写正文与标题，不能写"附件是我的简历，请查收"。

（10）不要群发。可以把简历发给老师，由老师来推荐。

六、写作训练

根据本章第二节所给的材料"×航空有限公司 2019 年度招聘民航乘务员事宜"，按自身情况，拟写一份个人求职简历。

第三节　志愿书与申请书

一、志愿书

（一）志愿书的概念

志愿书是被某一组织（团体）接受其申请，同意其加入组织（团体）前填写的一种表格式专用文书，常见的有"入党志愿书"。

（二）志愿书的填写

志愿书中有很多栏目，主要有个人情况、个人简历、家庭成员和社会关系情况；介绍人的意见、基层组织（支部）大会的决议和上级机关的审批意见，"志愿书"一栏等。

（1）个人情况。包括姓名、性别、民族、籍贯、出生年月、家庭出身、本人成分、文化程度、现在职业（职务）等栏目。出生年月要写公历。

（2）个人简历。曾在何地、何单位任何职务及起始年月，证明人是谁；何时、何地、何单位参加过何种党派、团体、组织，任何职务；有无政治问题，结论如何；何时、何地、何种原因经受过何种奖励或处分等。简历一般从小学写起，起止年月要写公历。

（3）家庭成员和社会关系情况，包括家庭主要成员的姓名、职业、政治面貌以及主要社会关系的姓名、志愿、政治状况等内容。家庭主要成员指父母、配偶、子女及其他长期和自己在一起生活的人，如祖父母、兄弟姐妹等；主要社会关系指叔、伯、姑、舅、姨、外祖父母或婚嫁后的兄弟姐妹等。

这些栏目都要自己如实填写，要准确、可靠，不得隐瞒，不能有虚假部分。

（4）介绍人的意见、基层组织（支部）大会的决议和上级机关的审批意见，分别由介绍人、支部和上级机关填写，本人不必考虑这些内容。

（5）"志愿书"一栏，是本人需要填写的主要部分。"志愿书"如何写、由几部分内容组成，没有固定的格式和统一的要求。它一般要写明加入组织（团体）的动机、愿望、目的、认识、决心等，其中以认识和决心为主。文字以简练、概括为宜。

（三）范例

【范例6-5】

入团志愿书

敬爱的×航校团委：

我本人自愿加入中国共产主义青年团。

我在平时阅读过一些关于中国共产主义青年团的书刊，认识到中国共产主义青年团是青年群众的先进组织，是中国共产党的好助手和后备军，是一个有纪律的组织，因此我应该争取加入中国共产主义青年团。

我向学校团委申请加入中国共产主义青年团，请学校团委考验及批准。

我在学校的学习成绩较好，在学校表现良好，在加入中国共产主义青年团后，在学校团委的教导下一定要努力学习，严格要求自己，刻苦钻研，不断提高学习成绩和政治思想觉悟，提高自己的自制力，在课堂上遵守纪律，认真听老师讲课，不开小差，不说小话，遵守学校的规章制度，认真完成老师布置的作业和老师布置的任务。在课余时间阅读一些有益身心的书刊，培养自己高尚的情操，做一个德、智、体、美、劳全面发展的社会主义新一代的接班人。我一定要拥护中国共产党，履行团员的义务，成为中国共产党的好助手和后备军。如果我未能入团，我会继续刻苦钻研，努力争取下一次入团。

我热切盼望加入中国共产主义青年团，请学校团委批准。

此致

敬礼！

×××
××××年××月××日

（四）志愿书写作的注意事项

（1）要谈清对组织的认识，表达愿望要强烈，表达决心要坚定。

（2）态度要严肃认真，对自己负责，对组织忠诚。

（3）填写时要用钢笔或毛笔，书写工整、清楚，不能马虎潦草。

现在是现代通信时代，许多文书都是计算机打印出来的，志愿书用计算机打印也未尝不可,但是字体选择要庄重,在最末署名时应该用钢笔或毛笔手写。

(4)文字要简洁明了。要言简意赅,不说套话、空话、大话。

(五)写作训练

请根据自身情况,拟写一则入党志愿书。

二、申请书

(一)申请书的概念

申请书,俗称"申请",是用于个人、单位、集体向单位组织、机关或社会团体提出请求,要求批准或帮助解决问题的一种专用文书。

(二)申请书的特点

(1)请求性。申请书是为表达愿望而写的,其写作动机带有明显的请求目的;阐述的申请理由和事项,也具有明显的请求性。

(2)单一性。申请书的内容单一明确。一事一函,一份申请书只表达一个愿望或只提出一个要求。不能把不同的愿望和请求同写在一份申请书中。

(三)申请书的写作格式

申请书包含标题、称谓、正文、结尾、署名和日期。

1. 标题

(1)文种式标题。即第一行用较大字号书写"申请书"三字。

(2)公文式标题。"事由+文种",如"入党申请书""复学申请书";以"关于"或"对"领出申请内容与文种,如"关于助学贷款的申请书"等。

(3)单一式标题。即标题中不出现"申请书"三字,只写明事由或内容范围,如"申请补办学生证"等。

2. 称谓

称谓写接受申请书的组织、机关、团体的全称,也可以是个人姓名,姓名后应加"先生""女士""老师""校长"等称呼,有时酌情在接受申请对象前加"尊敬的"等敬语。称谓后加冒号。

3. 正文

这是申请书的主要部分。一般包括申请理由、申请事项和申请态度三部分。

(1)申请理由。即申请的依据所在,阐述要求的合理性、必要性,要合情合理,切乎实际。可根据申请的实际情况,决定申请理由和申请事项的先后。

(2)申请事项。即申请的目的所在。申请的事项和请求要明确、具体。

（3）申请态度。表示意愿实现后的态度和决心。这部分内容可写得简约一些。

4. 结尾

结语可用敬辞、敬句。如"此致敬礼""谨请公司领导能够批准我们的请求""望能酌情予以批准""敬请领导批准"等。有的没有结尾语。

5. 署名和日期

写上申请人姓名及申请时间。

（四）范例

【范例6-6】

申 请 书

尊敬的×航空人力资源部领导：

您好！

首先感谢您在百忙之中审阅我的申请材料！

我叫×××，2003年毕业于上海民航专科，2004年5月进入×航担任民航乘务员工作至今。现想申请由目前的民航乘务员岗位转到×航地勤工作单位，从事地面服务工作。

由于在2016年11月的一次事故中腰椎骨折，经手术植入三根钢钉，虽然不影响行走，但长时间站立就会隐隐作痛，继续担任乘务员，我的身体不能胜任，为了能够更好地为公司服务，同时考虑到本人的身体状况，现特向领导提出申请，调到地面服务岗位工作。

在公司工作的这段时间里，我一直在民航乘务员岗位工作，不但学到了丰富的专业知识，更培养了我吃苦耐劳、勇于接受挑战的精神，还使我学到了更多做人的道理，2007年和2009年被评为公司年度"优秀乘务员"。2009年起担任乘务长职务，至今已有7年。在此，感谢公司领导对我的培养，感谢同事对我的帮助！

我很喜欢我们公司，也很喜欢民航服务这份工作，或许身体受伤是我最大的不足之处，但这也是我最大的前进动力。我是个比较坚强的人，无论是对生活，还是对工作，都充满了热忱。积极乐观向上的态度使我能承受更大的压力，同时也让我充满了动力。我将努力学习，争取在新的工作岗位上做得更加出色。恳请领导能给予批准。

再次对您在百忙之中阅读本人的申请书表示感谢！

此致

敬礼！

申请人：×××
2018年4月1日

【解析】这是一份乘务员转岗申请书。正文内容包括申请的事项、理由、决心和要求。申请事项部分清楚表明了自己的意图，清晰不含糊。申请理由部分先详细地描述了自己的病情与困难，实事求是，不过多渲染。后回顾自己以往的工作经历、表现与所取得的成绩，便于领导对员工情况的真实完整掌握，有利于获得批准，实用而巧妙。最后再次提出申请意向，并交代了自己面对新岗位的一些打算，以打消领导的担心。文章言辞恳切，谦恭有礼，可供借鉴。

【范例6-7】

家庭困难补助申请书

尊敬的×航工会：

　　我叫×××，是×航客服部二部客舱乘务员。目前和父母同住。母亲3年前遭遇车祸，导致脊椎骨裂，至今未愈。父亲患有严重的肾病，不能过于操劳。家庭生活开支仅靠本人工资以及父母的微薄退休金维持。今年8月底，父亲被确诊为尿毒症，需每月进行血液透析才能维持生命，费用高昂，家庭生活更加举步维艰。万般无奈之下，特提出家庭困难补助申请，望予批准！

　　此致

敬礼！

申请人：×××
××××年××月××日

附件：×××、×××病历卡复印件

【解析】这是一份家庭困难补助申请书。在简要介绍了家庭经济困难的基本情况后，提出了困难补助的申请要求，并提供了相关人员的病历卡复印件作为佐证。文章格式规范，语言简洁流畅，态度恳切得体，表述清晰明确，有利于获得上级的认同和批准。

（五）申请书写作的注意事项

1. 要实事求是

申请不应为达到某种目的而故弄玄虚、言过其实，更不能不择手段、弄虚作假、歪曲事实，提出非分无礼的要求。

2. 要简明扼要

申请的内容应该简明单一，说明申请事项应该开宗明义，一目了然。阐明申请理由要条理清晰，充分透彻，使人信服。表达愿望和要求应该明确具体，便于上级单位和领导能迅速了解情况，及时研究批准。

3. 要朴实诚恳

申请书的读者是特定的上级单位或领导同志，写作者态度应该诚恳坦率，语气应该谦虚，语言应该朴实无华。

4. 要规范工整

申请书书写要工整，标点符号要正确，格式要规范，这样才能使人读起来有严肃、认真、恭敬、礼貌的印象，有利于获得认同和批准。

写申请书应该要真实客观地表达愿望、反映情况，叙述事实要准确，提出要求要明确具体。

（六）申请与请示的区别

（1）"申请"是因业务或事务需要，按规定完成法律程序，向上级或职能部门、管理机构、组织、社团说明理由，提出请求，希望得到批准的一种事务文书，也叫"申请书"或"申请表"。"请示"和"申请"都有请求缘由、请求事项，但"请示"是法定公文，"申请"为专用书信，属于不同的文种。

（2）"请示"用于下级机关向上级机关提出请求，下级机关只能在上级机关的职权范围内报请需要批准的事项。"申请"不仅用于下级向上级请求不属于请求范围之内的事项，而且可用于不相隶属的但按规定、法律程序必须向其请求的机关、单位、部门等。如专门办理有关业务的机构部门（银行、保险、公安、海关、土地管理、工商管理等）。

（3）"请示"的行文对象固定，而"申请"的行文对象不固定，"请示"的内容限于本系统、本部门的行政公务或政策问题，写法规范。"申请"的内容不以系统、部门为限，写法不强求一律，且常以填写有关部门印制的各种表格代替。

（4）"请示"的作者是法定的机关、团体，而"申请"的作者可以是机关、团体，也可以是个人。机关、团体或个人向有关方面递交申请，有时必须按有关规定出具或提交有关证明、证件、文件等，而请示则没有这方面的规定。

"请示"可以带附件，附件是请示的重要组成部分，作为对正文的补充说明或参考。

（七）写作训练

根据以下情况，写一则困难补助申请。

小李是广州航空公司的乘务员，任职8年，工作勤奋，多次受到乘客表扬。2018年9月11日，小李在回家途中，因跳水救落水儿童，不慎脚骨折断，行动不便，在老家的父亲也不幸遭受车祸，失去劳动能力，家庭生活非常艰难。为此，小李特向公司工会提出家庭困难补助申请。

第四节　竞　聘　书

一、竞聘书的概念及应用

竞聘书是竞聘者参与某一岗位或职位竞争应聘的书面材料。它是竞聘者在特定的场合，面对特定的听众所发表的用以阐述竞聘优势及被聘后的工作设想、打算的演讲报告，故往往又称为"竞聘报告"。

竞聘书是针对某一岗位或职位而写，具有较强的目的性和竞争性。写作时应针对所竞聘岗位或职位的特点和要求，具体明确地表明自己所拥有的相关资历、实力以及工作设想，尤其是要凸显出人无我有、人有我优、人优我特的竞争优势，以争取脱颖而出。

竞聘书是竞聘演说的书面形式，涉及个人的政治思想、道德品质、业务知识与技能水平、工作经历资质以及被聘后的工作设想等多方面的内容。文本撰写，要条理清晰；评价自己，要客观公正；语言表达，要简练生动。

二、竞聘书的写作格式

竞聘书一般包括标题、称呼、正文、结尾、署名和日期。

（一）标题

竞聘书的标题有以下三种写法。
（1）文种标题法。即只写"竞聘书""竞聘报告"。
（2）公文标题法。即由竞聘人和文种构成，或由竞聘职务和文种构成，如《关于××客舱部经理的竞聘报告》《乘务长竞聘书》等。
（3）文章标题法。可用单行标题拟制，也可用正副标题形式，如《让文明之花开满客舱——关于竞聘示范乘务组乘务长的演讲》。

（二）称呼

即对评委或听众的称呼。一般用"各位评委""各位领导""各位听众""各位同事"等。

（三）正文

1. 开头

为了营造友善、和谐的气氛，开篇应以"感谢给我这样的机会让我参加答辩""恳请评委及与会同志指教"等礼节性致谢词导入正题。随后再阐明自己发表竞聘演讲的理由。开头应写得自然真切，干净利落。

2. 主体

这是全文的重点和核心。通常围绕以下几个方面展开。
（1）介绍个人简历。可分两个层次：先简明介绍竞聘者的基本情况，使评委明了竞聘者的基本条件；紧接着对自己与竞聘岗位有联系的工作经历、资历做出系统、翔实的说明，便于评审者比较与选择。
（2）摆出竞聘条件。竞聘条件包括政治素质、政策水平、管理能力、业务能力以及才、学、胆、识各方面的条件。竞聘条件是决定竞聘者能否被聘任的重要因素之一，应该重点强调，但切忌夸夸其谈，应多用事实说话。可以结合自己前一时期的工作来写，如曾做过什么相关的工作，效果如何，从中展露出自己的哪些水平、能力、知识和才华等。宜引而不发，通过具体事实让评委和听众自然而然地得出肯定的结论。

（3）提出施政目标、施政构想、施政方案。这部分是竞聘者假设已被聘任后，对应聘岗位所提出的目标及实现该目标的具体措施。选招或选聘单位除了看竞聘人的基本素质条件外，往往还要考虑竞聘者的施政目标和施政措施。竞聘者应鲜明地提出自己的施政目标和施政措施。这些目标和措施既要适应总体形势，又要体现部门特点。基本目标要具有客观性、明确性和先进性；要定性与定量相结合，能量化的尽量量化，以便评委进行比较、评估；还应围绕人们对竞聘岗位较为关注的焦点、难点、亮点提出。基本目标必须有切实可行的措施作保证。措施必须针对目标来制定，要明确具体，有可操作性，且密切联系岗位实际，从岗位工作出发。

（四）结尾

一要写出自己竞聘的决心和信心，请求有关部门和代表能充分考虑自己的愿望和请求；二要表明自己能官能民的态度。好的结尾应写得恳切有力、意近旨远。

（五）署名和日期

署上竞聘者姓名和写作日期。

三、范例

【范例6-8】

竞 聘 书

尊敬的各位领导、评委：

早上好！

今天，能够登上公开竞争乘务长的讲台，我感到十分的荣幸。在此，感谢公司给我们提供的宝贵的竞争机会！感谢一直以来关心、支持、帮助我成长的各位领导、各位同事和朋友们！

"示范"乘务组乘务长竞聘的消息一出，在众多乘务员中引起了很大反响，也在我的心中引起了阵阵波澜。我经过反复思考，决定参加这次竞聘。因为，我是如此深深地爱着这个职业，我是如此深深地眷恋着这一片美丽的蓝天，更愿意为我们的民航事业做出更多贡献。

我叫××，今年27岁，中共党员，大专学历，现在是"示范"乘务组的乘务员。机遇总是垂青有准备的人，经过综合权衡，我决定参加乘务长的竞聘，理由如下：

首先，我一直在乘务部门工作，基本上都是在业务第一线，多年来为旅客的竭诚服务和与同事的精诚合作，使我积累了工作经验，锻炼了工作能力，丰富了人生阅历，扎实了知识。在2017年与2018年连续被评为公司"优秀乘务员"，此外，我还在2016年民航技能大赛乘务项目中取得了综合类三等奖。这些经历为我今后的工作储备了能量，也给了我胜任乘务长一职的信心和力量。

其次，我能够做到脚踏实地、办事稳重，能够在我的能力范围之内做到安全保障最大化和服务最优化。在工作中，我养成了过硬的心理素质，能做到遇到突发事故处变不惊、沉着处理。

此外，我从小养成了真诚、宽容、积极、乐观的性格。我喜欢与人交流，对他人以诚相待，在工作中能够和各种性格的人相处。这使我能够做到统筹兼顾，张弛有序，保证工作有序开展。

优质的服务是需要各部门相互配合不懈努力才能做到的。我想，我有能力让我所在的客舱成为一个团结高效的团队，有能力让乘客在我们不断提升的优质的服务中感到满足。

下面，我就竞争乘务长这一岗位，谈谈我的工作设想。

第一，强化乘务组每位成员的安全意识，要求大家必须始终把安全摆在第一位，永远不松懈。航空安全是永恒主题。为了进一步保障航班安全，乘务组首先需要严格遵守制度，认真地执行规章，负责地对待工作，仔细地为旅客服务。细节决定成败，客舱工作是由一道道细微烦琐的工作程序组成。作为一名乘务员，对安全，我们不能有丝毫马虎；对生命，我们更不能心存侥幸。

第二，管理要进一步提升。把乘务组的每位成员按照不同年龄、不同服务质量组成梯队进行不同的培训和学习，提高乘务组的工作效率，改善工作效果。对于组员的管理，既要有效地执行公司规章，又要很好地体现以人为本的管理精髓。在工作中严格要求自己和组员，做到率先垂范和全面监控整个服务过程。对发现的问题要及时指出。本着公平、公正、公开的原则指导工作，善于挖掘和发现组员的优点与进步，多鼓励、多引导、多帮助。做好与机组、安全员及其他相关保障部门的协调配合，扎扎实实地做好服务工作，完成好每一个航班。

第三，狠抓服务质量，提升服务水平，从每一位乘务员抓起。坚持"以诚为本，以客为尊"的服务理念，全力打造"精、尊、细、美"的服务品牌，传承"六勤、五心、四美、三不怕"的服务文化，进一步提升服务水平。

第四，坚持安全管理服务一体化推进，深入贯彻"开阔视野，推陈出新，特色鲜明，活力客舱"的指导精神，加强品牌建设，养成良好的团队协作氛围。以"五美特色"为目标，不断提高自己的修养，在实践中锻炼自己的能力、增长自己的知识，为更好地工作储蓄能量。把×航的服务向着"中国最好，亚洲一流，世界先进"的更高层次推进。

第五，在授权职责范围内开展工作，严格遵守国家法律、法规和公司的各项规章制度。认真按照公司的总体要求及客舱服务部年度工作部署，制订工作年度计划及工作开展的具体措施、程序和办法，确保各项乘务工作高效、有序地开展。

第六，明确各岗位的职责与分工，及时布置各岗位人员的工作任务，协调和指导并检查所属人员的业务工作。协助相关部门做好乘务员的资格认证及考评工作，客观公正地评价其工作作风、工作业绩和业务工作技能。

在职场拼搏路上，每个人都有自己的工作岗位，岗位是一个人一生所有理想和汗水浇灌的土地，是一个人热情与青春年华的坐标。作为一个普通的乘务员，我很爱自己的岗位，并期待更大的超越。

各位领导、评委，各位同事，能与大家齐聚一堂，共话理想，共谋×航的事业发展，我感到无比的幸运。或许今天，我还不被在座的所有人熟知和了解，正如大家面前其他竞聘者展示的新的面孔一样，我将带给×航一种新思维、一股新活力。请相信你的直觉和判断，给我一个舞台，我将同大家共创×航工作的新诗篇。

谢谢评委！谢谢大家！

×航空公司"示范"乘务组乘务员××
2019 年 4 月 15 日

【解析】这是一份竞聘乘务长的竞聘书，正文包括开头、主体和结尾三部分。开头部分措辞谦逊委婉，又饱含真情实感。竞聘条件部分展示了自己的优势所在，主要从自己的工作经历、成绩、个性特点等方面展开，其中个人所取得的荣誉是很能打动人的。工作设想部分从施政目标、施政构想、施政方案方面逐一展开说明，思路清晰，条理清楚，充分显示出了自己丰富的第一线工作经验、理论政策知识储备和不凡的见识。结尾部分意气风发又沉稳坚定，体现出勇于担当的决心与自信。

四、竞聘书写作的注意事项

竞聘书的写作质量不仅取决于竞聘者的文字水平，也取决于其政治素养、理论水平、业务能力等诸多方面。因此，除了观点鲜明、内容充实、语言通顺外，写作时还要注意以下问题。

（一）目标要明确

竞聘者向评审人员一要讲清自己的应聘条件，突出自己的优势，并且这种优势足以完成应承担的岗位职责和要求；二要回答"若在其位，如何谋其政"。总体内容应始终围绕一个目标、一个岗位职务进行，做到目标明确、语不离宗，切不可开口千言、离题万里。

（二）内容要富有竞争力

竞聘岗位的全过程，其实是候选人之间就未来推行的施政目标、施政构想、施政方案进行比较与选择的过程。竞聘除了基本素质条件外，实际上更重要的是施政目标与施政措施的竞争。因此，写作前应充分了解竞聘岗位的职责与要求，以及所竞聘岗位的职责范围内目前存在的焦点、难点问题，并力争找到解决问题的最佳途径与方法，以便在竞聘演说时击中要害，战胜对手。

（三）表述要明确具体

竞聘者应实事求是，言行一致。每介绍一段经历、一项业绩都必须言而有据。给国家做出过什么贡献、给单位创造过什么效益、给职工提供过什么福利等，要一一讲清楚、说明白，切不可吞吞吐吐、模棱两可。要言而有信，不说过头话。能够办到的就说，办不到的就不说。

（四）态度要谦和诚恳

竞聘者是通过演说的方式实现被聘用单位认同和接受的。评审人员及与会者是不会接受狂妄傲慢、目中无人的竞聘者并委以重任的。因此，竞聘书的写作要讲究语言的分寸，表述既要生动、有文采、能打动人心，又要谦虚可信、平和礼貌、情感真挚。

五、写作训练

1. 以下是一位客舱服务部总经理办公室主任竞聘客舱部副总经理时所写的竞聘书中关于施政方案的内容部分，请指出其中的至少五个错误。

当前，东航正处于重振阶段，科学发展观的学习也已进入整改落实阶段。对当前客舱服务部的工作，我有以下几点设想。

一、以乘务长和年轻乘务员为抓手做好服务工作

作为客舱服务部副总经理，抓服务要抓"两头"，一头抓乘务长的现场管理，这是我们服务工作的"头"，服务工作好不好，关键看乘务长的现场管理水平。通过每季度开的乘务长例会，加强管理层与乘务长的对话和沟通，不断研究乘务长现场管理中的薄弱环节，将现场存在的各类问题集中进行研究改进，通过加强乘务长现场管理，不断提高客舱安全服务整体水平。服务的另一头则是抓"年轻乘务员"，因为年轻乘务员的工作经验少，业务也没有老乘务员熟练，这是我们的短板，短板决定着我们服务的水平，因此，我们必须将这个短板在最短的时间内补齐，才能提升整体的服务水平。

二、以培训和风险管理为抓手做好安全管理工作

作为客舱服务部副总经理，要谨记安全工作来不得半点马虎，一定要抓住安全管理的重点，一方面要积极组织大家进行安全培训，提高安全意识，明确客舱安全严重差错的范围，熟练掌握应急处置方法，熟练操作安全设备，这项工作要横向到边、纵向到底。另一方面，要抓住安全管理的关键点，实施风险管理，加大对风险源的识别力度，对舱门手柄操作、应急设备检查、出口座位评估等关键点实施风险源识别，及时消除风险，真正做到"安全第一，预防为主"。

三、以我以往的经验，抓住总部服务一体化的重要契机，必定能实现客舱服务部管理工作的飞跃

一是我们要借鉴总部先进的绩效考核体系，使我们的乘务长、头等舱乘务员、普舱乘务员实现能上能下，从而建立有效的激励机制，降低管理成本，提高工作效率，满足生产需要。二是要大胆改革目前的组织机构，合并业务科和检查科，使安全服务工作的管理形成闭环，对乘务四个部要按照业务等级重新划分，成立乘务长部、头等舱部、普通舱一部和普通舱二部，从而能够使管理工作更有针对性，针对不同人群实施不同管理，进一步使

管理专业化、精细化。三是要借此机会，进一步统一基础服务标准，建立一种能被旅客明显识别的东航标准，进而展示地方特色的服务系统。

  2．竞聘书很多情况下是需要口头讲述的，写作时除了要求在材料中充分展示自己胜任该岗位的各种条件外，还应考虑所准备的书面材料是否便于口头表述，受众是否有耐性听下去等因素，语体上应突出口语化和通俗化。现在设想公司安全部需要招聘一名专职安全员，负责公司的民航乘务安全工作，其条件是：曾担任过公司空乘安全员，具有一定的专业安全管理知识，熟悉公司的安全规章制度，并在以往的工作中有过一定的成绩。请拟写一份竞聘书，说明自己竞聘安全员的愿望、条件，以及如果竞聘成功将有什么施政计划。字数控制在一千字左右。

第七章

民航乘务宣传专用文书

教学提示

民航乘务宣传专用文书一章中介绍的消息、通讯、新闻评论、新闻特写等与广义的新闻体裁相同,而具有民航乘务特色的客舱专题活动策划书则更显民航特色。

第一节 消 息

一、消息概述

消息是新闻报道中运用得最广泛的形式。据统计,新华社每天向国内播发的报道近10万字,绝大部分是消息。美联社和合众社每天发稿约300万字,其中三分之二是消息。

在新闻诸多体裁中,记者使用最多的体裁是消息。可以说写消息是最能体现记者基本业务素质的看家本领。民航乘务宣传使用最多的也是消息这一体裁。

二、消息的结构

消息的结构是指消息这一文体的内部构成和组合方式。

内部构成就是组成一篇消息的基本部件,包括消息头、标题、导语、主体、背景和结尾六大部分。

(一)消息头

报纸上刊登的消息,其开头部分往往冠以"本报讯"或"××社××地×月×日电"的字样,这就是"消息头"。消息头是消息的标志,正规的新闻报道不可忽视消息头的运用。

(二)标题

标题就是新闻的题目,它是新闻内容的形象概括和提要。标题的作用:一是提炼新闻的主题和精华,帮助读者理解新闻的内容;二是区别不同新闻的价值和位置。消息的标题一般由主题和辅题组成。

主题也叫正题,是消息主要的题目,它反映消息的中心思想或主要事实,或是一个完整句子,或是偏正、动宾词组,表达一个完整的意思或概念,通常是一行。

辅题包含引题和副题。引题又称肩题、眉题,位于主题之上,其作用是从一个侧面对主题进行引导,或说明主题的意义和内容,或交代背景,烘托气氛。副题又叫子题,是置于主题之后的次要标题,字号最小,它用来补充交代新闻次要的重要事实,或说明主题的根据、结果和重要的新闻要素,起到注释、补充作用。与引题相比,副题主实,内容较多,文字一般要长于引题和主题。

消息的标题可以分成主题、引题、副题、分题、提要题、大标题六种,各有特点和作用，常用的有三种，即主题、引题和副题。

（1）主题。主题是标题组内字体最大、最突出、最醒目的题目，常用来概括最主要的新闻内容。主题通常只有一行，但遇到新闻中有两项并列的重要内容或一行文字太长时也会排成两行，前者从内容上分叫作"双主题"，后者从形式上分叫作"双行主题"。在写法上，主题的字数要尽可能少些，一般在十个字左右，使读者一目了然。

（2）引题。引题是主题的辅助题，位于主题之上，是主题的先导，也叫肩题或者眉题。引题或为主题补充说明时间、空间等方面的背景情况，或对主题进行形象生动的衬托和渲染，或揭示主题所包含的作用和意义，或为主题解释原因或者目的，或对主题进行简化以突出最主要的内容。

引题位于标题组的最前列，同样要发挥像主题那样尽快抓住读者眼球的作用，它的字号一般都是小于主题但大于副题。字数不宜过多，一般和主题相当，也可以比主题略长一些，但要短于副题。

（3）副题。副题也是主题的辅助题，位于主题之后，为主题提供"后勤服务"，也叫子题或辅题。副题常常用来补充说明次要的重要事实，以此补充主题的不足。

在写法上，副题因为要做好主题的后勤服务工作，文字一般可以长些，根据实际需要，从十几个字、几十个字甚至到一百个字都可以；在表现形式上，可以是一行题，也可以是两三行题甚至五六行的副题组。

在主题、引题、副题三者皆备的多行标题中，引题和副题一般都有任务分工，通常情况下，引题主虚、副题主实。

标题制作的要求：一要传神；二要具体确切；三要简练生动。

（三）导语

导语是消息这一新闻体裁特有的概念，是消息的开头，一般指开头部分的几句话或第一自然段。它是用简明生动的语言，把新闻中最新鲜、最重要的事实提炼和展示在开头部分，以吸引读者的注意。

导语的作用：一是吸引读者，使新闻紧紧抓住读者，最大限度地激发读者的阅读兴趣；二是为消息如何开展、为整篇新闻定下基调；三是影响编辑对新闻稿件的取舍。

新闻学者麦尔文·曼切尔说："我写新闻，有一半甚至更多的时间用于琢磨导语。"说明写好导语是一件非常重要和比较困难的事。

1. 导语写作的基本要求

（1）善于用事实进行概括，即开门见山地突出最主要或最新鲜的事实要素，言之有物。

（2）消息要新，作为消息开头的导语，首先要新，要突出新闻中最新的时间要素。

（3）突出新鲜内容，导语一开头就要把新闻中最新鲜的事实提取和揭示出来，摆在读者面前。

（4）语言要简洁、凝练、清晰。新闻导语要精练，语言要简洁明快。要突出主要事实，将一切次要的、可有可无的内容删去，摈弃大话、套话和空话；导语里不能有太多的人名和头衔；专用名词和单位名称也不能太多；也不能堆砌数字。

2. 导语的类型

导语的分类方法很多，目前尚无统一的标准，我国新闻界通常将导语分为以下几种。

（1）概括式。概括式又称归纳式、综合性导语，它是用叙述的方式对整篇报道的内容进行浓缩和概括，为读者提供消息的梗概。

（2）叙述式。用朴素的语言平铺直叙，先创造一个情景或气氛，然后引出翔实的报道。

（3）描述式。用白描手法对新闻所处的特定环境或时间、地点、人物等做简练描写，渲染气氛。这种导语生动形象，可读性强。

（4）评论式。用虚实结合、夹叙夹议的手法，在叙述事实的同时，进行评论，做出画龙点睛的评价，揭示出新闻的意义和因果关系。

（5）提问式。把新闻报道中已经解决的问题或要介绍的经验在新闻开头以疑问的方式提出来，引起读者的关注，然后用事实加以回答。

（6）对比式。运用对比、衬托等方式，把新闻中的事实和观点鲜明地凸显出来，增强导语的魅力和说服力。

（7）悬念式。抓住新闻事实中最惊心动魄或矛盾起伏的情节，在导语中设置悬念，扣住读者的心弦，引起强烈的好奇心。悬念式导语，不是故弄玄虚，不能故意卖弄。

除以上几种导语外，新闻导语还有引语式、背景式、故事式等不同类型的导语，甚至有人归纳出"新闻导语三十九式"。但无论是什么类型的导语，关键的是要根据新闻事实的形态，选择合适的导语。

一是导语必须具有实质性内容，不能空泛无物。实质性内容指的是新闻事实或者新闻事实中的要点，又或者是某个新闻人物在特定场合的讲话中特别值得关注的部分等。例如，在 2014 年 4 月 8 日深圳飞往无锡的 ZH9566 航班上发生了惊险的一幕，一名女性旅客突发宫外孕出血，机组人员随即展开了生命营救行动。《中国民航报》2014 年 4 月 11 日对此事进行了报道，在这条题为《与时间赛跑营救孕妇生命》的消息中，导语部分以短短的五六十字直截了当地写清楚了何时、何地、何人、何事：

本报讯通讯员肖克报道：4 月 8 日，在深圳—无锡的 ZH9566 航班上，因一名女性旅客宫外孕出血，机组人员在万米高空上展开了一场与时间赛跑的生命营救行动。

二是要将最有新闻价值、最有吸引力的新闻事实写进导语。在写作导语时，写作者必须像沙里淘金一样，点点过滤材料，将新闻事实中的精华挑选出来写入导语。大体而言，有三类材料位于首选之列：① 新鲜的材料，它们在时间上刚刚发生、新近出现，或者虽然不是新近发生的，但是迄今为止不为人所知晓的；② 最重要、最具影响力的材料；③ 最有趣、最富有戏剧性和人情味的材料。例如银川"7·23"空难，在 20 世纪 90 年代轰动一时，除了伤亡情况外，人们对当时的救援情况也很想了解。宁夏一媒体撰写的"银川'7·23'空难救护"导语如此写：

1993年7月23日下午，西北航空公司2119号班机在银川机场失事。自治区卫生厅立即组织银川地区12所医院的179名医务人员火速奔赴现场救护伤员……

三是锤炼字句，力求简短。消息本就是一种短小精悍的新闻体裁，导语部分的字数自然也不能过多，不然会湮没重点和亮点，冲淡趣味性。美国新闻学者麦尔文·曼切尔指出："为了保证导语的鲜明性和可读性，要尽可能把字数限制在30~50个单词以内。长导语占的报纸栏目太多，往往行不通。只要记者下功夫，导语可以写得言简意赅。"导语简短的关键在于明确报道主旨，抓住新闻事实的要害。文字贵精不贵多，有时候导语一句话即可。历史上有不少著名的一句话导语。例如，1945年8月14日，美国杜鲁门总统宣布，日本已无条件投降。美联社在抢发这条爆炸性的新闻时，导语干脆利落。这条短而有千钧之力的导语，当时就被新闻界公认为"最佳导语"。

四是文字表达力求优美生动。尽管在日常生活中接触到的新闻导语大多文字朴实，但不可否认的是，导语写得优美生动可以给人以美感，这也是导语吸引读者的一种手段，是导语写作的更高要求。例如：

【中新社（2017年）5月5日电】5月5日，我国首架具有完全自主知识产权的大型喷气式客机C919在上海浦东国际机场冲上云霄，成功完成首飞任务，圆了国人期盼半个世纪的"飞机梦"。它的首飞之所以激动人心，不仅因为这是中国民航最大、最显著的里程碑，而且意味着中国将跻身美国、英国等少数国家能够自主制造大型客机的行列中！（《中国国产大飞机C919成功首飞》）

（四）主体

主体是消息的躯干或主干部分，是新闻的中心部分。主体的作用：如果说导语是开宗明义，那么新闻主体就是展开导语，使之具体化。其次是对导语补充，一般是在导语中提示"何事"或者新闻事实要点，然后在主体中依次报告"何人""何时""何地""为何""怎么样"。要一步一步地向前发展，阐述新闻内容的主要部分，它对反映主题思想具有关键作用，是对导语的展开与补充。新闻主体的作用：一是解释和深化导语，对导语中已经涉及的主要新闻事实、问题和观点，进一步提供细节和材料，使导语的内容借助一连串的事实而让读者对于新闻事实有更加清晰和具体的了解。二是补充新的事实，导语一般只涉及最新鲜、最重要的事实，主体中用附加的次要材料来补充导语中未涉及的新闻内容，使新闻要素完备，并提供新的新闻背景，以便更好地说明新闻事件的来龙去脉，使得新闻报道更加充实饱满。

主体结构的常见方式有如下几种。

（1）倒金字塔结构。如前所述，这是消息特有的结构方式。这种结构方式，不仅有利于读者掌握新闻事件重点，也有利于版面编辑。

（2）纵向结构。主体按照事件发生发展的先后顺序安排行文结构，称为纵向结构。这种结构方式可以直观地反映新闻事件的大致过程，便于读者了解前因后果；写作者也可以通过"过程"说话，表达某种观点和意见。动态新闻、事件新闻多采用此结构。

（3）横向结构。不受事物发展时间顺序的限制，围绕一个主题，将同一时空范围内的不同"点"的情况有序组织起来，以此反映"面"的变化，这种结构方式称为横向结构。综合性新闻，会议新闻，经验性新闻，反映成就、问题或未来规划的新闻多采用此结构。

（4）点面结构。点是个别的、典型的事例，面指一般的、总体的情况，以点带面，点面结合，这也是主体结构的一种常见方式，这样的结构安排可以为读者提供更大的认知空间，不仅符合读者的认知规律，也可以增加消息的说服力。

除以上四种常见结构外，还可以按照因果、递进等新闻事件内部的逻辑关系来安排主体结构，在此不一一列举。在实际的运用中，许多消息并不局限于采用某种单一结构，而是多种结构方式交叉使用，例如以时间先后纵向安排结构的消息，也会在纵向叙述的过程中插入横向的材料。

消息主体的写作要求有以下几个方面。

（1）围绕一个主题选材，做到表现主体集中有力，与主题无关的材料，即使是很生动有趣，也必须忍痛割爱。

（2）叙事要尽量具体、充实，使读者对新闻事件和新闻人物有较为完整的了解。为了使读者了解更全面，除了补充和完善导语中所涉及的内容外，还要不断提供与之有关的新的事实。

（3）行文要有起伏，运用生动的细节以及多种表现手法使读者在读完导语后，仍能被主体部分深深吸引。

（4）段落层次分明，过渡自然。

主体部分常见的结构形式：一是按重要程度先后有序地组织材料；二是按照时间顺序组织材料；三是按逻辑顺序组织材料，依据事物的内在联系、问题的逻辑关系来组织材料、安排段落结构。

（五）背景

新闻背景是新闻的从属部分，是有关新闻人物和事件的历史和环境的材料。新闻背景常被称为"新闻背后的新闻"。

背景材料大致分以下三类：一是对比性材料，即将事物的过去和现在、正面和反面等的对比衬托，它对于突出新闻事件的意义、说明主题起着重要作用。二是说明性材料，它用来说明和解释新闻事实产生的原因、环境和条件，交代事情的来龙去脉、因果关系。说明性材料包括历史背景、地理背景、人物背景、事件背景材料等。

运用背景材料的要求：背景材料的选择和运用一定要有明确的目的，一定要紧扣新闻事实，烘托深化主题，尽可能少而精。另外，背景材料要灵活穿插。

背景写作没有固定的格式，背景材料出现的位置依据实际需要而定，写作者的技巧主要体现在对背景材料的巧妙穿插上。常见的穿插方式大致有以下几种。

（1）插入导语。导语虽然要求文字简练，但在有需要时加入背景材料也能取得良好的效果。背景材料本身是典型案例的，插入导语可以吸引读者；背景材料极富吸引力的，将其用作定语用来修饰导语中的事实或者人物，可以为新闻事实的出场预热；背景材料是可以与新闻事实形成对比的，具有历史性背景的，可以在导语中造成新旧反差，引起读者的注意。

（2）导语之后接背景材料段。一般用于两种情况中：一种是导语中出现的关键性的人物或者事物、关键性的词语需要解释，否则会影响读者对新闻事实的理解，影响主体进一步的展开，可以在导语之后立即插入背景段；另一种是出于思维逻辑和文章过渡的需要，可以在导语之后立即插入背景段。

（3）分散插入主体之中，你中有我，我中有你，模糊背景材料与新闻事实的界限。

（六）结尾

消息这种体裁的特点是它对结尾的要求不像导语、主体那样严格，多数消息甚至没有结尾。但这并不意味着对消息的结尾可以随心所欲，虎头蛇尾。好的结尾，能增强新闻的感染力，起到卒章显义、画龙点睛的效果。新闻的结尾多种多样，最常见的有以下几种。

（1）自然结尾。大多数消息按照新闻结构的安排，顺其自然地把必要的新闻内容交代完毕，文章一气呵成，不需要专门增添一个结尾。

（2）卒章显志式结尾。以简练的笔法画龙点睛，突出主题。

（3）补充要素式结尾。这种结尾主要用来补充新闻导语和主体部分未涉及的新闻要素，使新闻报道完整充实、可信。

新闻的结尾要写出新闻的个性，要紧扣主题，与导语首尾呼应，无关紧要的材料一概摈弃。

三、消息的种类

（一）动态消息

1. 动态消息的概念与特点

动态消息是已经发生或正在发生的具体事件的报道。这类消息有较强的时间性、明显的阶段性，文字简约，反应迅速，在各类新闻中占的数量最大。

动态消息篇幅简短，最能体现新闻报道的短、快、新特点，被称为消息中的"轻型武器"。

2. 动态消息的写作要求

动态消息短小精悍，报道面宽，信息量大，因此要重视动态消息的写作，因为写好它，可为写其他新闻打下基础。

动态消息的写作，是要从事物变动着眼，选取最佳场面和最新角度，突出动感。在写作过程中，要善于捕捉动态；选材要精益求精，言简意赅；要写具体的事实，具体表现人物的行为和变化，多表现动感。

（二）人物消息

1. 人物消息的概念及特点

人物消息是以消息形式报道新闻人物的事迹和活动的新闻体裁。人物报道的形式很多，有人物消息，还有人物通讯、人物特写、人物专访等。与其他体裁相比，人物消息的篇幅短小，可以迅速反映人物，集中笔墨展示人物的某一侧面，且直截了当。

2. 人物消息的写作要求

新闻人物只有他们身上出现新闻时，才有进行报道的价值，也就是说，人物消息得有新闻事件，有动人的事迹。写新闻事件，不要将人物消息写成履历表或先进事迹材料汇报，而是着重描绘人物最动人的、最典型的、有新闻价值的事迹。切忌面面俱到。

（三）经验性消息

1. 经验性消息的概念及作用

经验性消息也称典型报道，是通过贯彻执行党的路线、方针政策，在某一方面成功做法或典型经验的报道。

经验性消息以介绍经验为主，但与业务部门介绍先进经验不同，它必须寓经验于事实之中，把经验当作新闻来告诉读者。

2. 经验性消息的种类

一类是一篇消息只介绍一条经验，其篇幅短小，但中心突出。还有一类是一篇消息介绍几种经验或措施。

3. 经验性消息的写作要求

与其他类型的消息相比，经验性消息有的与介绍经验的工作通讯差不多，有的与介绍经验的综合消息、调查报告类似。但在写作上亦有一定的区别。

经验性消息，一般不宜将经验介绍得过细，应集中扼要，突出重点，应选择有普遍意义的经验，使之具有启迪和指导作用，避免过于专业性的论述。具体要求有以下三条。

（1）必须选取具有普遍意义的、比较成熟的典型经验的材料。

（2）必须保持消息的特点，用事实阐述经验。

（3）在介绍经验的同时，一般都要求对这项工作的成绩与效果做比较具体的交代，使经验显得可信可靠，增强报道的说服力。

另外，对于报道的经验的评价应该实事求是，防止片面性，更不能夸大、拔高，或把先进经验绝对化。

（四）综合消息

1. 综合消息的概念及特点

综合消息是指围绕同一主题，把发生在不同地区或单位的多个同类或相近事实综合起来，反映一个时期或某一事件、某一问题带全局性的情况的新闻报道。它不限于一时、一地、一事，具有范围广、声势大的特点。综合消息也被称作新闻综述。

2. 综合消息的种类

（1）横断面的综合，即就一些地区、部门所开展的某项工作的情况或成就、进程综合起来，做一个总的介绍，有时也综合群众对某一事件的态度、反映以造成声势。这种消息一是按范围来写，二是按类别来写。

（2）纵深度的综合，主要就一定时期或阶段某个地区或部门的工作进展、成就或某一事件的发展变化进行报道。

3. 综合消息的写作要求

写作综合消息，要求掌握充分的材料，进行分析和综合，注意点面结合，观点和材料的统一。

在诸种消息写作中，综合消息写作的难度相对较大，它不但要求作者有较强的写作能力，还要求作者有较强的分析和概括能力。写作中，要灵活运用各种方式，力求表现形式多样化，写得生动且深入，具有可看性。

四、消息写作的注意事项

消息写作应注意以下几点。

（一）表达方式的简括性

简要而概括地反映新闻事实，是消息区别于其他新闻体裁的本质特点。消息总是用尽可能少的文字来对新闻事实进行简明扼要的反映，这既是新闻媒体受时空限制的结果，也是新闻快速传播、解受众信息之渴的使命使然。

（二）事实报道的客观性

消息是对新闻事实的客观报道，比其他新闻体裁更加注重用事实说话。"事实胜于雄辩"，消息不提倡写作者在文中直接抒情或者议论，要求尽量发挥事实的效力，尽可能地减少个人的主观色彩。

（三）结构方式的特殊性

消息常采用倒叙结构，也就是一般所说的倒金字塔结构，最重要的事实放在最前面，紧接着是次重要的事实、再次重要的事实。消息通过标题用一句话报道事实，起到索引的作用；导语将新闻事件的结果、新闻事实的精要呈现在读者面前，叙述事实，补充标题，起到吸引读者的作用；主体是新闻事实的展开部分，补充导语，完全打开包袱，展现新闻事实的更多细节和信息。

（四）外在标志的鲜明性

消息的外在标志是"电头"或者"本报讯",也可以总称为"消息头"。"电头"用以表明电讯稿发出的单位、地点和时间,一般加括号或者用显著的字体标出,置于稿件开头位置。新闻通讯社主要以电报、电传、电话等方式发稿,所以通讯社总是以"××社××地××月××日电"作为消息头。"本报讯"是报社自己的记者或通讯员采写的稿件的标志。如果是外埠采访、外地发稿,也需要标注发稿的时间、地点,写成"本报××地××月××日专讯"。

五、范例

因为是针对民航空乘人员的写作教程,我们举例大都采用民航业内的新闻体例。因为是一个行业的新闻,就形成了这样一个特点:和学生的专业贴近,但就新闻专业而言,也许例子显得不够典型。两相比较,我们选择了与专业贴近的角度。

【范例7-1】

"国航"被国家工商总局认定为中国驰名商标

北京市顺义区对国航在商标战略实施示范工程中的突出表现给予嘉奖

本报讯 通讯员付薇、王焱报道:日前,中国国际航空股份有限公司拥有的"国航"商标被国家工商总局商标局认定为中国驰名商标并被授予牌匾。同时,北京市顺义区政府也对国航在顺义区商标战略实施示范工程建设中的突出表现给予嘉奖,并颁发了品牌宣传奖励资金。

近年来,国航一直关注品牌建设,并将其作为公司发展的战略重点之一,通过全面提升服务品质,推进服务产品创新,优化客户体验,努力实现对客户从购票到出行、从地面到空中的全流程、无缝隙关怀,将品牌理念融入具体实践中。在确保安全运行、成功完成多项重要生产经营任务的同时,国航战略引领能力、市场驾驭能力和综合管控能力不断增强,彰显了品牌的综合实力。同时,国航积极履行航空公司的使命与责任,关注和参与社会活动、公益活动,履行社会责任,树立了良好的品牌形象。

中国驰名商标的认定,对国航品牌战略的实施具有积极作用,并将进一步增强国航品牌影响力,提升品牌美誉度。作为品牌价值评估体系中的重要指标,中国驰名商标的认定对于公司品牌价值和商誉的提升能起到直接、有效的作用。

中国驰名商标是指在中国为相关公众广为知晓并享有较高声誉的商标,须经国家工商总局商标局、商标评审委员会或人民法院依照法律程序予以认定,是对该项商标持续使用时间、品牌宣传影响力、主要产品营销业绩等各项因素的综合衡量。按照国际国内有关法律法规,认定驰名商标不仅可以在国际、国内范围内获得更大范围、更周延、更有力的法律保护,并在跨类别保护基础上,可以获得政府更多支持。在认定侵权、证明侵权恶意等方面,驰名商标也有着更有力的支撑。

【范例 7-2】

东上航试点基础经济舱等细分产品

本报讯 记者钱擘报道：

东上航计划于 2019 年 1 月中旬起在上海—曼谷、上海—普吉两条航线上试点推出灵活经济舱、标准经济舱、基础经济舱等产品。

东上航表示，将依托这些新的细分产品，与其前不久推出的超级经济舱互相组合，构成东上航各类舱段新的品牌运价产品体系。这些细分产品今后还将逐步推广到东航、上航的其他航线上，为不同需求的旅客提供更多选择。

在这些产品中，超级经济舱拥有专属舱位及更宽敞舒适的座椅，旅客可享受改期免收手续费、优先升舱等服务；灵活经济舱改期免收手续费，允许升舱，旅客可免费优选座位；标准经济舱的退票、改期需收取手续费。而对近期受到关注的基础经济舱，东上航表示，该舱段会提供相对更优惠的票价，但对退改签、升舱、选座、值机、登机次序等权益将会有所限制。这意味着，这一舱段可能更适合于低频出行、对时间要求不敏感但对价格更敏感的群体。

推出价格和内容更加细分的产品，是近年来国内外民航业都在开展的探索。与东上航"基础经济舱"类似的产品，在北美等市场此前已经出现。东上航此次试水，将为行业提供更多示范。

【范例 7-3】

东航计划执行 7 700 余航班保障新年元旦旅客出行

民航资源网 2018 年 12 月 28 日消息：2019 年新年即将来临，旅游、探亲出行也将随着元旦小长假的到来再次迎来高峰。为满足节日期间旅客出行需求，截至 2018 年 12 月 24 日数据显示，2018 年 12 月 30 日至 2019 年 1 月 1 日东航计划运行航班 7 700 余班次，同比增长 11%左右，预计共投入 131 万余个座位，同比增长 13%左右。

元旦期间，国际市场中短途旅游需求相对旺盛，预计东南亚的曼谷、新加坡、巴厘岛、科伦坡、普吉岛、甲米、吉隆坡、沙巴、清迈，以及韩国的首尔、济州岛等地将比较热门。

为满足小长假期间旅客出行需求，国际市场方面，运力增投以东南亚、日本等市场为主，优化上海浦东—曼谷、巴厘岛、大阪、名古屋、迪拜、澳门等航线，更换大机型执飞，预计增加座位数 1 418 个。国内市场方面重点保障旅游航线，针对上海—三亚、西安—三亚、浦东—昆明、浦东—张家界等航线进行机型调整，预计增加座位数 1 856 个。

小长假后，东航将于 1 月 2 日新开上海浦东—曼德勒航线，航班号为 MU241/242，采用空客 320 系列机型执飞，每周执行 3 班。去程 MU241 航班每周三、周五、周日 22:10 从上海浦东国际机场始发，次日 1:40 抵达曼德勒机场；回程 MU242 航班，每周一、周四、周六 2:40 从曼德勒机场始发，7:40 抵达上海浦东国际机场，为旅客出行提供多样化选择。

【范例 7-4】

中国又一款大飞机传来好消息：
进入最后冲刺阶段，未来将盯紧南海

2018 年 8 月，国产 AG600 水上飞机项目——中国又一款大飞机传来好消息，开始进行水上项目的试飞工作，这意味着整个项目进入最后冲刺阶段，一旦完成的话，整个试飞的主要项目完成，可以进入准备交付阶段。

关于大型水上飞机的研发工作，让许多人有点质疑，主要研究这一领域的美军在几十年前就放弃了，目前全球仅有少数国家在从事大型水上飞机的研发工作，所上马项目非常稀少，投入使用的数量也不多。我军为何不惜成本要实现突破呢？

不管怎么说，现代航空研发都不是一个小事，非常消耗人力、物力、财力，这令是否有必要研发一款大型水上飞机成了一个大问题。如此想法，只是单纯把问题想象成了一个技术问题，而不是从需求的角度来看待问题。

美军之所以放弃发展水上飞机技术，不是说美军压根不需要水上飞机，而是因为需求太小，美军认为可以以其他东西代替，把它作为低效益项目处理了。

我军的观点和想法与美军有所不同，20 世纪 50 年代起，我军就开始列装第一批大型水上飞机，至今已经拥有几十年的使用经验，我们一直没有放弃过，即便服役数量一直有限，实际上只有几架。

经过实际使用，我军对水上飞机有了自己的想法，它拥有自己的技术特点，有许多不可替代的地方，尤其是在缺少机场的地方，可以在水面上起落。这一点对沿海及岛屿地区非常适用，而且可以在水上着陆的特点，在搜救人员等方面拥有不小的优势。

我们研发的 AG600，为目前在现役与研发型号中最大的一款水上飞机，其性能是相当可观的，主要为了解决沿海及偏远岛屿的交通问题，同时，也想解决大面积海域的巡逻等问题，一旦该机投入军用，那么未来将盯紧南海，发挥陆基飞机所无法比拟的作用。

同时，该机也针对一个潜在的市场，由于全球范围内，因海上巡逻与救援、交通、森林防火等需求，对大型水上飞机尚有不小的需求，许多在役的水上飞机已经为老旧型号，更新换代的需求不小，可是全球可供选择的型号又非常有限。

据说，该机尚没有服役，国内订单已超过十架，如果顺利服役，那么未来实现出口几乎没什么难度，主要是竞争对手几乎没有，这是一个近于空白的市场！故而，从各方面考虑，中国都有必要研发这样一款大型水上飞机！

【范例 7-5】

山航免费运送在厦山东籍老军人回乡省亲

本报讯：2017 年 9 月 14 日 8:40，从厦门飞往青岛的山东航空股份有限公司（以下简称"山航"）SC4955 航班平稳落地，从机舱内走出一位特殊的旅客，他就是 91 岁高龄的山东籍老军人王湘生。这是山航 2017 年启动"邀请参加解放厦门战役的山东籍老军人回乡省亲"大型拥军活动以来，首位免费乘坐山航航班由厦门返回山东省亲的老军人。

乘务员精心布置了航班客舱，在行李架和壁板上张贴了解放厦门战役的历史资料照片。航班转入平飞后，乘务长涂莹通过客舱广播介绍了老军人王湘生的情况。在乘务组的邀请下，王湘生向旅客讲述了自己参加解放厦门战役的经历，并与部分旅客进行了交流。旅客们分享了自己的感受，纷纷对王湘生等革命老战士的英勇奉献精神表达了崇高的敬意。一位来自福建省的儿童旅客表示，要继承老一辈革命军人的优秀传统，珍惜当下的和平与繁荣，努力学习，将来为祖国的建设做出自己的贡献。最后，山航乘务员将自己亲手绘制的一幅素描作品送给王湘生老人作为纪念，以表达对老人的敬意。

据厦门市爱国拥军促进会的相关统计，参加过 1949 年解放厦门战役的山东籍老军人，仍健在的不到 200 人，且都已八九十岁，他们虽长期生活在厦门市，但内心却充满了乡愁。为向这些老英雄、老军人致敬，同时为彰显企业的社会责任感，提升品牌形象，山航自 2016 年起推出了"邀请参加解放厦门战役的山东籍老军人回乡省亲"大型拥军活动，利用山航往返山东的航班免费邀请参加过解放厦门战争的山东籍老军人重回故乡、缅怀故土、探望亲人，缓解其相思之愁。

2017 年是山航开展"邀请参加解放厦门战役的山东籍老军人回乡省亲"拥军活动的第二年，王湘生及其家属正是搭乘了这趟免费航班回到了自己的家乡青岛，探望故乡亲属。老军人回乡活动是一场回馈社会、弘扬正能量的感恩活动，让解放厦门、热爱祖国的一批老军人，在晚年回到自己魂牵梦萦的家乡探亲祭祖，实现他们多年的心愿。活动自开展以来得到了厦门市政府、厦门市人民代表大会、政治协商会议、厦门市双拥办公室、厦门市爱国拥军促进会的大力支持，在政府、军队、社会层面得到了一致认可和赞同。

山航将以此为开端，继续履行拥军共建、军民融合的社会责任，为厦门拥政爱民、拥军优属工作及国防建设贡献一分力量。

山航在免费运送在厦山东籍老军人回乡省亲时，诠释了"厚道山航"的服务理念，展现了企业的社会担当，树立了良好的企业形象。一个组织也像一个人一样，良好的组织形象作为组织与外界接触的第一印象，往往给人留下极为深刻的记忆。如果一个社会组织在社会交往中，永远乐观向上、热情诚恳，那么这个社会组织就会在与它交往的人的心中留下美好的印象，人们会被它的精神所吸引，愿意与它交往，从而使其拥有一批值得信赖的朋友。

六、写作训练

1. 请将下面这条新闻改写成简明消息。

昨日，东航在上海启动了 2017 年度最大规模的乘务员、航空安全员招聘会，近万名俊男靓女期待从这里"圆梦蓝天"。

东航招聘工作人员告诉记者，由于今年东航的乘务员、航空安全员招聘会的招聘对象不限性别、不限地域、不限户籍，并且首次将年龄上限由原来的 25 周岁调整至 32 周岁，这次上海站的报名应聘人数达到 9 498 人，超过预期。报名应聘者有在校学生、职场精英、退伍军人等人士，其中不乏已经婚育的女士和之前当过空中乘务员者。

东航招聘负责人说:"这次报名的 26 周岁至 32 周岁的应聘者就有 1 874 人,如果按以前的招聘政策,他们是超龄的,但现在情况就不一样了,这既是企业发展、行业发展的趋势,也是航空公司优化服务人员年龄结构、提高服务人员素质的一种体现。从航空公司的角度来说,相比刚刚毕业的学生,职场人士有一定的社会阅历,职业稳定性较强,待人接物、为人处世方面更加成熟,服务意识较好。从应聘者角度来说,此次年龄的放宽不仅为他们增加了择业的机会,同时他们对乘务职业也将会有新的认知,乘务并不仅仅局限于年轻、漂亮,还需要的是成熟、稳重和具有服务意识。"

不仅是年龄放宽吸收多元化的人才,东航此次招聘会还给退伍军人提供了就业机会。东航作为负责任的国有大型企业,一直致力于履行更多的社会责任,积极回馈社会、服务社会。东航十分重视军企共建合作,曾于 2015 年年底与中国人民解放军三军仪仗队、上海警备团签署《军企共建协议》,分别招收三军仪仗队、好八连的退伍军人 24 名,此次对退伍军人的学历放宽就是对广大退伍军人的欢迎和认同。

据介绍,此次东航上海站招聘会共分两个阶段,其中 16、17 日两天是初试阶段,18、19、20 日是复试阶段。初试阶段主要是考查应聘者的形象、气质等方面,复试阶段包括初检验证、综合面谈、英语能力、综合能力、试装、体能测试(仅男生)六个部分,全部过关才能拿到"录取通知书",后续将进行正式的专业培训学习。

2. 根据下列材料,写一篇消息,标题自拟。要求写导语和结尾。

运十飞机的研制采用了近百项新材料,一百多项新标准、新工艺,获得了研制组织工作的宝贵经验。机体国产化率 100%,除发动机向国外采购配套外,航电和机械系统国产化率超过 96%。

它的研制突破了苏联飞机的设计规范,是我国第一次参照美国适航条例 FAR-25 部标准研制的。整个研制过程没有依赖过一个外国人,它是我国拥有完全独立自主知识产权的大型飞机。同时,运十大量引用了国外先进技术,绝不是像某人所说的是"闭关自守的产物"。可以说,708 工程的实施,给我国航空科研设计带来了质的飞跃。

运十客舱按经济舱布置是 178 座,混合级布置 124 座,最大起飞重量 110 吨,最大巡航速度 974 千米/小时,实用升限高达 12 000 米,最大航程 8 300 千米,与波音 707 是同一量级,但不是波音 707 的翻版。

运十共试制了两架,一架做静力强度试验,完全符合设计要求;另一架从 1980 年 9 月首次试飞上天后,先后飞到北京、哈尔滨、乌鲁木齐、郑州、合肥、广州、昆明、成都,7 次飞到拉萨。至 1985 年 2 月停飞为止,总共累计试飞 130 架次、170 飞行小时,没有发生过问题。运十的系列化发展设想也曾着手考虑。

运十的座公里耗油量优于伊尔-62 和"三叉戟"飞机。20 世纪 80 年代初,"三叉戟"飞机仍是我国民航机队的主力机种之一,运十能在主要性能上超过它,对航空工业还比较落后的我国来说,其意义非常巨大。

运十的研制费用总计 5.8 亿元人民币,而西方研制一架民用大型客机的费用一般是 15 亿美元~20 亿美元。运十取得的初步成果说明,我国是有能力把研制大飞机的愿望变成现实的。

运十成功的意义：运十是由中央直接指挥、中央各部委、军队及全国 21 个省、市、自治区的 262 个具体单位集体创作、大力协同的产物。它的研制成功，使我国拥有了自己设计制造大型飞机的复杂技术，这不仅填补了我国民航工业以前不能制造大型飞机的空白，使我国成为继美、俄、英、法之后，第五个掌握了制造 100 吨级喷气式飞机的国家。而且在 Y-10 研制的 10 年中，还同步研制成功了与 JT3D-7 性能相当的 915 发动机，并成功地装在波音 707 上进行了飞行试验。最难能可贵的还在于培养和锻炼了队伍，为进一步发展我国民机工业打下了基础。这是我国航空界的一笔宝贵财富。

当时，国内舆论界称赞它是"自力更生与引进国外技术的一次很好的结合"。西方对我国运十研制成功给以极大关注。路透社说："在得到这种高度的技术时，再也不能视中国为一个落后的国家了。"波音公司的一位副总裁看了飞机，了解了情况之后说："如何研制大型喷气式运输机，你们也毕业了，我们不过早毕业而已。"美国道格拉斯公司的一副总裁看了飞机之后说："你们的航空工业一下子赶上来了 15 年。"

航空工业从它在世界上诞生的那一天起，就先导着科学技术发展的潮流，集材料、机械、发动机、空气动力、电子与自动控制、武器等最前沿技术之大成，成为一个国家科技、工业、国防实力的象征。我国的航空工业是在一穷二白的基础上发展起来的。在中华人民共和国成立后，它与我国的航天事业比翼齐飞，迅猛发展，各个系列型号的歼击机、强击机、轰炸机陆续飞上蓝天，而运十的研制成功，正是我国当时航空工业飞速发展的集成和写照，使我国航空工业的规模和科技水平一跃成为仅次于美国、俄罗斯的第三大国。

第二节 通 讯

一、通讯概述

通讯是报纸上常见的一种篇幅较长的新闻报道体裁。

通讯是中国的"土特产"，西方称类似的报道为"特稿"，它是由消息演变而来的。

在中国，电讯事业没有出现的年代，记者和通讯员向报社传递外埠新闻一般采用书信形式，这类报道最初被称为"某地通信"。电报发明后，由于电报费用昂贵，记者轻易不发电讯稿，非发不可的稿件也是左右斟酌，而用书信把某些时效性不太强、叙事详尽、篇幅较长的报道邮寄到报馆，人们便称这类报道为"通信"。后来，通信逐渐发展成一种独立的新闻体裁。20 世纪 20 年代，"通信"正式成为"通讯"，沿用至今。

通讯是一种详细深入的报道，容量比消息大，手法也更灵活。消息往往概括性强，简明短小，常常报道突发事件或事情过程中的一个片段，而通讯则常常报道事情的全过程，比消息更全面、更完整。而且，通讯在适用的范围上也要比消息广，如有些新闻事件发展过程中，细节生动、有起伏，很有报道价值，但是采用消息的形式，难以达到理想的宣传效果，而通讯除了详细描写事实外，还能深入发掘生动的细节以及丰富的人物内心情感和思想活动，使报道立体化、有深度和厚度，能加深读者对所报道的事实意义的理解。

(一)通讯的主题

通讯的主题就是通讯作品的中心思想,是通讯的灵魂。一篇通讯,宣传什么样的观点,提出什么问题,提供什么经验,这就是这篇通讯的主题思想。主题像一根红线,串起各种素材,形成一篇完整的通讯。通讯主题是否正确、鲜明、集中、深刻,是整篇通讯成败的关键。所以写通讯,首先要在提炼主题上下功夫。

通讯的主题,一是要集中,就是要突出一个主题思想,不能东讲西说,抓不住要领;二是主题要鲜明,符合时代特征,为读者提供新思想、新经验;三是要对事件的特点和本质进行深入挖掘,获得较为深刻的认识。

更好提炼主题,必须深刻选择典型的、反映事物本质的材料,即选择具有鲜明个性的典型人物、事件或工作经验来表现主题。

(二)通讯的结构

结构是文章的骨架,能把所报道的材料根据主题需要,合乎逻辑、恰当地组织起来,使其成为一篇完整的作品。通常的通讯结构方式有以下几种。

(1)纵深式。按时间顺序、事件发生的顺序或作者思维的逻辑发展顺序来安排层次,组织报道材料。按时间为顺序安排层次,要注意详略得当,富于变化;按事件发生的顺序开展情节,要注意理出报道事物的时间发展主线、情节开展的主线,组织结构,不能乱写;按作者思维的逻辑发展顺序来组织材料,这类结构通常是要写许多事件和人物。

(2)横式结构。用空间变换或按照事物的性质来安排材料,特点是概括面广,要求合理安排不同空间变换以及通讯所涉及的各方面的问题。空间变换的手法结构,即是用地点的变化组织段落,围绕一个中心事件之间紧密的内在联系组织不同地点所发生的不同事情,从不同角度来表现主题。并列结构是围绕一个主题,把几个单独的故事或事件的几个不同侧面并列地组织成一篇通讯。

(3)纵横结合式。兼收前两种结构之长,以时空的变换组织结构。一般常用于重大题材、著名人物,因为这类题材往往比较复杂,人物和场面众多。

(三)通讯的表现手法

通讯比消息更细致、更形象地描写人物、记叙事件,它通常采用多样的表达手法,特别是要采用文学的手法来处理新闻题材,通过生动的描写来报道真人真事。

通讯采用的表现手法有以下三种,这三种也是文章表达的基本手法。

(1)叙述。叙述是通讯写作的基本手法,包括顺叙、倒叙、插叙等多种方法。在一般事件通讯中,表现人物的思想行为和人物之间的关系,通常运用叙述来表现。通讯的叙述要求具体实在、生动活泼。

(2)描写。描写是以生动的形象语言,把人物或景物描绘出来,它也是通讯常用的手法。通讯的描写依据描写的范围和对象而言,可分为人物描写、场景描写和细节描写等。成功的描写使得人物栩栩如生,让读者如入其境。但也要摒弃那种为描写而描写、堆砌材料的做法。

(3) 议论。通讯的议论，是在通讯的某个部分加进说明性的文字，夹叙夹议，直接表明作者的观点，画龙点睛，揭示主题。议论时带有作者的观点，自然也和抒情结合在一起，议论往往是作者怀着强烈的感情，用形象的语言表达自己的看法和主观感受。通讯中的议论必须少而精。

（四）通讯的标题

标题是通讯的主要组成部分。好的标题可以增加通讯的可读性，鲜明地体现通讯作品的主题。一般情况下，通讯的标题字数更少，通常是一行标题，可以加副题，也可以不加副题，但很少用引题。

常见的通讯标题有以下几种：① 突出新闻事实；② 相反相成，相映成趣；③ 突出问题，引人注目；④ 抒情式；⑤ 形象化、拟人化；⑥ 设置悬念。

通讯标题还可以运用群众中流行的口语，以使通讯标题更加诙谐风趣。

（五）通讯的开头和结尾

1. 开头

通讯和消息一样，都需要一个出色的开头来引人入胜。按照一些新闻工作者的归纳，通讯开头有十几种之多，如议论式、情景式、对比式、描写式、悬念式、用典式和开门见山式等。

（1）议论式，是用精辟的议论作开头，充分揭示文章的主题和直接抒发作者的思想感情，具有较强的感染力。

议论、抒情往往是融合在一起的，有人将议论称作"抒情式议论"，也有其道理。如《新世界七大奇迹——港珠澳大桥》的开头：2018 年 10 月 23 日，世界最长的跨海大桥——港珠澳大桥开通仪式在广东珠海举行，被誉为"新世界七大奇迹"。大桥的成就让全世界瞩目，但是大桥的造就却困难重重，鲜为人知。国外的公司漫天要价，只能逼着我们从零开始，自主设计。大桥的难度，对于建设者来说，每一天都是第一天，每一节都是第一节。2017 年 7 月 7 日，港珠澳大桥主体工程全线贯通，这一刻，每一个建设者的坚守，每一次与家人的分离，每一次团队的合作，都已经凝固成了丰碑。

（2）情景式，用引人入胜的情节、细节开头，起到提纲挈领的作用，让读者立即就触及所报道的人物和事件。如《亚洲大陆的新崛起》的开头，描写主人翁李四光穿破伦敦迷雾毅然回国的一个生动场面，为以后的故事作铺垫。

（3）对比式，以鲜明的对比作开头，使通讯的主题思想深入人心。如通讯《纪念改革开放 40 周年 首都机场运营 60 周年》的开头："2018 年 12 月，首都机场年旅客吞吐量突破 1 亿人次历史大关……60 年披肝沥胆，与共和国的成长同呼吸共命运；40 年栉风沐雨，为共和国的改革开放增彩添光。从 0 到 1 亿，浓缩了光阴和汗水，唤醒了记忆和豪迈。"

（4）描写式，即在开头描写环境，渲染气氛。如《县委书记的好榜样——焦裕禄》对焦裕禄初来兰考大地的一片萧瑟凄凉场景的描写。

（5）悬念式，则是抓住新闻事实中有矛盾、有跌宕的情节或违反常理的现象作开头，构成引人入胜的悬念，引起强烈的吸引力。如《播撒生命阳光的人》的开头："年关近了，年味浓了。中航工业成飞党委书记、总经理来到卧床经年的内退职工石师傅床前的时候，被他头顶两侧墙壁哑铃击擦的大锪窝怔住了，更对照顾他饮食起居的人充满敬意。事情原委还得从头说起。"

（6）用典式，是用成语、诗词、民谣或历史典故作开头，既可以作为通讯的"引子"，又可以为通讯增添文采，营造气氛。

（7）开门见山式，开宗明义地讲清通讯主题、什么事情、什么问题。

2. 结尾

一篇通讯要善始善终。好的通讯结尾，能起到深化主题、激发感情、发人深思的作用。通讯的结尾通常有如下几种。

（1）总结式。总结式也称画龙点睛式，在通篇报道的基础上，用精练的议论结尾，起到深化主题的作用。这种结尾一般用在严肃庄重的题材。如《播撒生命阳光的人》的结尾：2012年春天，"激情成飞"颁奖晚会上，唐荣光走上红地毯，全场响起了经久不息的掌声。晚会组委会在给他的颁奖词里这样写道：只为一个病重的老乡、同学，年近花甲的他用双肩扛住了倾斜的天空，扛住了清平和辛苦，扛起了本来不属于他的责任。爱，被期待着。带来的，是生命的阳光；播撒的，是超越亲情的善良。

（2）提醒召唤式。在文章的结尾，再次有针对性地提醒或召唤读者，使人为之一振，引起共鸣。

（3）启发式。用具体的事实结尾，含而不露，耐人寻味，提示读者去思索和进一步认识问题。

（4）收尾呼应式。收尾一贯，前后呼应，点明主题，使主体思想更加明确。如《谁是最可爱的人》在开头提出了这个问题，结尾又再次写道："他们确实是我们最可爱的人！"

（5）自然收束式。这种结尾不另写结束语，事停笔停，朴素自然，却耐人咀嚼。如人物通讯《三说"观测老张"》的结尾：话老张，还得说说他那张嘴。现在观测室的所有人都是老张的徒弟，没有一个不是在他那张循循善诱的嘴下教导出来的。人们都说"教会徒弟，饿死师傅"。老张的嘴却是毫无保留地将他多年积累的经验不厌其烦地告诉你，不怕你知道，就怕你不明白。他常说："长江后浪推前浪，欢迎你们把我拍在沙滩上。"

通讯的结尾应该不拘一格，根据每篇通讯的具体情况，精心设计，不能拖拖沓沓，画蛇添足。

二、人物通讯

（一）人物通讯的概念及分类

人物通讯是一种真实、及时报道新闻人物的体裁，主要是通过描写先进人物的事迹和思想，深刻地揭示其精神境界。人物通讯一般分两类：一类是写先进个人；另一类是写一群人，写先进集体的，如《谁是最可爱的人》。正是那些优秀的通讯塑造了王进喜、雷锋、焦裕禄、伍庆香（航空功臣）、郭守义等一个个闪光的楷模，他们感人的形象至今激励着我们。有人说，人物通讯今天是写英雄业绩的新闻，明天就是记录时代风云的历史。

（二）人物通讯的写作要求

首先要深化开掘主题，体现时代精神。写人物通讯，要抓住人物活动的现象，抓住事物的本质，揭示人物的思想，提炼出能够体现时代精神的主题。

其次要立于真实、实事求是。写真人真事，是人物通讯的基本要求。要做到事实准确，包括人名、地名、时间、事情经过、矛盾冲突、历史背景、数据引用都必须准确无误。

最后要正确表现先进人物与党和群众的关系。不能因为突出个人而不顾事实地把周围群众的觉悟写得很低，作为陪衬和对比，这样歪曲事物的本来面貌，很容易让先进人物在生活中、工作中遭到讽刺和孤立。

（三）写人物的几种表现手法

人物通讯的写作要调动一切手段，把人物写活。只有突出人物的个性，善于通过人物的行动、语言，运用细节描写，再现人物的工作、生活环境等来表现人物的性格、思想，才能把人物写活。具体的写法有以下几种。

（1）描写人物的外貌和心理，包括容貌、姿态、神情、服饰等，外貌描写可以写人物的基本面貌，细腻准确的心理描写能够揭示人物的内心世界，帮助读者深刻地理解人物。

（2）用人物的行动表现人物，在优秀的人物通讯中，作者总是通过精心选择的人物行动展示人物的思想境界。

（3）通过性格化的语言来表现人物个性。人物通讯要将人物写活，必须把各种人物新鲜活泼、个性化的语言报道出来，才能避免把人物写得一般化，千人一口。

（4）抓住感人的细节描绘。通讯的情节要有一系列的细节来充实，作者必须深入挖掘、精心挑选真实典型的细节，来写活人物。如写到焦裕禄，人们就想到他用硬东西顶住时作疼的肝部，以致将藤椅右边顶出个大窟窿的细节描写。

（5）适当穿插议论和抒情。议论和抒情在人物通讯中主要用来表现作者对所报道的人物和时间的感受，以加深读者的认识，增加通讯的感染力。

另外，通讯还要善于再现人物的工作环境和生活环境，描写与人物活动环境有关的景物。

【范例7-6】

三说"观测老张"

本报通讯员 李胜春

说老张，得说说他那头标志性的银发。这头银发，在全国民航气象观测队伍中已不多见。看得出，老张有些年纪了。老张大名叫张凤龙，1956年出生，1975年在部队里开始干气象观测工作，1983年来到厦门空管站，在气象观测室工作至今。几句话就说完的简历，却是一位党员倾心奉献观测工作的大半生。

初来空管站，现在的老张可不是当年的小张，满头乌发，意气风发。最初的观测室设施简陋，在晚上测云高的唯一方法是放探空气球。放气球要充氢气，制氢绝对是件危险的事情，需要胆大心细，技术过硬，哪怕一步操作失误，都会造成氢气爆炸，轻则烧伤人员，重则人员、房子"一锅端"。遇到这些危险的事情，老张总是往自己身上揽。那些年，夜晚天空中轻盈飘逸的气球下面都有一丝不苟认真工作的老张的身影。

当年的老张雄壮如虎，工作不知疲倦。如今的老张满头银发，身患心脏疾病，却依然坚守在观测岗位上。2010年的一天，他如往常一样从家里来单位上夜班，下楼的时候突然心脏急剧绞痛，他跌坐在楼梯上，给当班的人员打电话说他到医院做个检查晚点接班。他是准备拿点药就去上班的，可是一到医院，医生很紧张地让他坐在轮椅上。检查结果果然不容乐观：心脏大面积梗死。这一次他的心脏里被放了3个支架。可是，这位和死神打过招呼的汉子，仅仅休息了半个月就又开始了工作。他说："离开观测，我才是病人。"

道老张，还得说说他那双火眼金睛。老张的眼睛不大，但明亮有神。看云识云高是观测员的一项本领。古代诗人看云的时候，面对云卷云舒感叹风云变幻、气象万千。老张看云的时候，没有诗情，但有实情。他报告的云高基本能做到与机组报告的云高相差不出30米，有时甚至是一模一样。夜晚多云的天空，一般人看到的是一片混沌，老张却能看到天空的层次，犹如测云高的云幕灯一般。在他的从业生涯中，许多次他肉眼的观测结果竟与实测重合。令人惊叹：眼睛不需要大，聚光就好。

话老张，还得说说他那张嘴。现在观测室的所有人都是老张的徒弟，没有一个不是在他那张循循善诱的嘴下教导出来的。人们都说"教会徒弟，饿死师傅"。老张的嘴却是毫无保留地将他多年积累的经验不厌其烦地告诉你，不怕你知道，就怕你不明白。他常说："长江后浪推前浪，欢迎你们把我拍在沙滩上。"

三、事件通讯

（一）事件通讯的含义

事件通讯是报道新闻事件发展过程的通讯。它是报道典型的、有普遍教育作用的新闻事件，可以写一件事的前因后果，也可以把全过程压缩成概况性的叙述，也可以对事件的某个片段做突出描绘。

和其他新闻报道一样，事件通讯最重要的是新鲜内容，是新近发生的、大家所普遍关心的重要事实。既是新闻事件，就要讲究时效，把真实的新闻事件最快地传播给读者。

事件通讯的报道面十分广泛，涉及政治、经济、军事、公安、司法、外事、体育、社会生活等各方面。

（二）事件通讯的写作要求

（1）从大处着眼，精心提炼主题。好的事件通讯在于它的主题深刻，能反映时代的特点。因此，在写事件通讯时，作者要跳出具体事件的圈子，从大处着眼，把事件放在广阔的社会背景下，和许多同类事件进行比较和考察，才能看出它的普遍意义。但在表现主题时，却要从小处着手，以小见大。

（2）叙事要清晰。在动笔前，要对新闻事件的发展过程和具体特点进行分析和把握，从中理出一条清晰的叙事线索，考虑先记叙什么，后记叙什么，按主题进行有序的排列。叙事方法有顺序和倒叙及平行叙述。顺叙是循序渐进地介绍事实，特点是条例分明、脉络清晰；倒叙是先展现结局，给人一种悬念。

（3）写事为主，以事带人。事件通讯写人物是在事件进程中的活动，人物是通过对事件的产生和发展的叙述带出来的，而不能一开始就着力写人。

事件通讯要引人入胜，当需注意写作技巧，采用各种手法描述事件的发展过程。

【范例7-7】

服务专业勇于担当 飓风面前看国航人从容应对

2017年8月25日晚，四级飓风"哈维"登陆美国得克萨斯州休斯敦沿海地区，导致休斯敦城区及周边区域洪涝严重。中国国际航空公司（以下简称"国航"）商委各部门、休斯敦营业部、地面服务部及各一线营销单位迅速组成应急小组，多部门联动，相互支持、密切配合，彰显国航工作人员在飓风面前的专业服务水平和从容应对、勇于担当的精神。

应急及时、从容处置，彰显过硬的专业实力

8月25日晚，为确保旅客得到妥当的安置，国航综合市场部结合形势第一时间做出反应，制定并下发国航涉及休斯敦航线部分航班客票免费退票、改期、改航线的规定，迅速拟订客户化语言版本，在国航境内外网站（中英文网页）、App程序移动平台、国航微信、国航小秘书等多个平台同步发布。国航华北营销中心、休斯敦营业部等境内外一线营销单位，在第一时间将退改签信息告知各旅行社和代理人，休斯敦营业部将翻译好的英文版国航客票免费退改签规定传达给所辖旅行社及代理机构，为团队及散客提供各项客票服务，全力做好旅客服务保障工作。

国航电话销售服务中心启动应急预案，考虑飓风"哈维"对航班的影响和此应急事件可能会持续的时间，及时安排布置人员调配预案，并和机场指挥中心（Airport Operation Center，AOC）密切合作，随时关注事态的进一步发展，确保话务正常接听，使前来致电咨询的旅客都能享受顺畅的客票退改签服务。

恪尽职守、贴心服务，传导国航人的温馨真诚

准备去休斯敦探望女儿和小外孙的章阿姨，拉着沉重的行李箱，疲惫地踏入北京首都机场T3航站楼，在国航地面服务（以下简称"地服"）票务柜台长长的等候队伍中，她花白的头发在人群中格外显眼，等待工作人员为她已取消的休斯敦航班安排后续航班。一位身着国航工作服的人员快步走到她身边，将她引导至国航特意为老弱病残旅客安排的一号柜台。国航通过此种设置，为这些特殊的旅客提供优先服务，缩短他们等候的时间。

此次为应对飓风"哈维"，国航地服票务部门增派人员，临时增开四个柜台，对有转机需求的旅客逐个进行航班排查，协调外航，全力改签，为保障 CA995 改签旅客顺利成行做出努力。切实落实首问责任制，为旅客排忧解难，为旅客提供饮用水、饼干等，引导旅客提取行李，安排中转酒店，避免旅客二次排队。部分旅客与美国的家人朋友通话后，证实了休斯敦发生飓风的消息，不但把消息与现场的旅客分享，有的旅客还帮国航工作人员进行解释工作，现场井然有序。

人本体贴、悉心周到，感受诚挚舒适旅行

来自明尼阿波利斯的戴维坐在轮椅上，独自来到休斯敦机场国航值机柜台，他独自前往中国杭州，刚下航班就听说由于休斯敦飓风，休斯敦机场始发航班都被迫取消了。在国航值机柜台工作人员的协助下，戴维很快办妥了后续航班改期手续。由于他乘坐轮椅行动不便，国航工作人员特意在凌晨两点用专车将他送到酒店休息。当拿到入住酒店的门卡时，戴维发自内心地感慨：国航的服务太贴心了！

在此次休斯敦飓风面前，国航工作人员密切配合、沉着冷静、恪尽职守，想旅客所想、急旅客所急，以过硬的业务能力做好旅客的服务工作，彰显了国航人的担当意识和进取精神！

【解析】面对四级飓风"哈维"登陆美国得克萨斯州休斯敦沿海地区这一公共事件，国航展现了"构建者和承担者"的责任。"商委各部门、休斯敦营业部、地面服务部及各一线营销单位迅速组成应急小组"；传播组织运用传播手段，与公众沟通信息，在公众中树立组织形象、建立信誉；旅客感受到了"国航的服务太贴心了"。通过一个公共事件，体现了央企的责任当先的风范。

四、工作通讯

（一）工作通讯的概念与特点

工作通讯是着重报道工作中的经验教训的通讯，是直接反映和指导当前实际工作的重要体裁。工作通讯反映的内容有：先进典型的工作经验或某些具有普遍意义的业务经验介绍；提出当前实际工作中存在的某一重要问题；对工作作风和思想问题的典型事实加以评述等。

工作通讯最大的特点是具有强烈的针对性和指导性。因为工作通讯所报道的往往只是特定地区或部门的问题和事件，但只要选材具有典型性和针对性，实事求是地进行透析，其意义可以超出这个特点范围，起到一定的指导作用。

（二）工作通讯的写作要求

（1）有的放矢，面向实际。工作通讯推出的问题必须有现实性，从实际出发，反映当前实际工作中比较重要、具有普遍意义的问题，广大干部群众共同关心的迫切需要解决的问题。工作通讯要提出具有典型意义的问题，要揭示事物的本质，提炼出新的观点和见解，这样才能使工作通讯产生较大影响。

（2）多运用典型生动的一手资料。要深入现场，挖掘生动的第一手资料，具体、生动、新颖的实例，使内行与外行都爱看。

（3）阐述经验要具体透彻。如何把经验讲透，便于人们了解经验的实质，并根据具体情况和条件加以借鉴运用，十分重要。所以，要选择典型事例，另外，不能把各种经验作为现象罗列堆砌，而要通过分析典型事实，总结出规律，找出其内部联系。

（4）叙事结合，生动有力。在叙述事实的基础上，进行深入细致的分析，同时对所报道的事实加以适时的议论，从分析说理中得出结论。工作通讯的议论，要将事实和议论结合起来，夹叙夹议，使观点和议论有机结合。

和人物通讯、事件通讯相比，工作通讯是谈经验、谈问题的，在题材的生动性上欠缺一些。但如果手法灵活，文字简练，概括叙述事实精当，工作通讯也可以写得生动形象。工作通讯的形式也可以不拘一格，除通讯以外，还可以用采访札记、工作研究、读者来信等新的形式。

通讯的形式除了上述三种外，还有风貌通讯、新闻特写、人物专访、新闻小故事等，这里就不一一介绍了。

【范例7-8】

各具特色　让新舟越飞越高

本报记者　高雅娜

如果从2007年年底在国内开飞算起，新舟60已经在国内飞了十多个年头。

如今，无论是在高纬严寒的黑龙江漠河，还是在沙漠戈壁的内蒙古阿拉善盟；无论是在黄海之滨的山东烟台，还是在辽阔的北疆克拉玛依，到处都能看到新舟60灵活而矫捷的身影。

自开飞至今，中国航空工业始终坚守初心，以构建、发展支线航空网络为己任，在国家战略的引导下和民航管理部门的支持下，联手幸福航空，探索出多种满足区域经济发展与民众需求的运营模式，先后形成政府向航空公司采购运力、普遍航空服务的"黑龙江模式"；以通勤形式落实国家基本航空计划的"阿拉善模式"；连通跨海城市形成空中快速通道的"环渤海快线"。

"阿拉善模式"：掀起支线航空发展的热潮

阿拉善盟位于内蒙古自治区最西部，面积27万平方千米，人口24.6万，下辖3旗4个省级开发区，是内蒙古自治区面积最大、人口最少的少数民族边境地区，每个旗之间相距500千米左右。由于旗与旗之间的距离较远，给当地百姓出行造成严重不便。

为了解决当地百姓出行难且成本高的问题，2014年2月8日，幸福航空正式开通了西安—阿拉善左旗—额济纳旗航线，成为国家首个通勤航空试点项目的参与者之一。自此，原来旗与旗之间6~8个小时的车程缩短到航空出行的1个小时。经与阿拉善盟政府商定，幸福航空采用政府运力采购模式运营，先后开通了阿拉善左旗—额济纳旗、阿拉善左旗—阿拉善右旗、阿拉善左旗—呼和浩特、阿拉善左旗—天津等10余条航线。采用国产新舟 60 飞机开通的阿拉善通勤航线，实现了"三小两低"，即"小机场、小飞机、小航线，低门槛、低成本"的规划预期，为实施《国家基本航空服务计划》提供了可借鉴案例。

新舟飞机来了，不仅带来了当地经济社会发展的新机遇，也掀起了支线航空发展的热潮。目前，阿拉善盟 3 座通勤机场分别由幸福航空的新舟 60 和华夏航空的 CRJ900 作为主力机型，全年稳定运营着 8 条航线，通达盟外 6 个城市，给当地百姓带来了实打实的好处。

业内有关专家表示，阿拉善通勤试点可向全国，尤其是"老少边穷"及交通不便的地区进行推广，对于开拓航空运输市场，完善我国干支结合的公共航空运输系统起到了积极作用。

"环渤海快线"：快了不止一点点

在环渤海城市中，烟台区位优势独特，特别是烟台—大连航线堪称"黄金通道"，市场潜力巨大。

环渤海港口之间目前尚无高速公路连接，烟台—天津火车运行需要 12 个小时，烟台—大连船运需要 7 个小时，且受风浪影响较大。

2008 年，烟台—大连航线开通，标志着幸福航空环渤海模式正式启动。烟台、大连两地之间的经济交流频繁，有着充足的商务客源，加上历史上"闯关东"的原因，有着充足的探亲访友客源。

幸福航空烟台基地负责人赵鑫表示，在"烟大快线"开通后，原本轮渡要 7 个小时的航程一下子缩短到 40 分钟，极大地方便了两地百姓的出行。有旅客这样说："到大连来办事，不耽误回烟台吃晚饭。"这是对"烟大快线"带来的好处最质朴的描述。

"烟大快线"作为幸福航空环渤海模式下的第一条运营航线，为实现快捷化、公交化运营，相继设立了专用的柜台和登机口，让旅客尽可能地享受到方便快捷的服务。

"黑龙江模式"：支线网络独具特色

在东北地区，幸福航空主要以哈尔滨基地为中心，构建起了具有黑龙江特色的支线网络。

黑龙江省幅员辽阔，支线机场众多，旅游资源丰富，非常适合发展支线航空运输。长期以来，受限于航空公司的运营模式、支线机型选择、运力投放以及市场开发等因素，黑龙江地区的支线航空未能得到很好的发展。

在尝试了政府定额补贴、"模拟航空"等多种方式后，黑龙江省借鉴美国、日本、澳大利亚等航空发达国家推动航空运输发展的理念，采用"政府购买航空运力"，推动提供"普遍航空"服务。

据幸福航空战略规划部总经理陈欧介绍，该方式像城市的公交运输体系一样，政府主要通过采购运力的方式，鼓励并引导航空公司开发支线航线，推动并促进支线航空的发展。在协助航空公司培育市场的同时，减少亏损运营直至盈利。该方式极大地调动了航空公司运营支线的积极性，有力地推动了支线市场的开发和培育。

在黑龙江省政府和各地市政府的大力支持下，幸福航空批量投放新舟 60 飞机执飞黑龙江省内支线航线，陆续开通了哈尔滨至省内机场的航线。目前，已初步实现了哈尔滨与各支线机场之间的对飞目标。

"黑龙江模式"为我国使用国产飞机积累了大量经验，也在方便居民出行、推动旅游业发展和加强区域之间交流与合作等方面发挥了重要作用。随着黑龙江省内支线的进一步发展，幸福航空还开通了哈尔滨—长白山、长白山—长春、长白山—延吉等航线，逐步让东北地区的支线机场相互连接，形成具有黑龙江特色的支线网络。

新舟60飞得好不好，日利用率是一个重要指标。从目前的数据来看，新舟60的日利用率与成熟的支线飞机还有差距，还有很大提升的空间。这不仅需要航空工业和航空公司携起手来，也需要各地政府与民航相关部门给予新舟更多的支持，让新舟拥有更广阔的天空。

在中国民航机队中，100座以下的支线飞机占比不到2%，还不到全球平均水平的1/10。由此可以看出，属于新舟的舞台还很大。

2017年12月26日，一架幸福航空的新舟60飞机从新疆克拉玛依机场起飞，标志着克拉玛依—阿勒泰航线正式开航，这是幸福航空开通的新疆地区首条航线。同时，这也意味着幸福航空克拉玛依基地正式投入运行，幸福航空成为克拉玛依市首家基地航空公司。目前，幸福航空在新疆运营着克拉玛依—阿勒泰、克拉玛依—博乐两条航线，每条航线每天1班。

在地域辽阔、旅游资源丰富的新疆，新舟60将飞出怎样的模式，将给当地经济和百姓带来怎样的生活改变，我们拭目以待。

五、通讯写作的注意事项

通讯作品材料细腻，文字优美，但它与文学作品具有本质区别，通讯是立足于真人真事、真实存在的一种新闻文体。作为一种新闻体裁，通讯必须符合新闻作品的内在规定，写作时应注意以下几个方面。

（一）内容要真实

通讯所报道的事实，无论大小，都必须是客观事实，是真实存在的。通讯中报道的人和事，每一个细节材料，包括描写心理活动的素材，都必须是来自实地的采访，不可以有丝毫的虚构或者"合理想象"。

（二）注意时效性

时效性是对所有新闻作品共同的基本要求，通讯也不例外。尽管通讯篇幅长、内容要求详细完整，前期采访和后期写作的周期都比较长，但因为通讯报道的是新近发生的事实和当下处于"现在时"的新闻人物，所以必须要求时效性，有时甚至还相当严格，如报道体育赛事的通讯往往与相关消息同时发布。

（三）题材必须有新闻价值

通讯所报道的内容必须具有新闻价值。检验一篇通讯的价值，最简单、最基本的方法就是看它是否传播了对受众有用的信息，写人物要能够打动人心，写事件要能够予人启迪。

六、写作训练

留心目前的民航动态,综合某一方面的内容,如"开展优质服务活动"或加强措施提高安全管理等内容,根据收集到的材料撰写一篇综合通讯,题目自拟。

第三节 新闻评论

一、新闻评论概述

新闻评论是新闻媒体对新近发生的新闻事件发表看法和意见的文章。它是以政论文的形式反映解释新闻的内容,具有一定的新闻性。

早在春秋战国时代,在百家争鸣的自由氛围中,许多言辞锋利的辩论文章就大量涌现,这些文章的文体中就有"评""论"两种。而评论这个词,最初见于汉代,意思是评论事情的是非曲直,与文体无关。后来,"评论"一词逐渐与文体发生联系,成为一部分议论文章的总称。

报刊文章中的评论出现在何时,各研究者持有不同的看法。一般认为是近代新闻报刊出现以后,随着新闻事业的发展和社会需要的增长,评论才逐渐发展为报刊的重要文体。

新闻媒介发表的评论,包括以编辑部的名义和以集体或个人名义发表的各种评论。此处主要介绍以编辑部及编者、记者的名义发表的各种评论,如社论、评论员文章、短评、编后、述评,以及各种署名评论。

(一)新闻评论的特点

关于新闻评论的特点,新闻界没有统一的看法,但较多专家认为有以下几点。

(1)新闻性。作为新闻体裁的一种,新闻性是新闻评论的首要特征。它总是针对现实生活中新近发生的具有新闻价值的事件和问题发表议论、意见和主张。因此,新闻评论在选题和立论时要有的放矢,结合当前形势,提出实际生活中迫切需要解决的问题。

(2)政治性。新闻评论一般具有鲜明的政治性,都是从一定的政治和阶级立场出发来宣传自己的政治主张和思想观点。

(3)群众性。新闻评论的群众性首先在于它的内容是广大群众最关心和最感兴趣的,同人民群众的利益密切相关,同时也是及时反映人民群众的愿望、要求和呼声,因而具有广泛的群众性。特别是各种短评、小言论,其题材来源于社会,甚至不少评论文章就出之群众之手。

(二)新闻评论的作用

新闻评论是新闻媒体的旗帜,是新闻媒体的灵魂。具体来说,新闻评论的作用有以下几项。

（1）提出立场，指导工作。媒体通过新闻评论旗帜鲜明地表明自己的立场、倾向，把党的任务和方针政策具体阐述清楚，教育和动员广大群众来执行党的方针，为实现党和政府提出的任务而奋斗，从而指导和推动工作。

（2）组织舆论，引导舆论。新闻评论结合形势，分析各种思潮、倾向，引导人们正确判断是非曲直，从而起到引导舆论的作用。

（3）为受众提供论坛。新闻评论是一个平台，使群众及时发表真知灼见，监督党和政府的方针政策，反映群众的心声和愿望，从而更好地发扬民主，沟通党和人民之间的联系。

（4）解释新闻，评论新闻。同一新闻事件，由于职业、文化、思想及层次的不同，在理解上存在很大差异，需要报道新闻的同时加以解释、提示，帮助群众认识它的价值。

（三）新闻评论的要素

作为议论文的一种，新闻评论的基本要素有论点、论据和论证。

（1）论点，即文章所表述的某种思想观点、见解、主张，回答"什么""怎么样""怎么办"等问题。论点还分为总论点和分论点，总论点又叫中心论点。新闻评论一般只有一个总论点，偶尔会超过一个总论点，超过一个总论点的会在标题上标出"兼论"，分论点也不是非有不可。

论点的确立应具备以下几个条件：一是论点必须政治正确，概念、提法要有分寸；论点要有针对性，做到有的放矢。

（2）论据，通过回答"为什么"，证明论点所概括的看法是正确的、合理的，使论点能令人信服，或者具体说明论点所包含的意思，使论点为人所理解。论据分理论性论据和事实性论据。

理论性论据是已被证明，为人们接受的思想、观点以及社会准则、经验概况。前人留下的思想文化遗产，如成语故事、格言、民谣等以及自然科学的公理、定理，也可以成为评论的理论性依据。

事实性论据，就是证明论证论点的具体材料。事实性论据就是当前客观存在的事实，包括典型事例和概括性事例，典型事例大都是一人一事，概括性事例可以是统计数字，也可以是客观估量。材料应该有权威性，事例应具有代表性。

（3）论证，就是用论据证明或说明论点的过程和方式方法。论证的方式，一是直接论证，它分为演绎论证和归纳论证；二是间接论证，即通过否定与自己论点相反的论点来证实自己的论点的正确性。论证的方法是指把论点和论据及观点和材料组织在一起的方法。论证的具体方法有例证法、引证法、比较法、类比法、喻证法、反证法和归谬法等。例证法，就是通常所说的摆事实，用具体的事实作论据，通过归纳推理来证明观点的正确。引证法，就是用已知的公理作为论据，推断自己的观点符合公理，以示正确而采用的演绎推理的方法。比较法，就是通过两种或两种以上事物的比较论证论点。类比法，就是将不同时间、不同地点的一类事物的某些相同方面进行比较。喻证法，就是用比喻来阐明事理的方法。反证法，不是从正面直接来论证论题，而是从反面间接地论证论题。归谬法，与反证法相近，以欲擒故纵方法，先假定对方是对的，然后以其为前提，引出一个显然是荒谬的结论，证明对方的论点是错误的。

（四）新闻评论的选题

新闻评论的选题，即选择和确定新闻评论所要评述的事物或要论述的问题，它规定着评论的对象和范围，这是评论写作的第一步。论题选得好不好，关系评论的质量高低。

评论的论题主要来源于生活中，具体体现在以下三个方面：一是党和国家的方针政策，包括国家的重大决定、工作部署、重要会议、重大活动等都是评论的主要议题。这样评论可以帮助群众解读国家方针政策。二是社会实际生活，与人民的实际生活相关的事件，都是评论的议题。三是新闻报道，大量的新闻报道是现实生活的直接反映，报道中的新经验、新问题和先进人物，有思想的观点都可作为评论的议题。

（五）新闻评论的开头与结尾

新闻评论的开头，最重要的是要开门见山，开宗明义，提出问题和作者的观点、主张，问题要提得尖锐、深刻，观点要鲜明、突出。开头尽量要生动、新颖，要吸引人，而且要简短、有力。

评论的开头通常有以下几种。

（1）提出问题，并针对论题提出全文论点。
（2）说明写作缘由，点明论点。
（3）提出问题，并说明问题的重要性。
（4）叙述典型事例，作为评论对象。
（5）摆出要评论的错误言论。
（6）引经据典，使文章显得生动活泼。

这些开头一定要与新闻事实相连，否则文章就成了杂文了。

评论的结尾，常用的有以下几种。

（1）总结全文，明确论点。
（2）总结全文，深化论点。
（3）启发，鼓舞读者。
（4）提出希望，发出号召。

（六）新闻评论的标题

标题是新闻评论的眼睛，一个准确而醒目的题目，能为评论增辉添彩，令人过目难忘。新闻评论的标题可以以具体的事实为内容，也可以抽象地以观点、态度为依据。标题一般只有一行。新闻评论的标题，首先，要具体确切，不能文题不符，也不能标题太大或过小；其次，要简洁扼要，使读者一目了然；最后，要力求生动鲜明，具有一定的文采。

二、新闻评论的常见形式

（一）社论

社论是指报纸经常使用的指导性较强的重要评论，不同于学术论文，它代表报社编辑部的集体意见，带有权威性，不能偏离党的基本原则，不能任意发挥个人意见。

社论的特点：一是论题重要，一般是国内外政治、经济、思想、文化等领域的重大问题、重大事件；二是指导性强，往往是对事关大局的大问题、大事件进行评论，影响面广；三是政策性、理论性强，讲述问题以政策理论阐述较多；四是语言严肃、庄重、朴素；五是篇幅较长。

社论的写作要求：一是选择重要的论题，提炼在政治上明确和尖锐的主题思想；二是针对论题提出论点；三是针对问题分析论证，充分说理。在论证观点时，要善于进行概括，抓住问题关键，用典型的事例做论据，使论证有说服力。

（二）评论员文章

评论员文章是代表编辑部对现实生活和实际工作中某个重要问题或重要事件发表评论的文章。其重要性次于社论，无论是否署名都是代表编辑部发表意见的。

评论员文章有以下几个特点：一是论题比较重要，评论的是实际生活或工作中某方面重要的问题、某个典型事件或某项重要工作，题材比短评大。二是单独发表和配合新闻发表。三是有比较强的指导性。评论员文章也较长，少则几百字，多则数千字。

评论员文章的写作要求：评论员文章与社论相比，它要选取恰当的论题，一般选择生活的某一个方面的主要问题和典型事例作为论题。选准论点，确定一个针对性、指导性最强的论点作为全文的论点。评论员文章的论点，一般是联系社会上的情况和问题进行分析，其论点就是解决问题的意见和主张。

（三）短评

短评是一种短小精悍、运用灵活的评论形式，代表编辑部针对新闻报道反映出来的或实际生活中的某个重要的具体问题发表意见的一种短篇评论。短评有署名和不署名两种。

短评的特点有以下几项。

（1）论题具体。它评述的大多就某一件事、一个经验教训或某方面工作中的一个侧面阐发一个观点，阐明一个道理，内容单一，通常是一事一议。

（2）评论及时。短评配合新闻报道，抓住新闻反映出来的问题和事情进行评论，与新闻报道同时发表。

（3）篇幅短小，具有灵活轻便的特性。

短评的写作要求：要在五六百字的篇幅内显出观点，写得明白晓畅，给人启迪，很不容易。所以短评的论题要具体，选题要集中，分析也要一针见血；问题要抓准，角度要新颖；短评的讲道理，要就实论虚，具体解剖一个典型事例，就事论理，夹叙夹议，给人一种平实感。

（四）其他评论类型

除上述几种新闻评论外，还有编者按和编后、记者述评等形式。编者按是一种依附于新闻报道和文章的短小评论形式，是对新闻报道和文章所加的简要的提示、批注、评议和补充说明。编后又称编后小议、编者附记、编辑后记、编余等，是一种配合新闻报道或读者来信的表达编者意见和态度的短小评论形式。记者述评又称新闻述评或述评新闻，是及时分析形势和问题，揭示事件的意义、问题的本质，表明作者观点以影响舆论的一种重要的新闻评论形式。

【范例7-9】

给守信者多开"绿灯"

本报评论员 徐仲超

自2018年12月起，深圳机场在国内候检区实施"旅客差异化安检模式"。机场设置了两道闸机口，对于安全信用较好的常旅客，入口闸机在验证后会指引其经由第二道闸机口进入"快捷通道"，从而缩短安检时间。

更快速是安检永恒的追求。2019年的全国民航安检工作会议提出，要坚持改革创新，推动提质增效，积极推进差异化安检试点和诚信安检建设。北京首都国际机场、广州白云国际机场、新疆乌鲁木齐地窝堡国际机场等都在积极探索差异化安检的可行路径。例如，设立无行李安检通道、实行不同检查标准、优化安检流程等。从各试点收到的效果来看，差异化安检确实能提高过检效率。

与其他机场相比，深圳机场差异化安检的创意在于将大数据、信用与安检结合起来，针对潜在危险程度不同的旅客，设定了不同的检查等级。其实，将个人信用作为分类旅客的标准，在民航业已经不是新鲜事了。例如，民航局会定期公布限制乘坐民用航空器严重失信人名单，违反民航法律法规的旅客将被限制乘坐飞机。在深入推进社会信用体系建设的大背景下，民航业也在建立自己的行业征信体系，"黑名单"便是一把规范出行秩序的利剑。

让失信者举步维艰，令人拍手称快。同时，如何让守信者一路畅通，也值得探索思考。让守信者的无形涵养变为有形价值，让信用良好者获得"快捷通道"等奖励，能够激励更多的旅客诚信安检、文明出行。具体来说，做好诚信安检工作，需要借助大数据等新兴技术，尽快建立成熟的信用评价体系；需要广泛开展宣传，引导旅客树立文明的出行观念；还需要强化制度保障，发挥失信惩戒的震慑力和警示作用。"信赏以劝能，刑罚以惩恶"。如何让征信系统发挥更大作用，深圳机场已经迈出了第一步。未来，与毫米波成像、人脸识别等安检新技术结合起来，实现更智慧的安检，仍需要民航各单位大胆创新实践，继续深入研究。但需要注意的是，作为空防安全的主阵地，安检不能离了"安全"二字。在提升旅客安检体验的同时，更要严守安全底线，用科技兴安，用制度兴安。

机场体验是一座机场的名片，其中，通关过检又是旅客感受最直观的部分。给守信者多开"绿灯"，既是深化民航供给侧结构性改革，实现安检提质增效的举措，也是践行民航真情服务理念，让旅客出行更加舒心的做法。只有更"守信"，才能更"便捷"。

三、写作训练

1. 结合学校最近开展的活动（体育比赛、学习活动等）写一则评语。
2. 结合你们公认的优秀教师（或身边的优秀人物），在收集材料、仔细观察的基础上写一篇人物小通讯，并配上一则短评。

第四节 新闻特写

一、新闻特写的概念及特点

新闻特写是通过截取新闻事实中富有典型意义的一个片段、一个场面或一个镜头，对事件、人物或景物进行形象化报道的一种新闻文体。

新闻特写是介于消息和通讯之间的一种报道形式，是在新闻传播实践中逐渐形成的一种独立的新闻文体。

与消息和通讯相比，新闻特写不仅具有较强的新闻性，还具有鲜明的片段性和文学色彩。新闻特写不求时空的延续，不求过程的完整，只需截取一个富有表现力的片段，借助比喻、比拟、象征、排比、对比等文学表现手法，进行形象化的扩大、再现，以达到以点带面、窥斑见豹的效果。

二、新闻特写的种类

根据所表达内容的不同，新闻特写可分为以下两类。

（一）人物特写

人物是新闻报道中的灵魂，人物特写在特写中占有重要的地位。人物特写要求绘声绘色地再现人物的某种行动、某种行为或者某种性格，它比人物通讯更为集中和凝练，画面感和动感更强。人物特写的取材范围很广，但这种体裁对所报道的人物有一个要求：这个新闻人物在某一个方面有鲜明、立体的特点，这样才好截取出来对其进行细致的勾勒和放大。

（二）场景特写

除人物特写之外的其他特写，统称为场景特写。我们常常看到，在重大新闻事件或者突发性事件的报道中配以场景特写，再现与放大这个事件中典型的、关键的或者感人的场景、场面或细节，以加强传播效果，给读者更强的冲击力和感染力。

三、新闻特写的写作要求

要写出一篇好的新闻特写，需要注意以下几个方面。

（一）抓准镜头

一般的消息和通讯可以写中景、全景和远景，新闻特写则要求作者通过仔细地观察，选取一个有特色的近景切入，取得以小见大、出奇制胜的效果。抓准镜头是写好新闻特写的先决条件。

（二）抓住细节

抓准镜头之后，下一步就是局部放大，通过精彩的细节描写来放大局部，通过精彩的细节描写来支撑全篇。细节描写要精彩，要注意到两个方面：其一，细节要有特点。无论是写人，还是写事、写场景，只有抓住了特点，才是你要描写的这一个，才能给读者留下鲜明的印象，而且能起到以小见大的作用。其二，细节要有动感。无论写人写事，只有捕捉到动态、描写出动势，才能做到形象生动。写作者要善于捕捉那些重要的细节、转折的关键，可以用一系列的动词或者一系列的动作来准确、详细、生动地表现动态和动势，表现那些一纵即逝的精彩画面和微妙的变化，通过这些细节让读者产生身临其境的感觉。

（三）抓住高潮

新闻特写的文体特点决定了它不可能面面俱到，而必须将笔墨集中于人物或者事件的单个，要求有特调结构紧凑，不容松散；要求写作者抓住新闻事实，一个高潮接一个高潮地铺陈，推动读者的视觉、感觉、联想和共鸣不断往前走；最后还要有一个引人回味的结尾。

（四）情景交融

新闻特写是一种描述性新闻，是写作者现场采访的产物，在写作时要把所见、所感结合起来写。好的新闻特写中都渗透着写作者的情感。这种情感不是浮华空洞的感叹，而是将描写和抒情结合起来，借景抒情有感而发，寓情于景、情景交融地描写。写作者将写景和抒情融为一体来表情达意，可以引发读者的共鸣。

（五）背景烘托

精彩的细节描写不仅自身需要背景材料的烘托和凸现，细节描写的段落与段落之间或者文字与文字之间也需要背景材料来做有机连接。与其他新闻文体相比，新闻特写在运用背景材料的过程中还有一些细节需要特别注意：其一，特写的背景材料，特别是当它独立成为一个背景段落时,一是挑选那些本身具有镜头感的背景材料,二是要尽量把它们写得有镜头感。

四、范例

【范例 7-10】

空姐蹲下喂瘫痪老人吃饭 老人泣不成声

2015 年 12 月 8 日下午,河南新乡 71 岁老人牛先生和妻子搭乘 HU7302 航班,由郑州飞往海口。牛先生因两年前患脑梗而瘫痪,行动十分不便,由妻子推着轮椅上了飞机。乘务长樊雪松得知这是一位"轮椅"旅客后,决定将老人安排到最前面的座位,一方面方便老人进出洗手间,另一方面也便于照顾。

樊雪松说,当时 31 排(第一排)只有一个空位,牛先生和妻子只能分开坐。所以到了发餐时间,细心的樊雪松特别留意了老人。她发现,老人用餐时特别"别扭",拿着餐勺的右手有点发抖,头也低不下去,勺子里的饭根本无法顺利地送入口中。"我赶紧走过去,蹲下来问老人,是不是不舒服?"樊雪松说,老人模糊地回应了一句,无法听清楚说的是什么。

樊雪松跟老人说:"您别着急,我来喂您吃吧。"当饭喂进老人口中时,老人的眼角泛出了泪花。"我说出要喂他吃饭这句话时,老人可能突然受到了触动,一下子就哭了。"樊雪松说。

1. 一老一少感动许多网友

樊雪松发现,米饭可能有些硬,老人不太好嚼,随后她又端来一盒面条,一口一口地喂给老人。老人哭得更伤心了,泪水滴落在樊雪松的手上,她赶紧拿来纸巾给老人擦拭。樊雪松也被老人的情绪感染,泪水在眼眶里打转,这一幕被旁边的旅客拍了下来,随后上传至朋友圈和微博。

一老一少,两个落泪的人感动了许多网友,有人写下这样的文字:"郑州—海口,老人因为神经压迫造成右手无法动弹、无法说话,乘务长发现后就蹲下给老人喂饭,老人被感动,但是说不出话,数度哽咽。乘务长给老人擦泪的同时,自己也湿了眼眶。若不是心中有大爱,定不会有此情此景。真正的服务不是靠培训和要求,而是发自内心的感情。"

2. 老人坐的是普通舱第一排,并非头等舱

12 月 10 日,记者辗转联系到牛先生,了解到他和妻子搭乘飞机到海口是去过冬的。老人发来短信,介绍了当时的情况。短信中说:"有人要给她拍照,她还说不用拍,这是应该做的,我就忍不住又哭了,她给我又擦鼻涕又擦眼泪。当时也不知道这个闺女的名字,如果有机会,我还应该再次表示感谢。"

记者了解到,樊雪松从 2004 年毕业就担任民航乘务员,已有十余年的空乘服务经历。说到这件事,樊雪松说:"这没有什么,服务旅客是她的职责,这些都是微不足道

的，老人辛苦了一辈子，为社会做过贡献，我们应该善待他。"

有个别网友质疑，称老人所坐为头等舱，空乘人员自然会特别对待。但记者了解到，该趟由郑州发往海口的 HU7302 航班，机型是波音 737-700 型客机，座舱全部为普通舱，老人所处位置是机舱第一排，并非头等舱。

五、新闻特写写作的注意事项

（一）内容表达要立体化，有镜头感

新闻特写在一定程度上借鉴了电影中特写镜头的表现手法，它在文体结构与形态上具有一种文字镜头的美感。新闻特写更注重新闻切入的角度，截取新闻事实中的一个片段、一个切面、一个瞬间，甚至是一个细节再现，对局部进行适当的细化和放大，把这个事实所包含的内容立体化地表现出来，以加强视觉和艺术效果。

（二）材料选取要有典型性，有特征感

新闻特写比其他新闻问题更强调"以小见大"的传播效果。它聚焦的虽然只是新闻事实的一个片段、一个剖面，但这个片段或剖面应该具备透视全局性或本质性内容的功能。从这个意义上看，新闻特写对选材要求很高，只有找到典型的、有特征的、新闻价值高的剖面，有较强内在张力的新闻事实，才可能写出精彩的特写。

（三）写作方式要情景交融，有现场感

新闻特写的现场感体现在两个方面：其一，新闻特写一定是来自现场的报道，作者一定要在现场采访，他必须是新闻事实或被采访人的现场目击者。其二，新闻特写的写作要情景交融，历历如绘。在很多情况下，作者是将所见、所感结合在一起写，以便给读者带来从视觉到情感的强烈冲击和感应。

六、写作训练

根据单位提供的材料，或者机组简报中表扬的先进事迹，通过自己采访来的细节，写一篇新闻特写。

第五节　客舱专题活动策划书

空中交通是一种特别的交通形式，飞机在天上飞行如同一块移动的国土，在飞机上飞行的独特形式，决定了民航乘务人员在交往中形成了一种区别于其他行业的应用文书。乘务员在客舱举行专题活动有时是以航空公司的品牌宣传普及为目的的，这类活动要注重航

空公司 LOGO、企业文化、业界形象等的传播，一般是大型的专题活动，持续时间也较长；有时是以娱乐或政治色彩为目的的，一般是响应国家、航空公司的各类文件号召，或者是利用节日等特定日期增强人们之间的感情联络。活动虽小，但形式可以多样，有时客舱专题活动兼备以上两种类型的特点，既做航空公司的市场营销，又做企业文化的传播。因此，在进行客舱专题活动策划时，要充分考虑不同的活动目的，因时、因地、因需制订文案。

一、客舱专题活动策划书的概念

客舱专题活动策划书也叫客舱专题活动策划文案，是客舱服务过程中为开展某一特定活动而预先做出策划与安排的应用文书。

二、客舱专题活动策划书的写作格式

客舱专题活动策划书一般包括标题（策划书名称）、正文和落款三个部分。

（一）标题

标题一般由单位名称、事项和文种构成，如《×航××分公司客舱部"母亲节"客舱专题活动策划书》等。

（二）正文

客舱专题活动策划书一般由以下三个部分构成。

1. 策划背景介绍

这部分内容应根据策划方案的特点在以下项目中选取内容重点阐述：基本情况简介，主要执行对象、状况、组织部门，活动开展的原因，社会影响和相关的目的动机等。活动的目的、意义要用简洁明了的语言表述清楚。如有必要，该活动的核心构成或策划的独到之处以及由此产生的意义（经济效益、社会利益、媒体效应等）都应该明确写出。活动目标要具体化，并需要满足重要性、可行性、时效性的要求。

2. 具体方案构想

这部分内容包括活动事项、时间地点、人员安排、经费开支和要求等。作为客舱专题活动策划书的主体部分，这部分文字的表达要简洁明了，使人容易理解。表述要力求详尽，写出每一点能设想到的东西，不要有遗漏。此部分的表述不拘形式，如有需要，也可适当加入统计图表。对策划的各项内容或活动的各个环节，如有时间先后关系的，应按时间先后顺序排列，并绘制实施时间表以便核查。人员的组织配置、活动对象、相应权责及时间地点应表述清晰。

3. 注意事项和应急方案等

内外环境的变化，不可避免地会给方案的执行带来一些不确定性因素，因此，当环境变化时是否有应变措施，损失的概率是多少，造成的损失多大等也应在策划中加以说明。

（三）落款

在客舱专题活动策划书的标题下方或者结尾下一行的右侧写上作者名称，同时写上客舱专题活动策划书的完成日期。

三、范例

【范例7-11】

×航××分公司客舱服务部迎国庆客舱专题活动策划书

2019年10月1日，正值中华人民共和国成立70周年大庆。为了弘扬中华传统文化，庆祝国庆，营造温馨祥和的节日氛围，×东航××分公司客舱服务部计划于国庆节当天在公司各航班上开展一次以"我和祖国"为主题的客舱专题活动，通过各项机上活动和旅客互动，全力突出国庆节"欢庆""祝福""礼品"三大节日特征，和旅客们共同度过一个令人难忘的国庆节。具体方案如下：

一、登机阶段

乘务组成员在登机口迎宾，在向旅客微笑问候的同时送上节日祝福：您好！祝您国庆节快乐！

资源需要：登机口，1~2名乘务员。

二、平飞阶段

飞机进入平飞阶段后，在客舱内开展下述部分或者全部活动，并根据客舱内的现场气氛和旅客的现场反应，灵活机动地控制各项活动的开展时间。

（一）国庆共同欢庆

乘务组为每名旅客准备一个国庆福袋，里面装有一面小五星红旗、一块真空独立包装的小点心或者其他小礼品。贺函正面带有公司LOGO和充满真挚情意的庆祝国庆标语，背面印有一首"我和我的祖国"歌词，并留有空白供旅客书写。

资源需要：

1. 国庆福袋和国庆贺函的制作由×××、×××负责，在9月15日前完成制作，预算金额为×××元。

2. 向公司方面申请独立包装小点心或小礼品××份，价值更高的头等舱礼品××份，于9月23日前到位。

3. 向各乘务组下发国庆福袋材料，乘务组在9月25日前完成包装，并在飞行准备阶段放入机舱。

（二）祖国成就知多少

乘务长或乘务员为旅客介绍中华人民共和国成立以来所取得的种种辉煌业绩和飞行目

的地当地的国庆活动情况，引导旅客共同参与讨论自己家乡的建设成就，让大家一起感受中华人民共和国成立以来祖国的变化。

资源需要：

1．收集整理70年以来祖国社会主义建设成就以及盛大庆祝国庆的活动有关文字材料，由×××负责，9月20日前下发到各乘务组。

2．10月1日活动当天，机舱内，乘务人员1～2名。

（三）国庆歌曲大联唱

"我和我的祖国一刻也不能分割，无论我走到哪里都流出一首赞歌……我最亲爱的祖国，我永远紧依着你的心窝，你用你那母亲的脉搏和我诉说。我的祖国和我像海和浪花一朵，浪是那海的赤子，海是那浪的依托，每当大海在微笑，我就是笑的旋涡，我分担着海的忧愁，分享海的欢乐。我最亲爱的祖国，你是大海永不干涸，永远给我碧浪清波，心中的歌……"

乘务组成员为旅客歌唱"我和我的祖国"，并与旅客开展现场互动，吟诵中华人民共和国成立以来取得的种种成就。向积极参与互动的旅客赠送飞行纪念品等小礼物。

若旅客参与度不高，可增加乘务组成员朗诵时间，多为旅客播放歌唱祖国以及各个时代的革命歌曲等，以充分调度旅客的情绪。

资源需要：

1．机舱内，乘务人员1～2名。

2．机上小礼品若干，一般在10～15份。

（四）祖国与我共成长

如果旅客中有低龄旅客的话，乘务员通过机上广播系统为小朋友讲有教育意义的革命故事：小英雄雨来、黄继光的故事、铁人王进喜、杨怀远的扁担、科学家钱学森等。

资源需要：

1．收集整理革命故事，由×××负责，9月18日前下发到各乘务组。

2．10月1日活动当天，机舱内，乘务人员1名。

（五）国庆灯谜大家猜

通过机上广播系统播放相应灯谜，通过灯谜和旅客实现互动。鼓励旅客积极参与，并定时播报歌曲，同时向积极参加活动的旅客赠送航空公司的小礼品。

资源需要：

1．现场播放的国庆灯谜二十则，由各乘务组自行准备，在9月18日前完成并向客舱服务部上报灯谜题目和答案。

2．机上小礼品若干份，一般在15份左右。

3．10月1日活动当天，机舱内，乘务人员1～2名。

（六）阅兵大家欣赏

安排时间，在活动中开展"以往阅兵"欣赏活动。机上广播系统循环播放中华人民共和国成立以来的规模较大的阅兵活动，以弥补乘客不能参加或观看70周年阅兵式的遗憾。

阅兵纪录片由客舱部帮助准备。

【解析】本客舱专题活动策划书首先介绍了活动的基本情况，主要执行对象、状况、组织部门，活动开展原因，社会影响和目的动机等，简明扼要。随后按时间节点，对参与活动的人员组织配置、活动对象、相应权责及时间地点进行了一一说明，明确具体，可操作性强。

【范例 7-12】

乘务员飞赴西北开展援飞工作策划书

为缓解西安公司乘务资源紧张问题，根据×航股份客舱系统资源调配安排，从 2019 年 1 月 15 日—2019 年 4 月 5 日由×航总部客舱服务部临时借调共 15 名客舱乘务员赴西北开展援飞工作。相关事项策划如下：

一、实施方案

1．资质管理方案：根据西安公司运行管理部提供的《关于临时使用×航股份有限公司客舱乘务员×航西安公司航班生产任务的报告》，援飞人员首先要参加西安公司的 C 类培训，考试合格后获得西安公司训练合格证，参与西安航班任务。

2．执行航班：西安公司 B737 机型航班。

3．行程保障：总部客舱运行管理中心安排搭机、东航之家与航站楼之间的摆渡车辆。

4．病假、事假管理流程及考勤管理：

（1）乘务员如需请病假、事假，原则上由分管乘务部通知西安客舱生产协调部进行考勤信息调整。如情况紧急，可由西安航医室直接通知西安客舱值班经理进行航班调整，后续通知分管分部报备。

（2）需要的手续：挂号单、病历、处方单、医院开具的假条及云南公司航医开具的《临时停飞通知单》。

（3）具体流程将由西安客舱部在援飞人员见面会宣贯。

5．食宿安排：执行西安航班的所有过夜（含上海），均由西安公司安排住宿，并打印备份任务书给乘务员。

6．护照管理：在西安公司飞行期间，乘务员的护照均由西安公司负责保管和发放。

7．驻外管理：援飞乘务员在西安驻外期间（含航休），严格遵守机组驻外管理规定。

二、涉及各部门工作

1．总部乘务部

（1）负责做好去西安公司援飞人员的思想动员工作和收集乘务员的各类信息工作。

（2）由乘务二部高级副经理刘生（139××××××××）带队前往西安，完成各类援飞人员交接工作。

（3）请各乘务部负责通知援飞乘务员携带好×航的新版和旧版《乘务员训练合格证》，以便完成西安相关部门的查验工作，确保援飞资质。

（4）请各乘务部负责通知援飞乘务员携带好有框眼镜执行西安公司航班，以便符合西安当地安全部门的管理要求。

（5）请各乘务部负责在援飞结束后，完成针对援飞期间总部下发的各类安全、业务等相关通知内容宣贯工作。

2．人力资源部

（1）薪酬：所有至西安公司客舱部执行航班期间小时费、过夜费等薪酬待遇均由客舱部统一发放，执行国内过夜无额外驻外补贴。在西安公司客舱部飞行期间发生国际驻外，按公司飞管部统一驻外补贴标准发放国际差旅补贴，实习人员无过夜费。

（2）标识：根据业务管理部发至的人员名单和时间节点划拨（或调回）乘务组临时单位，同时加（或去）标识"VA"。

3．业务管理部

（1）业务管理部按照客舱运行管理中心提供的乘务员名单和时间，通知人力资源部划拨（或调回）乘务组临时单位。

（2）负责总协调工作。

4．客舱运行管理中心

（1）航班安排：安排乘务员执行B737机型的航班。

（2）值勤期安排：必须按照121部要求满足乘务员休息期。

5．西安公司客舱部

（1）负责根据西安局方要求完成援飞人员各类资质确认和申请。

（2）安全、服务事件管理：乘务员在执行西安公司客舱部航班任务期间，如发生安全、服务事件，由当事乘务员本人承担事件责任、当班客舱经理承担管理责任、西安公司客舱部承担部门责任。

（3）西安公司客舱部乘务二分部负责人员及日常监控管理，负责人：乘务二分部副经理成佳（155××××××××），由乘务部负责人完成每天驻外情况检查工作。

（4）援飞人员的×航《乘务员训练合格证》，在完成查验工作后，由西安客舱部在5个工作日内收齐，并提交到总部客舱部培训管理部。

三、乘务员注意事项

1．航班绩效管理。

（1）在西安公司客舱部飞行期间，人员的绩效评价由带班人员在电子端完成。

（2）执行航班时，乘务员需至西安公司大楼202室航前准备大厅的签到台——业务督导台领取纸质绩效航班分表格，航班结束后需客舱经理（或带班乘务长）给予评分，并留下联系方式和签名。

（3）纸质版表格由乘务员自行保管，如发现纸质版打分与系统分数不符，请在航班结束后的两周内向西安公司客舱部进行绩效申诉，并将纸质版表格电子扫描件以及系统分数截图发送至业务管理部负责援飞工作邮箱（wenhuazhou@126.com）进行报备。

（4）在申诉期内未进行申诉的，将以电子版打分为准。

2．乘务员训练合格证管理。

（1）乘务员在执飞西安公司航班期间，×航训练合格证需上交总部客舱部培训管理部保存。

（2）乘务员在西安公司援飞任务结束后，务必在规定时间内取回×航训练合格证。

3．西安公司对于总部去援飞相关事宜安排：请见附件2。

4．请援飞乘务员关注个人体检、复训日期，须在复训及体检前一个月的月底提前确认考勤，是否已安排复训或体检，如未进行考勤锁定，请及时报告西安公司客舱部及总部所属乘务部。

5．请援飞乘务员关注个人休假日期，须在休假前一周向西安公司客舱部及总部所属乘务部提出回沪申请。

6．如援飞人员因病假、辞职等原因提前结束援飞工作，须本人向西安客舱部乘务部提出书面申请，同时向总部所属乘务部提出电子版申请，按照西安客舱部管理要求完成各类文件交接工作，根据总部安排返沪办理各类手续。

附件1：客舱服务部各部门负责人联系方式.docx
附件2：关于总部乘务员至西安帮飞期间的管理规定（2019年第一批）.doc
附件3：乘务员航班评价表.docx
附件4：1月9日搭机名单及安排.xlsx

客舱服务部业务管理部
2019年1月4日

四、客舱专题活动策划书制作的注意事项

客舱专题活动有着特定的活动空间和活动对象。在进行客舱专题活动策划时，要注意以下几点。

（一）要有吸引力

对机上旅客的吸引力大小决定了活动策划的成功与否。要充分吸引旅客的重视和参加，就要对旅客动之以情或者晓之以理，引起旅客的注意，激起旅客的热情，促使旅客踊跃参加。提高活动的吸引力，需要有新意的构思，要能满足旅客的好奇心、价值表现、荣誉感、责任感、利益等各方面的需求，当然，恰当的精神鼓励和物质奖励将会大大提高旅客的重视度和参与度。

（二）要有关联度

客舱专题活动策划的内容要与活动本身的目的紧密衔接，要擅长整合关联性较强的事情以及关联资源。如果将缺乏关联性的活动组合在一起，会导致内容分散，活动主题不突出，难以实现预定的活动目的。

（三）要有执行力

精心策划的活动能不能最大限度地执行是非常关键的。执行力表现在具体的任务描绘、任务流程步调、执行人员、执行时间、突发事情的处置计划等方面。活动执行中若出现问题，会引起旅客的不满情绪，活动的作用就会打折扣，甚至起到反作用。

（四）要有传达力

航空公司在开展活动推广时，是希望把它的品牌文化传达给旅客和更多的潜在旅客，完成最大化的品牌宣扬效益。活动推广的传达力表现在活动前、中、后的各个时期。活动前，要引起用户的爱好和重视；活动中，要通过旅客的参与传扬企业文化；活动后，要进一步分散和延伸宣扬效应，为公司发展获取更大的社会效益和经济效益。

（五）注重活动的单一性

客舱专题活动策划书是一种应用文书，是对某一特定活动的开展做出计划与安排，并对这一思维过程进行整理之后形成的文本。客舱专题活动策划书在写作上较为灵活，但要注意客舱专题活动主题的单一性、突出活动目标的针对性、确保具体活动事项的可操作性。

五、写作训练

每年的 3 月 8 日是国际妇女节，各单位都要开展相应的活动。请策划一次三八妇女节或五四青年节客舱专题活动，并撰写一份完整的客舱专题活动策划文案，包括策划目的、具体方案构想、注意事项和应急方案等内容。

教学提示

我国是个法治国家，人们的经济活动和社会生活一刻都离不开法律制度，民航业的乘务人员也不是生活在真空里的，懂法、守法是每一个民航乘务人员必备的素质。本章侧重于民航乘务中比较常用的经济合同文书的介绍，同时还介绍在生活和工作中较常见的一些法律文书。

第一节 劳动合同

一、劳动合同的概念及运用

劳动合同，也称劳动契约、劳动协议，是指劳动者与用工单位之间确立劳动关系，明确双方责任、权利和义务的协议。

根据协议，劳动者加入某一用人单位，承担某一工作和任务，遵守单位内部的劳动规则和其他规章制度。企业、事业、机关、团体等用人单位有义务按照劳动者的劳动数量和质量支付劳动报酬，并根据劳动法律、法规和双方的协议，提供各种劳动条件，保证劳动者享受本单位成员的各种权利和福利待遇。订立劳动合同，应当遵循合法、公平、平等自愿、协商一致、诚实信用的原则。依法订立的劳动合同具有约束力，用人单位与劳动者应当履行劳动合同规定的义务。

劳动合同是劳动者实现劳动权的重要保障，是用人单位合理使用劳动力、巩固劳动纪律、提高劳动生产率的重要手段，是减少和防止发生劳动争议的重要措施，是建立规范有效劳动关系的重要载体。

二、劳动合同的类型

按用人单位与劳动者签订的劳动合同期限划分，劳动合同可以分为以下三类。

（一）固定期限劳动合同

即在合同中明确约定效力期限，期限可长可短，长到几年、十几年，短到一年或者几个月。

（二）无固定期限劳动合同

即劳动合同中只约定了起始日期，没有约定具体终止日期。无固定期限劳动合同可以依法约定终止劳动合同条件，在履行中只要不出现约定的终止条件或法律规定的解除条件，一般不能解除或终止，劳动关系可以一直存续到劳动者退休为止。

（三）单项劳动合同

即以完成某项工作或者某项工程为有效期限，该项工作或工程已经完成，劳动合同即终止。

三、劳动合同的一般格式

劳动合同一般由以下四个部分组成。

（一）标题

即劳动合同的名称，位于劳动合同首页上方正中，一般直接写"劳动合同""用人协议"等即可。

（二）约首

约首位于标题之下，主要包括以下几个部分。

（1）劳动合同编号。

（2）用人单位的名称、住所和法定代表人或者主要负责人。用人单位的名称是代表用人单位的符号，即注册登记时所登记的名称，相当于自然人的姓名。住所，是指用人单位发生法律关系的中心区域。有两个以上办事机构的，以用人单位的主要办事机构所在地为住所。劳动合同中要记载的用人单位的住所必须标明具体地址。

（3）劳动者的姓名、住址和居民身份证或者其他有效身份证件号码。劳动者的住所，以其户籍所在的居住地为住所，其经常居住地与住所不一致的，经常居住地视为住所。

劳动合同当事人的名称要求写明单位法定全称，不能用简称，更不能用代称、代号。为了正文说明方便，合同当事人名称可简称为"甲方""乙方"。当事人双方名称可上下排列，也可前后排列。

（三）正文

正文包括前言和主体两个部分。

1. 前言

前言，也叫引言，一般只用几句话简明写出劳动合同产生的依据、过程和目的。常用"为了……""根据……""本着……"等语句将文意引入主体，如"根据《中华人民共和国劳动法》《中华人民共和国劳动合同法》及有关法律、法规，甲、乙双方经平等协商同意，自愿签订本合同，共同遵守本合同所列条款"等。

2. 主体

主体，是劳动合同的具体内容部分。要写明合同当事人所签订的具体条款，也即双方所承担的义务和应享受的权利。

根据《中华人民共和国劳动合同法》第十七条规定，劳动合同应当具备以下条款。

（1）用人单位的名称、住所和法定代表人或者主要负责人。

（2）劳动者的姓名、住址和居民身份证或者其他有效身份证件号码。

（3）劳动合同期限。

（4）工作内容和工作地点。工作内容包括劳动者从事劳动的工种、岗位和劳动定额、产品质量标准的要求等。这是劳动者可能提供劳动的具体内容，是劳动者判断自己是否胜任该工作、是否愿意从事该工作的关键信息。

（5）工作时间和休息休假。工作时间是指劳动者为履行劳动义务，在法律规定的标准中，根据劳动合同和集体合同的规定提供劳动的时间。目前，我国实行三种类型的工时制度，分别是标准工时制度、不定时工作制和综合计算工时工作制。根据有关劳动法规定，我国目前实行劳动者每日工作 8 小时、每周工作 40 小时这一标准工时制度。休息休假，是指劳动者履行劳动义务的同时，一般有工资保障的法定休息时间。如《中华人民共和国劳动法》第四十条规定用人单位在以下节日期间应当依法安排劳动者休假。

① 元旦。

② 春节。

③ 国际劳动节。

④ 国庆节。

⑤ 法律、法规规定的其他休假节日。

（6）劳动报酬。劳动报酬是指用人单位根据劳动者劳动的数量和质量，以货币形式支付给劳动者的工资。

（7）社会保险。社会保险包括养老保险、失业保险、医疗保险、工伤保险、生育保险五项。参加社会保险，缴纳社会保险费是用人单位与劳动者的法定义务。

（8）劳动保护、劳动条件和职业危害防护。劳动保护是指保护劳动者在工作过程中不受伤害。劳动条件是指用人单位为劳动者提供的正常工作所必需的条件，包括劳动场所和工具。职业危害防护，即对工作可能产生的危害的防护措施。

（9）法律、法规规定应当纳入劳动合同的其他事项。法律、法规规定应当纳入劳动合同的其他事项，是指按照《中华人民共和国劳动合同法》以外的其他法律和行政法规的规定，应该在劳动合同中载明的内容，包括劳动合同的变更、终止、解除和续订，违约责任，劳动争议处理等。

按照法律规定，用人单位与劳动者订立的劳动合同除上述必备条款内容外，还可以协商其他内容，一般简称为协商条款或约定条款。这类约定条款的内容，是当国家法律规定不明确，或者国家尚无法律规定的情况下，用人单位与劳动者根据双方的实际情况协商约定一些随机性的条款。劳动行政部门印制的劳动合同样本，一般都将必备条款写得很具体，同时留出一定的空白地由双方随机约定一些内容，例如约定试用期、保守用人单位秘密的事项、用人单位内部的一些福利待遇、房屋分配或购置等内容。

（四）约尾

约尾一般包括以下内容。

（1）合同的份数及保存方法。
（2）合同的有效期限。
（3）附件。
（4）署名和日期。包括劳动合同双方当事人的签章、签订合同的时间等。

四、范例

【范例 8-1】

××航空有限公司劳动合同书

合同编号：
甲方（单位全称）：
法人代表或委托代理人：
甲方地址：
邮政编码：
联系电话：
乙方（姓名）：
身份证号码：
其他证件号码：
性别：　　　　　　　出生年月：
民族：　　　　　　　文化程度：
户口所在地：
通信地址：
联系电话：

根据《中华人民共和国劳动法》《中华人民共和国劳动合同法》及有关法律、法规，甲、乙双方经平等协商同意，自愿签订本合同，共同遵守本合同所列条款。

一、劳动合同期限

第一条　本合同采取以下第_____种形式。

1．有固定期限合同，合同期限为____年。

本合同生效日期为____年___月___日，其中试用期自生效日期起计算为____个月，本合同于____年___月___日终止。

2．无固定期限劳动合同。

本合同生效日期为____年___月___日，其中试用期为生效日期起计算为____个月，劳动合同的终止条件出现本合同即行终止。

3．以完成_____工作为期限的合同。

本合同生效日期为____年___月___日，在约定完成的工作任务经甲方验证确认完成后，双方确认完成的日期即为合同终止日期。

二、工作内容及工作地点

第二条　乙方同意根据甲方工作需要在＿＿＿部门（单位）担任＿＿＿岗位（工种职务）工作。

第三条　乙方在与甲方建立劳动关系，签订劳动合同时，具有以下义务：（略）

第四条　乙方应按照甲方的要求，按时完成规定的生产（工作数量、质量标准或工作任务）。未经甲方允许，乙方不得在其他单位兼职。

第五条　因乙方要求或甲方根据机构、岗位等生产经营需要以及依据乙方的专业、特长、工作能力和表现，甲方可以调整乙方的工种或工作岗位或委派乙方到外单位工作。

第六条　乙方的工作地点为＿＿＿，主要工作内容为＿＿＿＿＿。

第七条　乙方为空勤人员（指飞行员、乘务员）的，因行业特点，工作地点具有不固定性，特约定：其工作地点为甲方航线网络所覆盖的所有地区。

第八条　乙方因工作需要，离开工作地到甲方驻外机构进行6个月以内短期交流和工作支援的，不属于工作地点的变更。

三、工作时间和休息休假

第九条　乙方所在岗位实行以下第＿＿＿种工时制度。

1．标准工时制。

2．综合计算工时制。

3．不定时工时制。

第十条　甲方确因工作需要安排乙方延长工作时间或节假日加班的，乙方应服从甲方统一安排；甲方应按规定安排同等时间补休或支付加班的报酬，以保证乙方的合法权益。

第十一条　乙方加班须征得甲方确认同意，否则不视为加班。

第十二条　乙方在合同期限内享受国家规定及甲方相关制度规定的各项休息、休假权利，包括不限于法定节假日、年休假、探亲假、婚假、丧假、病假、产假、计划生育等；休息、休假期间，乙方的工资报酬按国家及甲方相关规定执行。

四、劳动保护、劳动条件和职业危害防护

第十三条　甲方按国家有关劳动保护规定提供符合劳动卫生标准的劳动作业场所，切实保护乙方在生产工作中的安全和健康。

第十四条　甲方根据乙方从事的工作岗位，按国家有关规定，为乙方发放必要的劳动保护用品，并采取必要的安全保护措施。

第十五条　甲方根据国家有关法律、法规，建立安全生产制度；并对乙方进行职业技术、安全卫生、规章制度等必要的教育与培训，严禁违章作业，防止劳动过程中的事故，减少职业危害。

五、劳动报酬

第十六条　甲方根据乙方的工作岗位及工作绩效，按照甲方薪酬制度确定乙方的工资水平，并每月＿＿＿日前以货币形式足额支付乙方工资。

如遇节假日或休息日，发放日顺延。甲方支付乙方的工资为税前收入，个人所得税由乙方承担，甲方负责代扣代缴。甲方付给乙方的工资不得低于当地政府规定的最低工资标准。

第十七条　乙方的薪酬结构为：基本工资和绩效工资以及根据公司福利制度所发放的相关福利及津贴，其中：基本工资数额为＿＿＿元人民币/月。试用期满工资按甲方薪酬管理等有关规定执行。

第十八条　实行岗位动态管理使乙方下岗待工的，甲方保证乙方月生活费不低于当地政府规定的月生活费。

六、保险福利待遇

第十九条　甲方应按照国家和当地政府现行社会保险的有关规定为乙方办理社会保险，乙方个人负担的部分由甲方代乙方在其工资中代扣代缴。

第二十条　乙方在合同期限内患病或非因公负伤，其病假工资、疾病救济费和医疗待遇按国家和当地政府的现行有关规定执行。

第二十一条　乙方在合同期内患职业病、因公负伤及生育，其工资和医疗保险待遇按国家和当地政府的现行有关规定执行。乙方在合同期内及退休退职后的死亡待遇，按国家和当地政府的现行有关规定执行。

第二十二条　乙方在合同期间的各种休假待遇及福利待遇，按国家和甲方的现行有关规定执行。

七、劳动纪律

第二十三条　乙方须遵守以下劳动纪律：（略）

第二十四条　乙方违反劳动纪律，甲方可依据有关规章制度给予一定的处分或处罚，直至解除本合同。

八、劳动合同的变更、终止、解除和续订：（略）

九、劳动争议处理

第三十九条　因履行本合同发生的劳动争议，当事人可以向甲方劳动争议调解委员会申请调解，调解不成，当事人一方要求仲裁的，应当自劳动争议发生之日起六十日内向××市劳动争议仲裁委员会申请仲裁。

当事人一方也可以直接向劳动争议仲裁委员会申请仲裁，对裁决不服的，可以在收到裁决书之日起15日内向人民法院提起诉讼。

十、其他

第四十条　甲、乙双方确认，本合同所列住所为双方文件及仲裁、司法机关法律文书的送达地。

第四十一条　以下规章制度作为本合同有效附件，与本合同具有同等法律效力，乙方应在甲方组织下认真学习、熟知并自觉遵守：《飞行部管理手册》《安全质量管理部管理手册》《客舱与地面服务部管理手册》《综合管理手册》等公司管理手册及公司现行的规章制度作为本合同的附件。

第四十二条　以下协议作为本合同的有效附件，与本合同具有同等法律效力。

1.《培训协议》及《培训确认书》。

2.《保密协议》。

3.《竞业禁止协议》。

4.《诚信承诺书》。

第四十三条 本合同未尽事宜或与国家、民航局、当地政府现行有关规定相悖的，按现行有关规定执行。

第四十四条 本合同一式两份，甲、乙双方各执一份。经甲、乙双方签章生效，涂改或冒签无效。

甲方（签章）　　　　　　乙方（签字）

法定代表人：

或委托代理人（签章）

签订日期：　　年　月　日　　　签订日期：　　年　月　日

【解析】这是一份空勤人员与航空公司签订的劳动合同。约首部分包括劳动合同编号，用人单位的名称、住所和法定代表人或者主要负责人，以及劳动者的姓名、住址和居民身份证或者其他有效身份证件号码。正文主要条款包括合同期限，工作岗位，双方的责任和义务，劳动报酬，福利待遇和劳动保险，劳动纪律，合同的变更、终止和解除，违约责任，双方约定的有关条款，劳动争议的调解及仲裁方式等方面。整份合同格式规范，内容完整，语气平和，符合一般劳动合同的写法。

五、劳动合同写作的注意事项

劳动合同一经签订，对双方都有法律效力。所以，签订劳动合同必须以严肃、认真、负责的态度，深刻思考，对合同的内容条款要字字斟酌，反复推敲，避免因合同内容不全、表述不规范、语义不明确等造成不必要的合同纠纷。为此，在签订劳动合同时，必须注意下列几个问题。

（一）签订合同双方必须遵守国家法律、法规和各项制度

在拟订和签订合同时，一定要学习和掌握国家有关法律、法规、各项政策、方针，以减少由于双方法律意识淡薄而造成的合同纠纷。根据《中华人民共和国劳动法》第十八条规定，违反法律、行政法规的劳动合同和采取欺诈、威胁等手段订立的劳动合同都是无效劳动合同。

（二）当事人必须本着平等互利、协商一致的原则

订立劳动合同时必须坚持平等协商、等价有偿的原则。合同当事人在法律上一律平等。当事人应当本着自愿互利、平等协商、等价有偿的原则，严肃认真地订立合同，任何一方不得把自己的意见强加给对方，任何一方都不得损害对方或第三方的利益。

（三）合同的内容必须具体、明确、全面

合同一经签订，对双方都具有法律效力，这就要求合同当事人在订立劳动合同时，必须做到具体、明确、周密，不能有丝毫的马虎和纰漏。不仅要一条一条地写明合同期限、

工作岗位、双方的责任和义务、劳动报酬等必备条款，而且要关注诸如福利待遇、劳动保险、劳动纪律、合同的变更、终止和解除、违约责任、劳动争议的调解及仲裁方式等条款的相关法律依据。

（四）合同试用期必须符合法律规定

根据《中华人民共和国劳动合同法》第十九条规定："劳动合同期限三个月以上不满一年的，试用期不得超过一个月；劳动合同期限一年以上不满三年的，试用期不得超过二个月；三年以上固定期限和无固定期限的劳动合同，试用期不得超过六个月。"

六、写作训练

1. 自拟一份租房合同，根据有关法律，把双方的权利和义务写进合同内。
2. 假设自己即将与××航空公司签订聘用合同，自拟一份聘用合同，将双方的权利义务都写进合同内。无固定合同抑或是一般合同，自定。

第二节　条据类文书

条据类文书是指日常社会交往中，用作收、发、借、领、欠、还钱物的凭证性字条或票据，它也归纳在契据一类，也具有法律效力。条据类文书，内容短小精悍，写作自由灵活，使用广泛。民航乘务人员虽然工作在特殊的环境，但也是社会的公民，也会在商场购物，也免不了人情往来，借钱送礼，也会租房、买房。所以别看借条虽小，若有不慎，也会造成很大损失。所以，了解它们的写作也是很重要的。

一、收条

（一）收条的概念

收条，也称收据，是收到个人或单位的钱物时写给对方的凭证性字条或票据。

（二）收条的写作格式

收条的写作形式分为条文式和表格式两种，相较而言，前者比较随意，后者更正规。条文式收条一般由以下四个部分构成。
（1）标题。在纸条的正下方写明"收条"两字，字号略大。
（2）正文。在标题下方，另起一段写作，一般以"今收到……"开头。应写明收到什么人或单位的多少数量的什么钱物，有时还可加上说明性文字，但不宜过多，应力求简洁清楚。文中有关钱物数量的数字应大写。
（3）结语。正文之下另起一行并前空两格写明"此据"两字，后不加标点。结语一般可省去。

（4）落款和日期。位于收条的右下方。若是个人开具收条，则直接署名并注明日期；若是单位开具收条，除了写明单位名称和日期外，还要写上经办人的姓名并加盖印章。日期应写明具体的年、月、日，不能随意简化或省略。

表格式收据都是印刷制成，格式固定，由开具收条者直接填写，它通常包括以下几个方面的主要内容，应当逐一具体清楚地填明：① 收据的名称和编号。收据的名称由开具收据单位的名称或收据的种类加上"收据"两字构成，也可以只有"收据"两字。② 交送钱物的个人姓名或单位名称。③ 开具收据的时间。④ 收到的钱物的名称、规格、数量。⑤ 经手人的姓名。⑥ 开具收据的单位盖章。⑦ 相关的说明性文字。

（三）范例

【范例 8-2】

收　条

今收到××大学航空乘务专业系交来的教材款（购《空中乘务应用文写作》45 册，单价 48 元）贰仟壹佰六十元。

此据

收款人　孔非
2018 年 11 月 20 日（公章）

【范例 8-3】

收　据

年　月　日

今收到 _____	
人民币（大写）_____	
系　付 _____	
单位盖章　　　　会计　　　　经手人	

二、借条

（一）借条的概念

借条是借到个人或单位钱物时写给对方的凭证性的字条。

（二）借条的写作格式

借条一般由以下四个部分组成。

（1）标题。在纸条正上方写明"借条"两字，字号略大。

（2）正文。标题下，另起一行，一般以"今借到……"开头。应写明向什么人或单位借了多少数目的什么东西（钱或物），准备什么时候归还，有时还要注明借后的用途。钱物的数目应大写。

（3）结语。正文之下另起一行并前空两格写"此据"两字，后不加标点。结语可省去。

（4）落款和日期。位于借条的右下方。若是个人开具借条，可直接写明姓名和借用时间（年、月、日）；若是单位开具借条，则除了写明单位名称和借用时间（年、月、日）外，还要写明经手人的姓名并加盖单位印章。

（三）范例

【范例8-4】

借　　条

今借到校广播站扩音器壹台，喇叭（100瓦）肆个，话筒贰个，办演讲比赛用，一周内归还。

此据

空乘系（章）

××××年××月××日

三、欠条

（一）欠条的概念

欠条是拖欠个人或单位的钱物而写给对方的凭证性字条，它一般用于下列几种情况。

（1）借了个人或单位的钱物，只归还了部分，还拖欠着部分。

（2）借了个人或单位的钱物，当时未写借条，事后补写。

（3）购物时，没有当场兑付现金，赊欠了钱款。

（4）按照约定应当交付他人或单位钱物，却未能足数交付。

（二）欠条的写作格式

（1）标题。在纸条正上方写明"欠条"两字，字体略大。

（2）正文。标题下，另起一段写作，写明拖欠了什么人或单位的多少数量的什么东西（钱或物），准备什么时候归还，有时还要简单交代一下借欠的情况和原因。文中有关钱物数量的数字均应大写。

（3）结语。正文之后另起一行并空两格写明"此据"两字，后不用加标点。结语可以省略。

（4）落款和日期。位于欠条的右下方，若是个人开具欠条，则需要署名并写明具体的年月日；若是单位开具欠条，出写上单位的名称外，还要写上经手人的姓名，然后写明具体的年、月、日时间,并加盖印章。

(三)范例

【范例8-5】

欠　条

因购物现金没有带足,今欠×××商城文具柜人民币贰仟壹佰元整,准予明日(即11月18日)送还。

此据

×××民航职业技术学院教务处(章)
2018年11月17日

四、领条

(一)领条的概念

领条是企事业单位、社会团体中领取钱物的管理人的凭证性字条。

(二)领条的写作格式

领条由以下四个部分组成。

(1)标题。在纸条正上方写明"领条"两字,字号略大。

(2)正文。标题下,另起一段写作,一般以"今领到……"开头。应写明什么单位发放了多少数量的什么东西(钱或物)。文中有关钱物数量的数字应大写,物品的具体品种、规格、数量都应一一列清,以免混淆。

(3)结语。正文之后另起一行并空两格写明"此据"两字,后不用加标点。结语可以省略。

(4)落款和日期。位于领条的右下方,写明经手人(或称领取人)的姓名和领取时间,年、月、日应一一写明,不能简省。

(三)范例

【范例8-6】

领　条

今领到工会发给的篮球壹只、乒乓球拍贰副、乒乓球拾个。

此据

培训部
经手人×××
2018年12月5日

五、发票

(一)发票的概念

发票是出售商品,收到对方(个人或单位)的付款后,开给对方的凭证性票据。较之前的四种条据类文书而言,发票使用严格,规定性强。发票的开具者必须是经国家工商管理部门批准的合法的经营性组织或个体,发票必须由国家税务机关统一监制印刷方有效。因此,发票可以作为报销的凭证。

(二)发票的写作格式和要求

发票采用表格的形式写作,通常包括以下几个方面的主要内容,应当——具体清楚地填明。

(1)发票的名称和编号。发票的名称由开票单位的名称或发票种类加上"发票"两字构成。

(2)购货单位或个人的姓名。

(3)开票的时间。

(4)所售商品的名称、规格、计算单位、数量、单价、金额、总金额。

(5)开票人和收款人的姓名。

(6)相关的说明文字。

(7)开票单位盖章。应加盖发票专用章。

六、写作训练

1. 客舱部即将举办乒乓球比赛,××乘务组为了队员练球,向工会领了 4 副球拍和 10 只乒乓球,请写一则领条。

2. 为了组织一次五四青年活动,××客舱部向财务部门借了人民币 5 000 元,拟在活动后报销了,归还。请写一则借条,注意各要项不能缺。

3. 以客舱部的名义草拟一份收条,收到了××乘务小组在小组搞活动时所借的话筒 2 个、彩旗 4 面、其他用品若干。

第九章

民航常用告启类文书

教学提示

告启类文书包括启事、声明和广告。民航乘务告启类文书就是在乘务活动中向公众告知重要事项、传递信息使人知晓，以引起注意或采取相应行动的文书。本章通过对告启类文书的讲解，使得乘务人员在民航乘务服务活动中能灵活运用此类文书。

第一节　启事类文书

一、启事

（一）启事的概念

"启"即告知、陈述的意思。启事就是单位或个人向公众告知重要事项，使人知晓，以便引起注意或协助办理的一种应用文体。启事的用途广泛，向公众公开说明事项、征求意见、提出请求均可以用启事发布。启事是公开的，一般张贴于公共场所引人注目的地方或刊登在报刊中，也可以在广播电台、电视台中播出。

（二）启事的写作格式

启事一般包括以下三部分。

（1）标题。启事的标题一般应包括启事单位的名称、启事的主要内容和文种三项，如"××航空公司招聘空中乘务员的启事"。但是为了简洁起见，常常省略启事单位的名称，如"迁址启事""挂失启事"等。如启事的内容较多而不易概括时，也可用单位名称+文种构成。此外，标题可笼统地写上"启事"二字，但这类标题一般效果不太好，不如写明事由更醒目且针对性强。另外，现有的启事为了表明诚意，还常常在标题中加上敬辞，如"诚聘""敬聘"；有的紧要启事，还可在标题中注明"紧急启事"，这样容易引起人的注意，收到实效。可见，其实标题是比较灵活的。但是一般以启事的内容和文种两项作为标题为佳，简洁明了，读者一目了然。

（2）正文。一般可分两部分，先写明启事的目的、原因或情况等，后说明希望、要求，结尾往往以"特此启事""敬请惠顾""特此登报鸣谢并致歉意"等收结。内容简单的启事，正文不需分段，只需说明目的、要求即可；内容较复杂的启事，一般用数字表明，分项排列。

（3）结尾。启事的正文写完之后，一般应详细写明启事单位（或个人）的名称、地址、联系电话等。如启事单位的名称在标题中已经写清，末尾可省略。如果启事是刊登在报上，末尾的时间也可省略，不然应注明启事的日期。

写启事时要力求标题醒目，便于读者按需查找；内容单一真实，不能将几件事放在一起交代；语言要简洁精练，通俗明白，多用短句，使读者一目了然。

（三）启事的种类

（1）告知类启事。即向公众告知事项，希望引起公众的注意所发的启事，如开业、停业、迁址、更名、举办活动等启事。

这类启事一般先写明启事的目的、原因，再告知开业、迁址的单位名称、地点、经营服务项目、有何特色、具体营业时间等。

【范例9-1】

×××机场小卖部开业启事

本小卖部因机场建设，现已搬至机场二路×××号，自即日起继续营业。本小卖部向您提供自产的各式面包，价廉物美，营养丰富。堂内供应各式饮料、咖啡，可堂吃，也可外卖，方便、经济、实惠。

营业时间：9:00—21:00

××机场小卖部
××××年××月××日

（2）征求类启事。即处于某种需要，请求别人帮助、关照所发的启事，如征集新名、新商标启事、征订启事、征稿启事、招聘启事、招租启事、招标启事、招商启事等。

这类启事的正文要概括说明启事的目的、原因，详细具体地介绍启事者的要求。如招聘启事，正文则需要写明所招聘的工种、专业或职业、条件和要求、人数及应聘方法、联系地址等内容。如事项较多，则可分条逐一表述。内容一定要实事求是，不能从中作假进行欺骗，达到不可告人的目的。

【范例9-2】

2019年度东方航空技术有限公司招聘启事

东方航空技术有限公司是中国东方航空股份有限公司全资子公司，从事飞机维修及保障工作。我们始终追求过硬的维修质量，致力于提供安全适航的飞机。安全，是每一名旅客出行选择的首要条件，是我们可持续发展的根基，是我们存在的价值体现和生命底线，容不得丝毫失误和疏忽。"特别能吃苦、特别能战斗、特别能奉献、特别能进取"，是经历了几代东航机务人艰苦卓绝奋斗凝聚而成的机务精神，是我们整体面貌、水平、特色，凝聚力、感召力以及创造力、生命力的充分体现。它不断鼓舞着我们激情满怀、昂扬向上、砥砺前行。我们着眼未来，以战略的眼光谋划全局，致力于发展成为具有国际竞争力的飞机工程与维修服务提供商，实现"专业化、产业化、市场化、国际化"四化转型目标。

技术公司的前身为1957年成立的民航上海管理处机务科。2006年9月1日经股份公司批准，在原东航飞机维修基地和机务工程部的基础上，借鉴国际大型航空公司所采用的集中化管理模式，对机务系统实施组织转型，进行垂直一体化管理，成立了东航工程技术公司，标志着东航机务系统"四化"转型正式启动；2010年东航、上航联合重组后对机务系统进行整合，上海地区两大基地成立；2014年12月7日东方航空技术有限公司在上海正式挂牌成立,成为独立运行的航空维修服务供应商,机务系统的"四化"转型迈入新的历史阶段。

我们目前在册员工 12 000 余人,具备整机放行资格的专业技术人员 2 800 余人、持有民用航空器维修人员执照 5 000 余人。在国内外近 300 个站点管控着包括 A320、A330、B737、B777 等超过 650 架飞机,管理发动机 1 300 余台。技术公司发展的总体目标是:以提供飞机全生命周期的资产管理服务为主体,以航线维修、机身维修业务为重要支撑,以发动机工程与服务、附件维修、客舱工程加改装服务等业务为利润源泉,全面建设成为世界一流、亚太领先的 MRO(Maintenance、Repair、Operations,维护、维修、运行)企业。同时,技术公司需肩负起两大使命:优质保障股份机队运营、开拓进取的独立 MRO。在为股份公司提供坚实基础,做好航线维修、机身小修(A 检、C 检)等保障型工作的同时,在附件维修、工程服务、机身大修等领域,按照 MRO 的行业发展规律,寻求业务和利润的增长突破,提高自修能力,增加第三方收入,降低整体维修费用,使技术公司具有更为强大的核心竞争力。技术公司可提供贯穿飞机整个生命周期的资源管理,主要业务包括航线维修、机身维修、工程服务、发动机修理、质量管理、航材保障、部附件修理、维修计划、培训服务、飞机选型退租及发动机/APU 支援等。技术公司拥有包括中国民航 CAAC、DMDOR,美国 FAA,新加坡 CAAS 等多个国家的维修证照。此外,技术公司还拥有合资公司 8 家、国内外客户近百家。技术公司已迈上崭新的历史征程,在集团和股份公司的指导下,进一步解放思想,改革创新,在变革中不断总结,迎接新的挑战,为早日实现机务系统"专业化、产业化、市场化、国际化"的新胜利而努力奋斗!

2019 年度东方航空技术有限公司定检无损检测工程师招聘

报名截止时间:2019-06-30 17:00:00

工作地点:上海、北京、青岛、合肥、南昌、太原、兰州、武汉、昆明、西安、济南

职位类别:定检无损检测工程师

所属单位:东方航空技术有限公司

【招聘条件】

1. 2019 年应届毕业生,全日制本科及以上学历,理工科院校无损检测、测控技术与仪器等相关专业。

2. 大学英语四级(CET-4)及以上。

3. 了解各项规章制度及基本适航要求,掌握航空概论、基础安全操作等相关知识。

4. 品德优良、忠实可靠、责任心强、具有较强韧性;在校学习成绩优良,学生会干部、获得荣誉称号等优先考虑。

5. 能适应倒班工作需要。

【岗位描述】

1. 从事航空器、部附件的无损检测工作并做出正确的检测报告,负责无损检测维修方案的制订和批准。

2. 熟练运用本专业的各种专用设备实施检测工作,负责无损检测新设备的引进和功能开发。

3．负责无损检测新技术的引入，提升无损检测能力。

东方航空技术有限公司
2019 年 4 月 1 日

（3）寻求类启事。因丢失物品、资料，或因人走失、下落不明所写的启事，如寻人、寻物等启事。

这一类启事多由个人发出，写法比较简单、自由。只需写出所寻找的人和物的具体特征、丢失物品的地点、时间即可，结尾写上联系人的姓名、地址、电话等，并一般以"当面酬谢"等语句结束。

【范例9-3】

寻 物 启 事

2018 年 10 月 7 日，本人在上海虹桥国际机场大厅候机室，不慎将一只黑色的公文包丢失，里面有手机一部，皮夹一个，还有技术文件。请拾到者或知情者与上海××××厂×××同志联系，电话××××××××，并当面酬谢。

厂址×××路××××号

二、声明

（一）声明的概念

声明是公开说明的意思。它是单位或个人在日常生活中就比较重大或紧要的事郑重地告知有关人员的应用文体。声明与启事有相似之处，也是向外界宣布重要事项、表明自己的态度，但声明比启事更庄重、严肃，态度也更为强硬。声明和启事一样也有法律效力。

（二）声明的写作格式与要求

声明在写作上与启事大同小异，其结构一般由标题、正文和结尾三个部分构成。企事业单位发表的声明，意在维护企事业单位的权益、表明严正的立场，正文应简明扼要地概括发表声明的原因、目的，然后申明自己的声明。

声明的篇幅以短小精悍为佳，切忌冗长；语言以述说说明为主，不宜采用描写和抒情，力求简明扼要。

（三）声明的种类

声明大致分为遗失声明、警告性声明、告知性声明三类。

（1）遗失声明。当单位或个人的较为重要的物品，如有关营运证、营业执照、签证、护照、发票、支票等遗失后，需及时刊登或播发遗失声明，及时声明作废，以防被拾到者加以利用，产生不良后果或造成不必要的损失。

遗失声明的写作比较简单，一般以"遗失声明"为题即可，正文写明遗失物品的单位或个人的名称，遗失物品的具体名称，如是证件、票据，还应注明号码、份数，最后以"声明作废"作结。

【范例9-4】

遗失声明

我培训部遗失护照一本，姓名×××，编号PCHN139631。特此声明作废。

××航空公司　培训部
2018年8月11日

（2）警告性声明。当单位或个人的合法权益受到侵犯时，常常发表警告性声明。

近年来，个别游客在境内外机场、航空器上屡屡出现的不文明行为，不仅损害个人形象、国家形象，甚至影响航空安全。2016年2月1日，中国国际航空股份有限公司、中国东方航空股份有限公司、中国南方航空股份有限公司、海航集团有限公司、春秋航空股份有限公司五家航空公司在三亚签署《关于共同营造文明乘机大环境的联合声明》，合力对不文明游客采取限制措施。

按照《关于共同营造文明乘机大环境的联合声明》，五家航空公司将建立"旅客不文明行为记录"，将扰乱航空公司航空运输秩序受到行政处罚、刑事处罚，或被民航、旅游等相关行业管理机构列入"旅客不文明行为记录"的旅客列入其中；建立信息共享机制，航空公司将掌握的扰乱航空运输秩序受到行政处罚、刑事处罚的事件信息，通报给民航、旅游等相关行业主管部门和行业协会；在信息保存期限内，五家航空公司对列入"旅客不文明行为记录"的相关当事人采取一定的限制服务措施。

这声明充分表明了我国航空公司在营造良好文明的旅游环境方面所持的信心和决心，也是对当前一些旅游过程中不文明行为举止的一个有力抨击。

警告性声明的结构也由标题、正文和结尾三部分构成。标题一般由"单位名称+事由+声明"构成，有时为了加强语气，可在声明前加上"严正"或"郑重"等词，也可以"郑重声明"为题。正文写作必须概括声明的原因、列出声明的具体事项和表明声明者的态度，有的还写上对于举报者的奖励办法，以表明声明者对查出事件的态度的坚决和行动的紧迫。最后写上声明者单位的名称和时间。

【范例9-5】

×××音像出版社授权常年法律顾问
××××律师事务所×××律师
严正声明

最近，我们在全国各地发现不少音像制品商店在销售非法复制我出版社的录音光盘，这非法复制品除了仿制我出版社光盘塑料外盒和光盘上的社标外，还原样复制了封面及AB贴，更令人吃惊的是，盗版者还伪造了外包装封线及海外唱片公司的授权标贴，但印刷粗糙，甚易辨别真假。特别是其音质异常低劣。由于售价较低，所以便于规模生产、批量销售，这种盗版行为不仅严重损害了×××音像出版社的声誉和经济利益，也给广大消费者带来了损失，并扰乱了市场经济秩序。为此，本律师严正声明：

一、非法复制者应立即停止非法复制活动，并销毁尚未出售的非法复制品。

二、各销售单位应立即停止销售非法复制品。

同时，本社保留按照我国著作权法和有关法律、法规，追究非法复制发行和销售侵权复制品者的法律责任。

×××音像出版社

××××年×月××日

【范例 9-6】

声　明

印尼亚洲航空公司非常沉痛地公布，从泗水飞往新加坡的航班 QZ8510，于今天上午 7 点 24 分确认失去联系。飞机型号为 A320-200，注册号码为 PK-AXC。

很遗憾，目前机上乘客和机组人员的状态还没有消息，如有进展，我们会及时向各方公布。

此时，我们正在与营救机构共同进行营救工作。

亚洲航空公司现已设立紧急呼叫中心，电话为+622129850801，如果你的亲人和朋友在飞机上，请与我们联系。

印尼亚洲航空公司

2014 年 12 月 28 日

（3）告知性声明。向社会公众告知、说明某一事件，以引起公众的注意。这一类声明写法比较简单，一般篇幅短小，比告知性启事更严肃、庄重。

【范例 9-7】

×××航空公司乘务部声明

兹有我乘务部空乘人员×××与××于 2017 年 10 月 11 日未经批准参加城市广场义捐行动，其今后该项活动一切结果与我部无关。特此声明。

2017 年 10 月 12 日

第二节　广告类文书

一、广告的沿革

"广告"这个概念是 20 世纪初才从西方传入中国的。这个词源于拉丁语 Advertise。意思是大喊大叫，吸引人心，诱导。到中古英语时期，约公元 1300—1450 年，这个词演变为 Advertise，其含义为"一个人注意到某种事""让公众知道某事"。直到 17 世纪英国大规模开展商业活动，现代意义的"广告"这个词才开始广泛流行。

从广告这个词的演变可以看到一个事实：广告是商品交换的产物；现代广告是现代产业的组成部分；现代广告无论其内涵还是外延均与以前有很大的不同，它已广泛触及社会、政治、军事、文化、科学、教育和经济的其他领域；但就广告事实而言，它却早于现代广告概念存在于各民族的商品交换的历史过程之中。西方最早的广告，并不是在 1625 年英国信使报上出现的广告，而是公元前 1 世纪的古希腊广告。据记载：在古希腊阿里的玻利安地区，一个叫格纳维斯的人，他想在 7 月 15 日把自己的住宅出租。为此，他做了一幅出租广告，其内容是："在阿里安我有一处带有住宅的店铺和可供骑士们居住的房间，有人如想租用时，请向格纳维斯的奴隶提出申请。"这说明在西方，广告并非起源于 17 世纪的英国。

在东方，广告也同样并非起源于 1867 年 3 月日本《万国新闻》所刊登的中川屋嘉兵卫食品推销广告，而是起源于中国春秋末期的燕国。据《战国策·燕二》记载："人有卖骏马者，比三旦立市，人莫之知。往见伯乐，曰：'臣有骏马，欲卖之，比三旦立于市，人莫与言。顾子还而视之，去而顾之，臣请一朝之贾。'伯乐乃还而视之，去而顾之。一旦而马价十倍。"这则广告，也就是现代所谓的名人效应广告。其手法远远高出中川那种启事性的广告。中国最早的广告记载出现于战国时代宋国韩非子的《韩非子·外储说右上》："宋人有沽酒者，升概甚平，遇客甚谨，为酒甚美，悬帜甚高著。"

中国现存最早的实物广告是宋代"济南刘家功夫针铺"的"白兔捣药"针的广告牌。中国现存最早的印刷广告的铜版也是宋代"济南刘家功夫针铺"的"白兔捣药"针的广告牌。

我国北宋时济南有一家中药铺叫刘家功夫针铺，它的老板刻制了一幅铜版雕刻广告。广告的标题是："济南刘家功夫针铺"。副标题是药铺的地址："认门前白兔儿为记"。广告四寸见方，绘有兔儿商标——白兔捣药图。广告下方有："收买上等钢条，造功夫细针。不误宅院使用，转卖兴贩，别有加饶，谓记白。"这是中国现存最早的广告语，写的是产品的用料、质量、制作方法、购买优惠条件等说明文字。估计这幅铜版雕刻广告是用于包装药品的。这幅广告从文案、设计到制作方法都与现代广告无异，它即使出现于 1100 年年初，也比日本的报纸广告早六百多年。

宋朝把提倡读书作为朝廷的重要工作之一，时时予以宣扬，鼓励人们积极读书，投身科举。宋朝第三位皇帝亲自写作《劝学诗》昭告天下，诗是这样写的：

富家不用买良田，书中自有千钟粟。
安居不用架高堂，书中自有黄金屋。
出门莫恨无人随，书中车马多如簇。
娶妻莫恨无良媒，书中自有颜如玉。
男儿若遂平生志，五经勤向窗前读。

此诗影响广泛，堪称极佳的广告文案。

上述事实告诉我们：广告事实早于现代广告概念的存在。无论西方与东方都是如此。这是因为广告事实是单纯的客观事实，而现代广告的概念是自觉利用广告有组织、有计划地宣传与推广商品，它与原始广告有着不同的特殊的含义。

"广告"一词的实际含义，在不同的国家有不同的理解与解释。

美国广告协会主席认为广告是付费的大众传播，其最终目的是传递情报，改变人们对商品的态度，诱发其行为，而使广告主得到利益。英国《简明不列颠百科全书》的看法是：广告是传播信息的一种方式，其目的在于推销商品和劳务，影响舆论，博得广告者所希望的其他反应。

中国近代，随着民族资本的发展，市场经济的发端，广告业也逐步兴盛。一百多年来，出现了广告史的多个第一。

中国现存最早的报纸广告是《申报》上的"全泰盛信局启，衡隆洋货号启，缦云阁启"，上海图书馆收藏。

中国最早的车身广告出现在 1908 年上海第一条有轨电车上。

中国最早的广告公司是上海广告装潢广告公司。

中国最早的橱窗广告出现在 1920 年，名为"勒吐精"牌奶粉。

中国最早的户外霓虹灯广告出现在 1927 年上海大世界屋顶，名为"白令机"广告。

中国最早开播的电视台是 1958 年的中央电视台。

中国最早的国内影视广告是上海电视台于 1979 年 1 月 28 日下午 15:30 为上海药材公司制作的名为"参桂养容酒"广告。

中国最早的外商影视广告是 1979 年 3 月 15 日下午 18:00 上海电视台播放的名为"雷达表"广告。

中国最早的公益广告是 1987 年的《别挤了》。

二、广告的概念及广告文案的特点

（一）广告的概念

广告是工商企业、事业单位、机关团体以及公民个人以公开付费方式，通过一定的媒介或形式向社会公众宣传商品、劳务、服务及其他信息，或向社会或公众提出某种主张、意见、建议所进行的特殊宣传活动。

从上述概念中，可以归纳出构成现代广告的若干要素，具体如下。

（1）广告必须有广告主（广告者）。

（2）广告必须有信息（广告内容）。

（3）广告必须有媒体（如报纸、杂志、广播、电视等载体）。

（4）广告必须付费（要为广告主、代理商、制作人带来经济利益）。

简而言之，广告是一种以法定付费方式，通过特定媒体向购买者传递某种商品信息，从而为广告主带来经济利益的宣传推广形式。

（二）广告文案的特点

广告文案的特点如下。

1. 广告文案有明确的经济目的

广告也是商品，它自身就是现代产业的一部分，它既可以使企业主增值、广告主得益，也为广告代理者和制作人带来经济利益，同时又使消费者从中获得利益和某种心理的满足。

2. 广告文案有明确的主题和独特的创意

广告的主题不同于文学作品中的主题思想，它不是抽象的概念或思想。构成广告主题的基本因素：它必须体现企业营销决策的广告策略；必须表现信息物的个性特征，指明其明显的差异性与商品特点（包括品牌、劳务、经营观念、企业形象）；必须考虑购买者的消费心理，满足他们的心理需求。换句话说，广告的主题思想=广告决策+信息个性+消费心理。广告的主题绝不是普通文章的通过客观事实或理论表现作者的主观见解、意图、思想与情感，它具有客观性。制作者不过是代人立言而已。

广告要求精巧的构思，通过构思产生新的意念或意境，从而表现广告作品的主题。广告的基本类型可以分为两大类：一是启事广告；二是商品广告。启事广告，是直叙型的广告，较少创意，或者说基本上没有创意。商品广告，以宣传商品的品牌与特点，激发人们的购买欲为宗旨，这一类广告作品的主题正是通过它的独特的创意巧妙地加以表现的。如果从思维方式的角度来认识广告的这两种类型，那么可以看到直式的启事广告，即使有构思，有创意，也较多地采用经验性的思考方式，即偏重于凭借以往的传统的经验与知识的重版与改良，较少创新，重逻辑思考与分析思考，往往千篇一律。它之所以存在，是因为它适应于文化尚低的人数众多的一般老百姓，形式简单，一目了然，容易为一般人理解，同时又可以为广告主省很多钱。如每天见到的寻人启事、迁址启事、开业启事、招聘启事、招商启事，以及为亲友祝寿、为自己择偶、为学校招生、为单位团体或个人发表声明等，都属于这种类型。描述型的商品广告，这种广告采用的思维形式与上述不同，它不是垂直式的继承前人的经验，而是水平思考。这种思考方式的着眼点在于立异，敢于打破常规，创造新的意念。它常常在横向比较中找出占主导地位的观念，再千方百计地摆脱它，另立门户，另出一枝。不仅如此，其思维方式偏重于多方位思考，反对思维定式，总是借助偶然的灵感，深入发展某一种新奇的借以表达出不同于一般的认识与见解。正因为这样，所以在进行广告文案创作时，也常常采用集体思考的方式，把许多人集中起来，面对同一问题，让每一个人发表一种意见，拿出一种见解，然后相互补充，形成若干新的创意点。我们每天在电视或报刊上看到的商品广告，大都属于这一种描述型的广告。如南方黑芝麻糊，它以儿童的视点与心态，依恋式的童年画面，展现出一种诱人的意境，勾起人们的食欲，促进人们的购买欲望。

3. 广告文案既要讲艺术性，又要讲科学性

广告文案的艺术魅力使广告成为一种独特的艺术形式。无论是电视广告，还是报纸广告，无论是户外广告，还是室内装饰广告，广告越来越强调它的艺术功能，它除了宣传推广商品外，还可以给人们以美的享受。优秀的广告本身就是一件艺术品。

广告的魅力要求广告文案的撰写要注意艺术性。

（1）语言魅力。广告的语言除了简练、明白、通俗外，还应当是形象的、优美的、耐人寻味的。广告语言的优美不是散文语言式的优美，它不仅仅是供人欣赏，而且必须蕴含明确的广告主题与商品目的。广告语言的美，不应当是作者的个人内心体验与情感交流，它应当是朴实的、含蓄的，内含丰富、能启人深思、容易引起联想的。有许多广告，文字虽不多，朴实、平易，却能给人以美的感受。香港集友银行的广告只有一个字：诚。这则广告文字精练极了，却能以人人都明白的一个字道出了这家银行的服务宗旨、服务态度、处世信条，给人以广阔的思考与想象的余地。无疑这个字是美的高度的概括与提炼。我们在这里收集了数家航空公司的飞行广告：中国国际航空的"心有翼，自飞翔"；上海航空的"服务到家，温馨到家"；大韩航空的"世间任意角落，皆唯我独有"；中国东方航空的"有限航程，无限服务"；泰航的"Smooth as Silk"（丝般顺滑）；厦门航空的"人生路漫漫，白鹭常相伴"。文字都朴实明白，对信息物的突出特点概括准确、形象，能启人想象，富有吸引力。有些广告以幽默诙谐的语言引起人们的兴趣，如新飞牌电冰箱广告"谁能惩治腐败？"臭豆腐广告"臭名远扬，香飘万里"，湖南菊花牌电风扇广告"菊花电扇，吹出来的名牌"，梁新记牙刷广告"一毛不拔"等谐意风趣，余味无穷。

（2）构图魅力。除播音广告外，其他广告，如电视、报纸广告，灯箱广告，路牌广告等，视觉艺术的特点都很明显，构图要求有构造性。例如，法国航空公司的广告系列的图案，充分利用了法国浪漫气氛作为卖点。广告的画面是一位法国美女，第一幅是束胸露背，背后的束胸的扣带向右伸展，末端引出法国航空的品牌；第二幅是美女的一只高跟鞋，尖细的鞋跟向右伸展，末端引出法国航空的品牌；第三幅是撑伞的法国美女，那薄如蝉翼的伞的尖杆，与美女期待的目光一致，末端引出法国航空的品牌。蓝天、美女，还有夏装、高跟鞋、雨伞，透露出浓烈的浪漫。"你想寻求浪漫吗？那你来乘法国航空的飞机吧！"广告让人遐想无边。

许多广告的构图都是好的，可是你再模仿，就有东施效颦之效。所以广告的构图一定要新鲜、大胆，决不能用他人已用过的构思形式。一个汽车广告，既可以用一部小汽车占满一个报纸版面，也可以让恢宏的宇宙占据一个报纸版面，那小汽车只能由人们沿着地平面向远方伸去的公路上去寻找。有一张航空业的广告图，一张硕大无比的绿叶，青翠欲滴，一架飞机从叶面飞过，欲飞出叶尖，画面给人遐想。广告图既可以将许多人和事集中在一个版面上，也可以给人留下更多的想象空间。总之，不拘一格才是广告的精髓。

（3）广告的意境魅力。意境是指一种艺术境界，它是一条传统的美学原则，要求情、景、意结合。意境是通过具有诗情画意的画面构成的。画面虽是一个艺术整体的一个最小单位，却十分集中地、形象地体现作者的意图、思想、情感。画面具有连贯性，以衔接前后的情节，提供极有想象力的深邃境界。一个优秀的广告，通过画面创造了优美的意境，就能从情感上深深地打动读者与观众，正如散文的意境一样，但不能要求所有的广告都产生意境，也不能说所有有意境的作品都是优秀之作。有意境的可以是好作品，没有意境的写实作品或写意作品也可以是好作品。

（4）作为一种实用艺术，广告必须具有创意魅力。同样一幅内容相同的作品，有创意与无创意相差很大。有创意的作品，不仅以它的独特新颖的表现形式给人留下深刻的印象，甚至是永生难忘的印象，也许这种构思还可能成为该企业的形象的一种突出标志，从而大大扩大企业的影响。

中国南方航空公司曾拍摄过一个品牌微视频：《梦想，从心出发》。通过短短几分钟的视频讲述了一个引人入胜的故事，让受众聚精会神地看完，还在社交媒体上疯狂传播，而这个故事恰好与某个品牌有关，这就是传播时代的微电影营销。国外航空公司已有非常多的成功案例，不过中国南方航空公司推出的《梦想，从心出发》微视频的确给人耳目一新的感觉。

该片由台湾电影金马奖导演执导，改编自一个真实的故事。故事讲述的是新疆和田墨玉县喀瓦克乡的一群"自学成才"的小学足球队员的故事。他们酷爱足球，却从未离开过家乡参加过正式的球赛。由南航提供的免费机票，让这些边远乡村的孩子有机会走进大城市，在乌鲁木齐与当地小学足球队进行友谊赛。作为南航的第一部品牌微电影，南航选择以公益主题为切入点，在微电影中并没有过多地植入南航元素，较完美地用纯粹的故事来唤起观众的情感共鸣。影片上线后，7小时播放量超10万次，很多网友称看哭了。

社会已经进入互联网时代，没人爱听大道理，最能走入受众内心的方式就是讲故事。南航"足球小子"的励志故事是典型的顾客影响型故事，讲的是公司的产品、服务给人们的生活带来的积极影响和改变。最难能可贵的是，南航抛弃了以往商业味较浓的叙事，将企业的存在感降低，用好故事自身去传播品牌。

虽然广告强调创意，强调艺术性，但不能把广告当成与绘画等同的欣赏艺术或装饰艺术品。广告必须同时具有科学性，广告可以供人欣赏，但不能欺骗人，让人上当。这种科学性表现在以下几个方面。

（1）广告事实要符合客观事实。广告所反映的内容应当是事实，不夸大，不缩小，不能采用文学的虚构、夸张来代替事实。文学艺术讲真实，广告艺术也讲真实。这两个艺术的真实不相同。文学艺术的真实，要求的是本质的真实。无论夸张、虚构的事件如何发展，只要它能揭示出生活的本质，符合生活的逻辑，它就能成立，就会被社会认可。广告则不同，它反映的是事实的真实。生活中有的，作品中才能有，生活中是好的，作品中才能说它好。作为广告文案的创作者，必须将这两者加以区别，不能混淆视听。欺骗他人，便是摧毁自己。

（2）广告中所宣传推广的东西要有科学根据。尤其是药品、食品、饮料、补品。有许多饮料，广告上举出种种证据证明它的含量或"疗效"，然而经国家权威部门公布的抽查数据说明，很多是在骗人，在广告大战中出尽风头的减肥茶、减肥霜，以及某些化妆品都是利用妇女的爱美心理，把她们作为"宰客"。有的化肥、农药，标出的化学成分与实际效用不符，农民拿回去种庄稼，把几十亩、几百亩甚至上千亩的禾苗都杀死了。作为广告人应对人民的生命财产负责，不能干那些伤天害理、谋财害命的事。

（3）广告不能违背生活常识，不能违背历史。生活中没有的，不能胡乱编造，历史上没有的事，不能任意添加。历史上有许多名酒，有的传了下来，有的没有传下来。有许多酒都标明是古代配方，事实上有关书籍中根本就没有类似的记载，完全是瞎说。所有这些说明在我国的广告中存在着反科学的行为。广告是一门艺术，更应当是一门科学。它应当维护自己的严肃性和尊严，不应当让人们一想到广告，就想到一个字："骗"。如果这样，人们就不会相信广告了。

三、广告文案的制作程序

进行广告文案创作的过程有以下三个重要的步骤。

（一）调查研究，掌握资料

如果某广告公司或某生产企业请你为他们的某种产品做广告，你就得首先进行调查研究。调查企业有关产品或劳务的特点，研究市场需求信息资料，了解客户想通过广告向消费者或用户说明什么。弄清这家企业的名称、要求、产品、品牌、劳务项目；产品的历史、性能、质量、价格、信誉；产品在大众心目中的形象与影响，产品的适销范围、优点，销售预测，如何坚定大众的购买信心，使之产生购买行动等，在此基础上，再提出一个或数个宣传推广方案，反复征求意见，从中选出一个最佳方案。

（二）构思立意，寻求最佳角度

将客户所诉求的意愿或销售建议和广告宣传信息浓缩为广告信息焦点。设法使确定的广告主题理性化、概念化，或者说把视、听、读者想了解的信息集中在广告诉求认知的产品或劳务的突出特点上，从而引起人们的注意，较快地产生良好印象。这就是广告的立意过程。从对产品的了解到立意，这个过程就是构思立意过程。

（三）确定广告文稿方案

撰写广告文稿，首先要明确主题，即找出着重的宣传点。例如，要为某公司设计一个食品广告，就需要明确是在突出色、香、味的独特风味方面明确概念，还是在价值担保上做文章。例如，让试用者、医生、营养检察机关出面认定它的营养保健价值，或者在廉价、便捷方面做宣传推广。

一则广告，一次只应着重宣传一个主题。如果主题太多，不明确，便容易起相反的作用。一个系列广告，每一个广告的主题应十分明确地侧重一个侧面，这样就容易给人以强烈的印象和富有变化的新鲜感。

四、广告文案的构成

广告文案通常由标题、正文、标语（口号）、随文组成。

每一个部分有各自不同的要求。这几个部分也并不是任何一则广告都必须有。因载体与不同广告要求而异。例如，户外的广告牌，车、船广告，灯箱广告，就十分简单，有的只是一个图案，有的只是一个口号或在很长的一段围墙上刷一条标语，以期反复刺激，在人们印象里留下一些印象。而有的广告，如报纸上的商业广告，则比较齐备，文字部分和图表占的比重很大。电视广告也同样，虽也比较齐备，但重点表现的部分不同。电视广告一般以人物的对话与动作，或以画面配合解说为主。从一般广告来看，其撰写的各个部分有不同的要求。

（一）标题

广告的标题是广告的眼睛。它在广告中有以下三个十分明显的作用。

（1）信息向导作用。人们一看标题，就知道广告里说的是什么。广告要求它的标题要揭示内涵。这一点，广告艺术和绘画、音乐、小说、摄影等艺术颇为不同。

（2）突出主题的作用。通过标题告诉人们广告主的经营思想，或品牌特点，或服务方针。上海人民广场大型规模综合购物中心的招商广告的标题是三个斗大的字——大气势，借以表明一流设施，蓄势待发的特点。

（3）宣传推广作用。通过标题告知人们信息，而且进行宣传推广。

由此，我们可以知道标题的制作，首先要根据广告主的意图和实际内容与特定需求对象的心理以及广告媒体的制约等条件来确定。

广告标题的基本要求有以下几项。

（1）标题要有内容，要反映广告主题，具有表现力。

（2）标题要新奇，富有吸引力。

（3）标题要具体，又要有概括力。

用一句话来说，那就是广告的标题要有表现力、吸引力、概括力。广告标题在形式上不拘一格，多种多样，越有创造性，越不相同，越好。广告标题的形式是多样的，见到最多的有以下几种。

（1）新闻宣事式。以向公众宣布一种新闻，宣告一个事件的产生或某一种人们希望的或期待的结果。如祝贺某某公司开张，某某公司成立多少周年，某某产品诞生，某某展览会、博览会开幕，某某产品在国内或国际得某一种奖励、认可与特别殊荣，均属于这一种类。

（2）祈求式。作者以祈求的口吻，恭敬地向广大顾客说话，希望他们产生某一种购买行为与欲望。如：要去天涯海角，请乘南方航空！

（3）颂扬式。借某些顾客的眼光、口气来赞美某一品牌，或某产品的某一个特点。如：一百圣达菲高级休闲服装"春之装——休闲之王"。

（4）号召式。这一类标题都是号召人们踊跃来购买，其手法是号召人们尝试，如新外滩海派食品品尝会的"吃之才知之，不吃则不知"。

（5）悬疑提问式。广告中有一类标题是以设疑设悬或反问的形式出现。如房地产广告："你买得到这么便宜、这么好的房子吗？"广告运用悬念激起人们的期待心理与"好奇心理"，从而造成购买欲望。

（6）对比式。这种标题的特点是将自己的产品与国内外的同类产品做比较。如：看看逛逛其他路，买卖请到四川路。

采用类似这样的手法，应特别注意，不要有意贬低别人，抬高自己。

（7）寓意式。揭示信息物的内涵实质，或采用比拟的方法揭示内涵以加深人们对该事物的理性认识。如："乘上航，到家了"——上海航空；"服务到家，温馨到家"——上海航空。

"到家了"，一句话把乘上海航空的舒适感觉表现到位。这则广告应被视为上乘之作。

总之，广告标题是广告的十分重要的组成部分，是人们的第一眼的印象，有许多人不喜欢广告，不爱看广告，每天看报一见广告版就扔掉，但广告的标题他们总是会看到的，一个好的标题也会引起他们注意的。

（二）正文

正文即广告词。这是广告作品的主要的文字部分，也是广告的核心部位，就像一个人的心脏一样，在广告作品中具有支柱力量。

这一部分根据具体不同的内容，可以分为以下两种不同性质的文字。

（1）解说性文字。这里包括两个方面的任务：一是对一些比较生疏的概念要加以解释。二是进行说明介绍。广告一般有图案，可以配合图案以旁白方式进行说明，也可以直接向顾客做介绍。

（2）表演性文字。借用演员、播音员、节目主持人或作品中的人物、拟人物件，如布娃娃、木偶玩具、小狗、小猫、小鸟、小鸭，甚至树木竹石等，在广告中以富有动性的语言进行对话，或将产品、事迹演绎情节，让人物或事物表演故事，作内心独白或歌唱、演讲等。

（三）标语（口号）

如果按内容与心理效应分，可以把广告的标语粗略地分为以下几种。

（1）赞美口号，在广告标语中赞美语的比重是比较大的。

（2）号召式口号。

（3）情感式。有许多口号着重在情感上打动别人，给人以温馨或震撼之感。如："人生路漫漫，白鹭常相伴"——厦门航空。

（4）综合式口号。这一类口号没有具体所指。如："Smooth as Silk"（丝般顺滑）——泰航。

（5）哲理式。这一类口号高度概括，具有人生哲理味，耐人寻味。如："这是一小片温馨的阳光。"（贺卡协会广告）

（6）标题式。这一类既是标题，又是口号，常常是相兼的，甚至广告的解说词也是这个标语。如："买一个家，拥有一个城市。"（上海某小区广告）

（7）对比式。有一种广告具有一种挑战性的对比，以让人们从对比中看清它的特点与优势。如上海某住宅小区产权房广告的标语是："比一比谁的地段好！"

（四）随文

随文是广告词之外的说明文字，如公司经营部的地址、电话、传真；某一种产品的材料、配方的说明数据；联系人姓名；接待时间；等等。在商品广告中，这一部分不宜用文学手法表现，而大都以直叙的方式直接说明。

五、广告文案的表达类型举例

广告，按不同的分类标准有不同的类型。按主要使用区域分，广告分为启事广告与商品广告。启事广告是指党政机关、社会团体、企业集团、事业单位以及个人向公众或某些个人的直言式的公开的告白、知照、说明和礼仪的表示。如公告、通告、海报、启事、声明、招聘、征婚、结婚、讣告、寻人、调房、出租、征租、招商、招领、招生等。因为它较多涉及人事，又称人事广告。这一类广告的内容要求标明性质、目的、事实、要求、对象和启事人。商品广告包括宣传企业形象、企业产品和传播商品信息。其作用在于传播商品信息、加速商品流通、指导消费、推动竞争，用一句话说就是，具有宣传与推广的媒介作用。这一类广告可以为广告主带来巨大的经济利益，有利于扩大再生产，同时也有益于消费者。随着现代科技的进步与发展，这一类广告的艺术性和诱人程度也越来越高。这是主要的创意性广告形式。

另一种分类法是以载体为分类标准，以载体命名的广告形式。如电视广告、报纸广告、广播广告、路牌广告、车船广告、灯箱广告、杂志广告、橱窗广告、包装广告、邮寄广告等。这种分类法很容易被一般群众接受，它通俗、明白、简单、易记、不会混淆。由于是以载体为依据的，所以这类广告的性质、特点是难以分辨的。

为了便于学习制作富有创意性的商品广告，也可以广告文案的表达方法与表现技巧为标准进行分类与划分。虽然对某些个别的广告划分难以十分准确，但大体上是可以分的。

（一）描写体

这一类型由于它采用文学手法，描绘事物形象、具体，容易给人留下很深刻的印象。所以这类广告在商业广告中占了很大的比重。在这种广告中，有比拟性的，如德国爱迪德球鞋广告，以猫捉老鼠的灵活比拟穿这种鞋可以灵活自如地投篮。

（二）议论体

议论，就是抓住一部分人的社会心理与购买心理给他亲切地讲一些道理。这些道理浅显明白，令人折服。

（三）抒情体

抒情，从表达方式来说，有直抒胸臆，有借景借事抒情。广告的抒情也同样如此。但从数量上来说，前一种抒情形式较少见到，大量的是借助事物而展现的间接抒情。从表现方法上来说，无论是因人还是因事的抒情，都难以离开叙述与描写而独立存在，因而所谓抒情作品是指那些描写叙述中抒情成分较浓的作品。

如国航的广告，优美的画面伴随抒情的文字，让你产生向往，整个广告的主题词：伴梦想着陆，乘中国风，寻世界梦；接着三个画面体现这三个层面。

画面一是有国航标志的飞机在展翅翱翔，配上抒情的文字："我们以卓越实力，为中国开启连通世界的全新窗口，更以责任与担当，为您的梦想赋以羽翼。"

画面二是体现中国的茶文化：斟茶、品茗，寓意是国航的服务如中国茶那样清新，如中国的茶文化那般优雅，让每一个乘客感受礼仪之邦的氛围；同时配以优雅的文字："我们以匠心佳茗顶礼相待，更以真诚、温暖的服务，呵护每一个梦想着陆。"

画面三是国航的乘务员的不同服务场景，配以优美的文字："我们为您打造遍及全球六大洲的航线网络，更以专业化、国际化的服务，陪伴您每一段筑梦的旅程。"

整个广告画面温馨梦幻，令人神往，激起人们随着国航的飞机去开启自己的梦想旅程！

抒情性既可以是一句诗、一个画面，也可以是一个有意境的场面。

（四）叙事体

作者以讲故事的身份向观众、顾客讲述一个神奇的动人的故事，而这个故事正是某一种品牌的来历，或某一种品质的曲折经历，从而表明某一种广告意图，所以有人称为故事体。在现实生活中，有一种叙述是介绍性的。如大量图书广告、药品广告、风景名胜广告、科技成果广告、招生广告等，都采用直叙式的。

另外，有一种值得注意的广告是在叙述中采用大量的铺陈手法，将事件的叙述和对具体事物的描写巧妙地结合起来，从而给人留下难忘的印象。

（五）诙谐幽默体

这是一种运用机智的语言揭示特定内涵的语言技巧。运用谐音者，如烧鸡店广告：美好人生，"机"不可失；以音相谐造成机趣，奇巧诱人。

六、写作训练

根据广告的要求，围绕民航乘务人员如何为旅客提供优质服务，拟写一则广告词，形式不定，长短不定，或诗歌，或口号，或一段优美的散文。把民航乘务的服务宗旨、服务特色表现出来。

第十章

民航乘务常备文书

教学提示

通过本章的学习训练,旨在熟练掌握述职报告、工作总结、实习报告等文体的写作技巧,同时掌握学业论文的概念和撰写技能。

第一节 述 职 报 告

××航空股份有限公司人事部门下发通知,要求各部门务必在2017年12月25日之前完成公司各级领导年度述职考核工作。××航空股份有限公司客舱服务部积极落实该项工作,要求本部门带班乘务长、乘务教员、检查员必须在2017年12月10日前提交个人年度述职报告。请代该公司乘务长周××拟写一份述职报告。

一、述职报告的概念及类型

述职报告是指担任某项职务或担负一定职责的人员,主要是领导干部,向上级领导、主管部门和下属员工陈述任职情况,包括履行岗位职责、完成工作任务情况、取得的成绩以及存在的缺点与问题,进行自我回顾、评估、鉴定的书面报告。

述职报告是以第一人称来回顾自己在任职期间履行岗位职责的情况。报告人必须依据岗位规范和职责目标,对自己在任期内的德、能、勤、绩、廉等方面的情况,做出实事求是的自我评价和自我鉴定。

按照时限的不同,述职报告可分为以下三个类型。

(1)任期述职报告。即对任现职以来的总体工作情况进行报告。一般来说,时间较长,涉及面较广,要写出一届任期的情况。

(2)年度述职报告。即一年一度的履职情况报告。

(3)临时性述职报告。即担任某一临时性职务期间的履职情况报告。

二、述职报告的写作格式

述职报告的写作结构一般由标题、称谓、正文、署名和日期四个部分组成。

(一)标题

述职报告的标题一般有以下三种形式。

(1)时间+工作内容+文种。如《关于2018年××县精准扶贫工作的述职报告》。

(2)时间段+文种。如《2018年度个人述职报告》。

(3)工作内容+文种。如《关于拓展西部市场工作的述职报告》。

(4)直接以文种"述职报告"为题。

（二）称谓

述职报告一般要当众宣读，所以应选择好恰当的称呼。一般写"领导、同志们"，具体要根据会议性质及听众对象而定。

（三）正文

述职报告的正文一般要有开头、主体和结尾三个部分。

1. 开头

述职报告的开头要以简洁的文字说明所担负的具体职责，表明自己对本职责的认识，并阐明任职的指导思想和工作目标，主要概述所取得的成绩。

2. 主体

述职报告的主体主要包括以下三个部分的内容。

（1）履行职责的基本情况。要回答称职与否的问题，可以从"德""才""能""绩"等方面进行汇报。可以分别对思想道德素质、政治理论素质、开拓进取精神、廉洁模范作用、上下左右关系、工作作风和工作方法、政策法律水平、处事决断能力、分析综合能力、文字和口头表达能力、主要工作内容、工作中取得的重要成绩和经验等方面加以展开。

（2）工作中出现的问题，应该吸取的教训。这部分内容要实实在在，不避重就轻，也不过分自责。

（3）今后的工作计划与建议。主要包括目标、措施、要求三个方面。不同的述职报告要求不同，有的述职报告不要求这部分内容。即使有要求，这部分内容也应该从略处理，点到为止。

3. 结尾

在述职报告的结尾可简述一下自己对自己的评价，并表明自己的态度，一般习惯用语为"以上述职报告妥否，请予审议"，最后以"谢谢大家"结束。

（四）署名和日期

述职报告的落款要写明述职者姓名及单位名称，并注明述职的日期。

三、范例

【范例 10-1】

述 职 报 告

尊敬的各位领导、同事：

  大家好！

  一年来，我自觉服从和服务于公司整体工作部署，在客舱部领导的关心和同事的支持

下,扎实工作,认真履行工作职责,较好地履行了带班工作,完成了领导和上级交给的各项工作任务。现对今年的工作做如下述职:

一、不断加强学习,综合素质进一步提升

1．不断加强政治理论学习。认真学习十九大会议精神,深入学习领会习近平新时代中国特色社会主义思想以及马克思列宁主义、毛泽东思想、邓小平理论、"三个代表"重要思想、科学发展观共同所确立的党的行动指南,注重理论联系实际,理论素养进一步增强,认识问题和解决问题的能力进一步提高。

2．不断加强业务知识的学习。为了带好新学员,我认真学习乘务工作的相关资料和公司的各种飞行手册,主动查看一些服务行业的相关书籍,努力提高自身业务水平。

3．认真践行求真务实精神,通过借鉴乘务组的工作经验和总结自身的服务工作不断提高服务质量。通过不断学习,我对客舱服务工作有了更为全面的了解,带教能力得到了较大提升。

二、爱岗敬业,工作能力和业务水平不断提高

今年以来,我的主要工作是带飞实习教员,飞行航线以天津、贵阳、北京、呼和浩特和西安为主,因为航班密集,带的学员都是第一次登上飞机,所以有很多东西都需要进行指导,如何保证旅客服务工作的质量,都需要我耐心指导、手把手地传授技能,工作强度较大。工作中,我严格要求自己,以身作则,带领学员对旅客真诚相待,把旅客视为自己的亲人,想旅客之所想,急旅客之所急,切实为旅客提供各种周到的服务,及时解决航行中的突发事件,高标准、高质量地完成带教工作任务。例如,在工作中,学员反映,在服务旅客过程中,虽然所做的一切都符合规定,但有时仍然不能使客人完全满意,而旅客的需求已经由单纯的吃好喝好转变成对客舱个人空间的享受上了。针对这种情况,我耐心教导新学员,要用心去体会不同旅客的心理,全力做好每一件看似简单的服务工作。例如,中年旅客在机上饱餐一顿后爱打个盹儿,于是在他们闭眼休息前如果询问客舱温度是否合适,需不需要毛毯,这种举动会让他们感到温馨。老年旅客比较谨慎,他们不愿意把行李放在行李架上,那就尽可能让他们把行李放在他们认为能够掌控的位置。对于年轻人,则要了解他们的习性,给予他们较大的自由空间。通过我的讲解,新学员恍然大悟,学得很快。另外,在飞行中,有时难免会遇到航班延误的情况,我以身作则,及时传递信息和倾听抱怨,设身处地地为旅客着想,拉近与旅客之间的距离,并将轻松飞行、快乐飞行这种愉悦的情绪带到旅客中间,很快消除旅客的不满情绪。我的这一做法给新学员带来了很大信心,也增强了他们从事民航乘务事业的决心。

三、积极响应公司号召,全面做好"进口博览会"等重大活动的服务保障工作

作为公司的一分子,我积极响应公司的号召,参与"服务进博、奉献东航;承诺在心,工作努力"行动,全身心地投入各项服务保障工作中。上海作为国家进口博览会首次举办城市,会议期间,有大量的外宾到上海观光游览,我始终以饱满的热情、优质的服务,详细地向旅客介绍了上海的历史概况、旅游景点、经济发展,使不管是初到上海还是多次来到上海的旅客对上海有一个全新的印象,在全国各地的旅客面前树立了东航人良好的形象,为宣传进口博览会做出了应有的贡献。

在过去的一年里,我取得了一定的成绩,但离公司的要求和领导的期望还有一定差距,在工作中还存在一些问题与不足。在今后的带教工作中,我一定加倍努力,奋力进取,力争各项工作再上新的台阶。在今后的乘务工作中,我将努力提高自身的素质,克服不足,朝着以下几个方向努力。

1. 在以后的工作中更加努力学习业务知识,勤学苦练,不断地提高自己的各项业务水平,在服务工作中真正做到"耳听八方,眼观六路"。

2. 不断地向先进乘务组同志学习,细心听取他们的经验,从而使自己的带教能力和工作技能都得到提高。

3. 不断锻炼自己的胆识和毅力,多和乘客打交道,提高自己解决实际问题的能力,并在带教工作过程中慢慢克服急躁情绪,热情、细致地对待每一位新学员。

以上就是我今年的述职报告,如有不妥,恳请大家提出宝贵的意见。

谢谢大家!

东方航空公司客舱部带教乘务长
2019 年 12 月 8 日

【解析】这是一份航空公司乘务长带教一年的述职报告。正文包括开头、主体和结尾三部分。开头部分对自己这一年所担负的工作以及所取得的成绩做了比较概括的表述。主体部分从政治思想方面入手,强调自己一年来在思想建设与业务知识学习方面的收获,接着表明自己对本职责的认识,并阐明任职的指导思想和工作目标,尤其是对自己在一年中履行工作职责方面所取得的特殊收获做了重点汇报,令人印象深刻。最后对自己今后的努力方向也做了适当补充,显示出对工作岗位的尽职与热爱。

四、述职报告写作的注意事项

(一)实事求是

述职报告要讲真话、讲实话、讲心里话,以诚感人。无论称职与否都要与事实相符。要正确处理个人与集体、主观与客观的关系,要分清功过是非。承担责任要恰如其分,既不争功,也不揽过。

(二)重点突出

在全面汇报任职期间所做的各项工作基础上,要突出任职期间的成绩和创造性业绩,以表明自己的胜任和事业心。应当明确述职报告必须围绕"职责"两字做文章。它的写作目的不是评功摆好,而是为了说明是否称职。

(三)表述合理

述职报告在表述上要处理好叙和议的关系,以叙为主,把自己做过的工作实绩写出来,要用事实和数据说话,不要大发议论。

（四）正确区分述职报告和总结

（1）认识适用范围不同。"总结"可以是单位的、集体的，也可以是个人的；"述职报告"是个人的。

（2）要回答的问题不同。"总结"要回答的是做了什么工作、取得了哪些成绩、有什么不足；"述职报告"要回答的是什么职责、履行职责的能力如何、是怎样履行职责的、称职与否等，通常从"德""才""能""绩""廉"几方面展开自评。

（3）两者表述方式不同。"总结"主要运用叙述和议论的方式；"述职报告"主要以叙述和说明为主。

五、写作训练

××航空股份有限公司人事部门下发通知，要求各部门务必在 2019 年 12 月 25 日之前完成公司各级领导年度述职考核工作。××航空股份有限公司客舱服务部积极落实该项工作，要求本部门带班乘务长、乘务教员、检查员必须在 2019 年 12 月 10 日前提交个人年度述职报告。

请以一名乘务员的身份，按照述职报告的写作要求，拟写一份年度述职报告。

第二节　工　作　总　结

一、工作总结的概念及作用

民航乘务工作进行到一定阶段或告一段落时，需要做一个总结（小结），用文字记录所做的工作，肯定成绩，找出问题，归纳出经验教训，提高认识，明确方向，以便进一步做好工作。这种应用文体，就叫作工作总结。

工作总结的写作过程，既是对自身社会实践活动的回顾过程，又是人们思想认识提高的过程。通过工作总结，人们可以把零散的、肤浅的感性认识上升为系统、深刻的理性认识，从而得出科学的结论，以便改正缺点，吸取经验教训，使今后的工作少走弯路，多出成果。它还可以作为先进经验而被上级推广，为其他单位所借鉴，从而推动实际工作的顺利开展。

二、工作总结的分类

根据不同的分类标准，可将工作总结分为许多不同的类型。

（1）按范围分，有班组总结、单位总结、行业总结、地区总结等。

（2）按内容分，有工作总结、教学总结、学习总结、科研总结、思想总结、项目总结等。

（3）按时间分，有月份总结、季度总结、半年总结、年度总结、一年以上的时期总结等。

（4）按性质分，有全面总结、专题总结等。

将总结分类的目的在于明确重心、把握界限、为构思写作提供方便。但上述分类不是绝对的，相互之间可以相容、交叉。如《×航客舱部2019年度工作总结》，按性质讲是工作总结，按范围讲是单位总结，按时间讲是年度总结，按内容讲是全面总结。同时，大学的工作总结不可能不涉及教学和科研，那么它也包容了教学总结和科研总结的成分。这说明在总结的分类上，应灵活掌握，不必过于拘泥。

三、工作总结的写作格式

（一）标题

年终总结或专题总结，其标题通常采用两种写法：一种是发文单位名称+时间+文种，如《×航客舱部2018年工作总结》；另一种是采用新闻标题的形式，如某航空公司开展优质服务专题总结——《平安飞行，宾至如归》。

工作总结的标题分为单标题和双标题两种。单标题又可分为公文式标题和文章式标题。公文式标题：单位名称+时限+总结内容+文种。如标题下文或末尾有单位署名，标题可省略单位名称等。文章式标题一般是直接标明总结的基本观点，常用于专题总结。双标题是同时使用上述两种标题，一般正题采用文章式标题；副题采用公文式标题，补充说明单位、时限、内容等。

工作总结的标题最常见的是由单位名称、时间、主要内容、文种组成，如《××航空2018年工作总结》。

有的工作总结标题中不出现单位名称，如《创先争优活动总结》《2019年空乘培训工作 总结》。

有的工作总结标题只是内容的概括，并不标明"总结"字样，但一看内容就知道是总结，如《客舱安全活动一年》等。

还有的工作总结采用双标题。正标题点明文章的主旨或重心，副标题具体说明文章的内容和文种，如《提高空中乘务服务质量——××航开展平安出行工作经验》。

（二）正文

和其他应用文体一样，工作总结的正文也分为开头、主体和结尾三部分，各部分均有其特定的内容。

1. 开头

工作总结的开头主要用来概述基本情况。包括单位名称、工作性质、主要任务、时代背景、指导思想，以及总结目的、主要内容提示等。开头部分应以简明扼要的文字写明在本总结所包括的期限内的工作根据、指导思想以及对工作成绩的评价等内容。它是工作总结的引言，便于把下面的内容引出来，只要很短的一段文字就行了。

2. 主体

这是工作总结的主要部分，内容包括成绩和做法、经验和教训、今后的打算等方面。这部分篇幅大、内容多，要特别注意层次分明、条理清楚。

工作总结的主体部分常见的结构形态有以下三种，可根据实际需要选择。

（1）纵式结构。就是按照事物或实践活动的过程安排内容。写作时，把工作总结所包括的时间划分为几个阶段，按时间顺序分别叙述每个阶段的成绩、做法、经验、体会。这种写法主要是工作回顾，连带谈及经验教训。基本上是按工作展开的程序和步骤，分段说明每个步骤和阶段的工作情况，夹叙夹议地引出相应的经验教训。这是主要着眼于工作过程的回顾。这种写法的好处是事物发展或社会活动的全过程清楚明白。

（2）横式结构。按事实性质和规律的不同分门别类地依次展开内容，使各层之间呈现相互并列的态势。这种写法的优点是各层次的内容鲜明集中。

（3）纵横式结构。安排内容时，既考虑时间的先后顺序，体现事物的发展过程，又注意内容的逻辑联系，从几个方面总结出经验教训。这种写法多数是先采用纵式结构，写事物发展的各个阶段的情况或问题，然后用横式结构总结经验教训。具体写法是以总结经验教训为主，用工作回顾阐明经验教训。一般是先归纳和提炼出几条经验教训，分别展开论述，把工作过程、工作办法、取得的成效等穿插在里面，使经验教训看起来更加充实。但是这样写，整个工作回顾会被拆开来分别为阐明观点服务，显得零散。为了弥补这一不足，可以在第一部分的基本情况中适当加以详述，使人们对工作概貌有一个总的了解。

主体部分的外部形式有贯通式、小标题式、序数式三种情况。

贯通式适用于篇幅短小、内容单纯的工作总结。它像一篇短文，全文之中不用外部标志来显示层次。

小标题式将主体部分分为若干层次，每层加一个概括核心内容的小标题，重心突出，条理清楚。

序数式也将主体分为若干层次，各层用"一、二、三……"的序号排列，层次一目了然。

3. 结尾

结尾是正文的收束，应在总结经验教训的基础上，提出今后的方向、任务和措施，表明决心、展望前景。这段内容要与开头相照应，篇幅不应过长。有些工作总结在主体部分已将这些内容表达过了，就不必再写结尾。结语部分，主要写明打算，也只需写很短的一段话，写得长了，反而冲淡了主题。工作总结的正文写完以后，应该在正文的右下方写上总结单位的名称和总结的年、月、日。

四、工作总结的主要内容

工作总结的内容分为以下几部分。

（1）基本情况：这是对自身情况和形势背景的简略介绍。自身情况包括单位名称、工作性质、基本建制、人员数量、主要工作任务等；形势背景则包括国内外形势、有关政策、指导思想等。

（2）成绩和做法：工作取得了哪些主要成绩，采取了哪些方法、措施，收到了什么效果等，这些都是工作的主要内容，需要较多事实和数据。

（3）经验和教训：通过对实践过程进行认真地分析，总结经验，吸取教训，发现规律性的东西，使感性认识上升到理性认识。

（4）今后打算：下一步将怎样纠正错误，发扬成绩，准备取得什么样的新成就，不必像计划那样具体，但一般不能少了这些计划。

写工作总结要用第一人称。即要从本单位、本部门的角度来撰写。表达方式以叙述、议论为主，说明为辅，可以夹叙夹议。总结要写得有理论价值。一方面，要抓主要矛盾，无论是谈成绩，还是谈存在问题，都不需要面面俱到。另一方面，对主要矛盾进行深入细致的分析，如谈成绩要写清怎么做的，为什么这样做，效果如何，经验是什么；谈存在问题，要写清是什么问题，为什么会出现这种问题，其性质是什么，教训是什么。这样的总结，才能对前一段的工作有所反思，并由感性认识上升到理性认识。

五、工作总结写作的注意事项

（一）做好调查研究

总结的对象是过去做过的工作或完成的某项任务，进行总结时，要通过调查研究，努力掌握全面情况和了解整个工作过程，只有这样，才能进行全面总结，避免以偏概全。做好调查，热爱本职工作，事业心强，是做好工作的前提，也是写好总结的基础。写工作总结涉及本职业务，如果对业务不熟悉，就难免言不及义。

（二）实事求是

工作总结是对以往工作的评价，必须坚持实事求是的原则。就像陈云同志所说的那样，"是成绩就写成绩，是错误就写错误；是大错误就写大错误，是小错误就写小错误"。夸大成绩，报喜不报忧，违反做总结的目的的不良行为，我们应当摒弃。

（三）表述要有特色、抓重点

1. 善于抓重点

总结涉及本单位工作的方方面面，但不能不分主次、轻重，面面俱到，而必须抓住重点。什么是重点？重点是指工作中取得的主要经验，或发现的主要问题，或探索出来的客观规律。写工作总结时不要分散笔墨，兼收并蓄。

2. 写得有特色

特色，是区别其他事物的属性。单位不同，成绩各异。同一个单位的总结与往年也应该不同。一些总结读后总觉得有雷同感。有些单位的总结几年一贯制，内容差不多，只是换了某些数字。这样的总结缺少实用价值。任何单位或个人在开展工作时都有一套自己的不同于别人的方法，经验体会也各有不同。写工作总结时，在充分占有材料的基础上，要认真分析、比较，找重点，不要停留在一般化上。

3. 观点与材料统一

工作总结中的经验体会是从实际工作中，也就是从大量事实材料中提炼出来的。经验体会一旦形成，又要选择必要的材料予以说明，经验体会才能"立"起来，具有实用价值。这就是观点与材料的统一。但常见一些经验总结往往不注意这一点，把材料和观点割断，讲材料的时候没有观点，讲观点的时候没有材料，材料和观点互不联系。

（四）语言要准确、简明

工作总结的文字要做到判断准确，就必须用词准确、用例确凿、评断不含糊。简明则是要求在阐述观点时，做到概括与具体相结合，要言不烦，切忌笼统、累赘，做到文字朴实、简洁明了。

（五）实事求是原则

实事求是、一切从实际出发，这是工作总结写作的基本原则，但在总结写作实践中，违反这一原则的情况却屡见不鲜。有人认为"三分工作七分吹"，在总结中夸大成绩，隐瞒缺点，报喜不报忧。这种弄虚作假、浮夸邀功的坏作风，对单位、对国家、对事业、对个人都没有任何益处，必须坚决防止。

六、范例

【范例 10-2】

××航空公司共青团年度工作总结

××××年是要事聚集、浓墨重彩的一年，更是×航正式迈入"国际化"门槛的起始之年。一年来，×航团委在×航党委、团市委和民航总局团委的有力领导下，在各级党政组织的全力支持下，深入学习贯彻党的"十七大"精神及中国特色社会主义理论体系，紧紧围绕"枢纽化、国际化、集团化"发展战略，按照"青年为本、以德为先、服务为重、发展为主题"的工作理念，以×航青年职业发展导航活动贯穿始终，凝聚青年力量，着力推进"事业凝聚、文化凝聚、服务凝聚和组织凝聚"，努力在服务青年和×航大局上体现作为、竭诚奉献。

一、事业凝聚，围绕×航"三化"战略的推进——建功育人、积极投身×航加入"星空联盟"的各项事务

×航加入"星空联盟"是×航实施国际化和枢纽化战略的重要一步，也是向投资者、顾客和全社会展示×航健康向上、稳健发展企业形象的重要契机。

×航入盟是振奋全体员工精神的盛事，支持和参与入盟仪式的准备工作是×航青年义不容辞的职责。团委积极配合公司"国际化"进程的推进工作，出色完成了×航入盟仪式"VIP一对一全程陪同"志愿者招募、策划组织和现场指挥工作。65名志愿者出色完成接机、晚宴翻译和送机等工作。其中，48名参与全程陪同志愿者中，英语六级以上有36人，专业英语八级有12人，高级口译有8人，其他还有日语专业等。×航青年热情娴熟的接待服务，得到了"星空联盟"各成员公司CEO以及各级领导的高度赞誉。其他参与入盟纪录片拍摄、节目表演和北京仪式服务的×航青年们同样是全情投入，不辱使命，出色地完成了党委赋予的这项光荣任务。

二、投身质量改进实践，传播质量改进文化，开展青年"精益管理"行动

全员质量改进行动是切实推行《卓越绩效评价准则》的重要内容，更是推进×航战略实现的重要举措。"青年精益管理行动"从4月28日正式启动，各级团组织广泛发动团员青年立足本职工作，结合"一团一品"工作，开展了"精益管理创意提案"活动。青年立足本职认真查找身边影响质量和成本的缺陷，献计策，做改善，写提案，竭尽全力为公司效益增长献计献策。在培训中心和企管处的协助下，面向40名团干部，启动了公司的首次"精益管理"培训班，7月30日GE黑带大师施云翔先生也亲口到会向团干部授课。在六西格玛知识普及和精益培训的基础上，各部门和集团单位上报质量改进课题21个。其中，飞行部团委的《进一步优化备份油量》的节油项目、机务部团委的《缩短波音757飞机机轮维修周期》课题、运控中心团支部的《国际航班及CRJ机型油量动态管理》课题获得合理化建议"精益奖"。此外，团委带领团干部积极投身传播"坚持高标准，追求零缺陷"质量理念的实践，参与公司QC（质量控制）项目评审工作，并派出团干部对商务部、客运部、机务部处室经理层面讲授"六西格玛蓝带"课程和"精益"知识的送课上门，贴近生产实际的讲解、生动的案例演绎得到了各部门领导的充分肯定。截至××××年年底，×航青年中已经有41人获得GE公司六西格玛黑带资格，174人获得六西格玛绿带资格。

三、引领青年岗位建功，致力于育人成才，实施"×航青年技能振兴月"活动

10—11月间，团委大力实施了主题为"提升技能促成才，振兴技能献×航"的"×航青年技能振兴月"活动。分别举办了主题为"鹤翔凌云"——首届青年飞行员技能比武大赛；举办了主题为"机务先锋"——机务青年岗位练兵活动和青年技能论坛；举办了主题为"乘务之星"——青年乘务员岗位练兵活动和职业形象展示活动；举办了主题为"空中卫士"——空警青年岗位练兵活动及民航空警比武×航代表队集训。飞行部团委首次借助B737模拟机进行飞行品质和模拟应急处置的比赛角逐；机务部团委利用B757飞机C检人修阶段进行现场演练和比武；客舱部团委通过层层选拔开展了一场"展职业风采 扬青

春之歌"的综合能力展示活动；空警大队团委在举办空中安全知识竞赛、业务技能选拔的基础上，派出队伍参加了"全国民航空警比武大赛"的活动。各级团组织全面发动，大力宣传×航青年技能振兴活动的重要意义，努力把广大青年的思想统一到×航实现"枢纽化、国际化、集团化"战略推进中来。着眼于形成"重视智力资本、激励青年活力、尊重技能人才、争当技能人才"的氛围，搭建青年发展和成才的平台，切实帮助青年职工提高技能水平，大力选拔青年技能人才典型，层层发现推荐，选树青年技能人才典型，落实了建设活力团组织的要求。另外，商务部、食品公司也根据本单位的业务特点开展了生动活泼的青年岗位练兵活动。

四、"奉献×航、追求卓越"，第五届×航十佳青年活力登台

"上航十佳青年"是×航青年立足本职、追求卓越的杰出代表，是在公司发展各个阶段锐意进取、勇攀高峰的优秀青年示范群体。为进一步展示×航青年建功立业、追求卓越的奋斗精神，树立和宣传一批高度认同×航文化，洋溢时代精神，立足本职岗位的优秀一线青年。（略）

不足与努力（略）

展望与下一步工作（略）

××××航空有限公司团工委
××××年××月××日

七、写作训练

国庆七十周年大庆活动给人留下了深刻的印象，十万人共赴北京参加国庆大阅兵仪式，给民航乘务工作带来了巨大的压力，做好来京的参加庆典的各省市以及国外宾客的乘机服务，不仅是民航乘务人员无比光荣的任务，也是十分艰巨的任务，广大乘务人员为了做好服务，让客人们旅途平安、旅途舒心，做了大量的保障工作。

请以××航空乘务组的名义，对国庆时期的这一段航班飞行工作做一个总结。过程要详细，感悟要深切，对优点要总结，对不足要进行分析，并对今后的工作要有展望。

第三节 实 习 报 告

一、实习报告的概念和内容

实习报告是指在各工种实习期间，实习人员需要撰写的对实习期间工作、学习经历进行描述的文本，它是应用文写作的重要文体之一。

实习报告是对某一阶段的实习工作或学习情况进行整体性的总结和概括，是对自己在实习中获得的经验、感悟、体会以及解决问题的方式方法的一种总结，对以后的学习和工作有指导性的作用。

实习报告通常由以下几个方面组成。

（一）实习的基本情况概述

这一部分包括实习目的、实习时间、实习地点、实习单位、实习岗位等的描述。这一部分的写作应简明清晰，尤其是对实习目的的表述要有针对性，简洁明确，且符合专业技能的基本要求。

（二）记载实习过程

这一部分包括实习的主要内容、实习时段的安排与专业技能训练过程记载等。这一部分的描写应当突出重点、层次清楚，侧重实际动手能力和技能的培养、锻炼、提高。写作时，可根据实习过程的安排，分别就所从事哪些方面的具体工作做一一陈述。

（三）实习总结与体会

这一部分是精华，实习者要对这一阶段的实习工作或学习情况做一个全面总结与回顾，要求条理清楚、逻辑性强。一般按实习基本情况概述、实习感悟与体会、实习意见与建议的写作思路来谋篇布局。

（1）实习基本情况概述。主要介绍实习者本人在哪个单位、哪段时间进行的实习，对实习单位的哪些情况进行了了解，通过这次实习使自己在哪些方面得到了提高和锻炼、取得了哪些收获或认识等。这一部分所提到的内容，在接下来的实习感悟与体会中要详细地介绍，故这里只是需做简要概括。

（2）实习感悟与体会。这部分是总结的主体。应着重写明对所从事实习工作的认识以及在专业技能培养、锻炼与提高过程中的体会和感受，特别是要找出自身所学的专业理论与工作实践的差距，以明确今后努力的方向。这一部分的写作既要有理性的概括，又要有具体事实的依据。在总结中插入细节的技巧，可以使实习总结显得更加真实、真诚。

（3）实习意见与建议。主要写通过毕业实习，对本专业的专业知识、课程结构有什么建议和想法。

二、实习报告写作的注意事项

（一）实习经历必须真实，切忌编造

内容选取上，可以是如何将学校里学到的理论、方式、方法付诸实践的行为描述，也可以是对在学校没有接触过的东西是以何种方式或方法、以何种形态或面貌出现的观察、体验与思考。

（二）语言要简练，层次要清楚，逻辑性要强

实习报告写作的目的是提高实习者的实际动手能力和职业基本技能，写作时既要有独

特的感悟与体会，又要有说服力的事实依据作为理论支撑，忌日记式或记账式的简单罗列。

（三）注重资料的收集

丰富的资料是写好实习报告的基础。从开始实习的那天起，写作者就要注意广泛收集资料，并以各种形式记录下来（如写工作日记等）。

（四）要区别实习总结与工作总结

实习总结是实习报告的一部分，它是对某一阶段的实习工作情况进行整体性的总结和概括。重在总结自己获得的经验、感悟、体会以及解决问题的方式方法等，对以后的学习和工作有指导性的作用。

工作总结是单位或个人在一项工作（或一个阶段工作）结束后对该工作所做的全面回顾、分析和研究，力求在一项工作结束后找出有关该工作的经验教训，引出规律性的认识，用以指导今后的工作。它注重认识的客观性、全面性、系统性和深刻性。

三、范例

【范例10-3】

×××学院毕业生产实习报告

实习时间：2018年3月8日—2018年9月30日

实习地点：××航空公司××培训实习基地

实习目的：

1．在实践中加深了解空中乘务的基本理论知识。

2．体验与熟悉空中乘务岗位工作的实际情况。

实习岗位：客舱乘务

实习内容：

1．2018年3月8日—4月10日岗前集训（1个月）：

集训地点安排在×航×分公司空中乘务培训中心内。在为期四周的集训中，实习学员共学习了机型知识、模拟航班、商务知识、机上急救、模拟航班等五门课程。集训采取学完一门课程考核一门课程的模式。

每天的培训从早上8点开始一直到晚上9点。每天，学员都要出早操、上晚自习。

2．2018年4月11日—5月11日服务岗位实习（1个月）（略）

3．乘务理论培训（约1个月）（略）

4．机上实习（4个月）（略）

实习总结：

转眼间，民航乘务员实习已结束，回想起这段实习时间，令我感触颇深！

民航乘务员实习开始前，实习基地的老师为了让我们能更好地熟悉工作，积极组织了理论知识培训，通过培训让我们进一步了解空中乘务的基本知识和在飞机上发生突发事件时的施救措施。

本次理论知识培训和实践培训，不但使我们学到了不少的东西，而且产生了诸多的感想，我在刻苦学习中得到了提高，成长过程中意志磨炼得更坚强，并使自己的能力得到进一步提升。此次培训为我们下一步的空中乘务飞行打下了坚实的基础。

这次实习使我认识到，在飞机上严格要求自己，严格作业，热情服务乘客，用我们的热情为乘客创造一个舒适的环境，去积极主动地帮助乘客，这样以真心换真心，以服务换赞扬，我们的工作必将得到他们的支持。

回想以前我作为一名乘客的时候，感觉乘务员帮我做些什么是天经地义的事，如果她忘记了或者做错了，我就觉得是她不重视我，我会很不高兴，角色的互换让我现在作为一名乘务员对乘客的想法有一个深刻的了解，我会尽量做到服务好每一位乘客，因为我现在知道了作为一名乘务员有多么不容易。因为，乘务员并不只是给某一个人服务，在服务时还要记住不同乘客的不同需求，是多么有难度。

这也让我明白了在以后的人生道路中，当对别人感到不满时，先站在别人的角度上考虑一下，了解到别人的难处，才能学会什么叫作体谅和理解。实习工作虽然很辛苦，但是当可爱的乘客非常感激地跟我说"谢谢"时，当我的服务得到别人的肯定时，尤其是当我服务的一对母子对我竖起大拇指时，所有的辛苦都是值得的，真的，那个时候我感觉全世界就我是最幸福的人，所有的辛苦烟消云散，那一刻我的心被爱填得满满的。

自从实习了以后，我还养成了很多好的生活习惯，礼貌用语说得更加自然，到哪里都习惯性地把用过的东西整理好，方便后面需要用的人，这样良好的生活习惯对我以后的生活也是非常有好处的！

当然我也清晰地认识到，在飞机上的工作也不是一帆风顺的，遇到不理解我们的乘客时，需要我们要有足够的信心和耐心去面对，有时我受到委屈也想过放弃，但最终还是坚持了下来。

虽然实习时间不长，但对我今后的学习工作有重大的意义。它使我看到了自己的不足，也使我看到了自己努力的方向，同时也提高了我的能力。这对我今后的学习工作将产生积极影响。再次感谢学院领导、老师对我的培养。在以后的学习工作中，我必将以饱满的热情和主动的心态做好民航乘务员的工作。相信通过学校老师的教诲，通过现场实习的经验积累，我一定会将我的工作干得更加漂亮！

民航乘务员实习让我有了预期之外的收获，它已经成为我人生中一段难忘的经历，它让我多了一份成熟、稳重，少了一份幼稚。通过这次民航乘务员实习，我的人生观、价值观、世界观也发生了改变，我更加懂得了如何去完善自己、磨炼自己，去发现自己的价值，并为今后的就业打下坚实的基础，同时它更教会我怎样去生活、去奋斗、去对待自己的工作。这次民航乘务员实习更考验了我的责任心，磨砺了我的意志。

我热爱这份工作，也从不后悔自己选择了这份工作。现实是残酷的，每个行业、每个公司都有自己的标准与制度，认真快乐地去完成每一项任务，想想自己走到这一步是有多么的不容易，坚持就是胜利！相信自己！

【解析】这则实习报告首先详细记录了实习的时间、地点、目的以及实习的主要内容,这部分内容的撰写条理清晰、信息准确。对个人在实习过程中的感受和体会经验进行了认真的总结,着重谈了在理论学习过程中的感受,以及在机上实习中的一系列体会,既有实习前后的对比,又有实习后的收获;结尾部分谈了今后的努力方向。结构完整,内容丰富,重点突出,符合实习报告的基本写作要求。

四、写作训练

根据自己在毕业前的实习工作,认真记录实习的每一个环节,写下心得体会,实习结束后撰写一篇实习报告。注意将每一个实习过程叙述清楚,心得、体会、收获逐条罗列,最后写下今后需要改进和努力的方向。

第四节 论 文

一、论文的概念及应用

学术论文是对某一科学领域中的学术问题进行深入系统的探讨研究,并展示科学研究成果的理论文章,也称科学论文或研究论文。

学业论文是学术论文的一种,是指高等学校的学生在完成学业时,综合运用所学的专业知识、理论、技能和实践心得,对某一具有学术价值和应用价值的问题阐述见解,表述研究成果的议论性文章。

学业论文对学生有考查作用,一般可分为课程论文、毕业论文和学位论文。学生在学士、硕士、博士学业修学间,需要在学业完成前写作并提交的论文,这是检验教学或科研活动的重要组成部分之一。《中华人民共和国学位条例》规定:学位分为三级。相应地,学位论文可以分为学士学位论文、硕士学位论文和博士学位论文,不授予学位的专科生毕业前则需要撰写毕业论文。

二、论文的准备工作

(一)选题

学业论文写作的第一步是确定选题。

1. 要重视选题

所谓选题,是指选择并确定论文研究的方向和课题,具体来说,就是论文作者在系统学习和掌握相应材料的基础上选择研究对象和范围,确定论文的角度和切入口。

选题对论文的写作成败具有重要意义,因为选题决定了论文的成败。撰写论文的过程也就是进行研究活动的过程，选题是研究活动的起点，是研究活动的问题指向。研究活动就是提出问题、分析问题和解决问题，如果连问题都没有明确提出来，那么分析、解决问题就无从谈起。因此，选择一个合适的课题，将为随后研究工作的顺利进行打下良好的基础。况且，不是所有的选题都是有价值的，一篇论文价值的高低取决于其选题的角度和眼光。不同的选题所关注的问题、理论深度、学术界的认同程度、社会效应都是不同的。选题往往体现了作者的学术素养和眼光。

2. 要多视角全方位选题

论文研究应该有意义。你所撰写的论文研究应该有助于解决社会生活、生产中的实际问题，推动人类社会发展。科学研究的目的，就在于认识世界，改造世界，改善人类社会生活和生产，推动人类社会进步。因此，选题应该注重选择那些对理论建设和现实应用有助益的题目。

要想论文出彩，选题一定要有新意、有特色、有创造性。虽然不能说新鲜的选题价值一定高，但是有价值的选题一定是有创新性的。看一篇论文是否有创新性，主要是看题目和内容前人是否已经研究过，甚至形成定论。如果是前人写过的题目，再去重新写，意义就不大了。那么，如何算是创新呢？以下几种情况属于创新：一是填补原有研究的空白领域。前人尚未进行研究过的有意义的问题，你通过自己的研究，取得了理想的结果，那么论文就填补了相应学科领域内的空白，具有开拓价值。二是补充、深化原有研究。在前人研究的基础上进行研究，对原有的学说、理论进行补充、发展、深化，包括归纳、修正，从而使原有学说更加系统、全面，更加适合不断发展变化的社会现实。三是纠正原来论断。通过自己的研究，对原已被广泛了解和接受的理论和观点中有误的方面予以纠正，进而提出相对合理、正确的观点，这也是一种创新。四是对当前某一尚未形成定论且争议较大的问题，根据自己的知识和掌握的材料发表合理看法，以对问题的梳理和形成统一的认识提供帮助，这也是一种有益的学术活动。

3. 要量力而行

考虑可行性原则，首先，要注意选题和自己的专业是否接近。如果选题是自己不擅长的，那么，即便可以做，也会事倍功半、极为吃力，有时还会得不偿失。其次，要注意自己的学术素养和研究能力是否与选题匹配。如果选题的难度大大，超过自己的能力，也很难保证选题的顺利进行。最后，选题要考虑客观物质条件，要保证与选题相关的参考资料、研究时间、研究环境、实验设备、研究经费等条件具备，这样才能顺利开展研究。只有充分考虑自己具备的主客观条件，选择恰当的题目，才能够顺利完成课题的研究。

4. 要找对选题方法

论文选题是论文完成的关键一步，所以选题要慎之又慎。高校学生学业论文的选题主要是根据自己的兴趣和思考与指导老师商量后得出选题，个别情况是指导老师指定选题。这里重点来谈自己定选题的情况。

（1）平时要善于观察和积累。在上课学习时，梳理某些材料的过程中，要多带几个疑问，发现某些问题。这些都值得顺藤摸瓜思考下去，也许其中会产生好选题。而这种选题往往也是平时一直关注的，因此也是最适合自己研究的。

（2）在实验或者工作实践中，会遇到各种问题和情况。如果平时注意发现问题、总结问题，就可能形成很好的选题。这种选题都与实际应用联系紧密，也容易引起业内人士的共鸣。

（3）从兴趣出发找问题。兴趣影响人们对客观事物的选择态度。从科学研究的角度来说，兴趣是人们积极探求某种事物规律和真理的强大动力，所以，在学业论文选题的过程中，要尊重自己的兴趣，从兴趣出发，选择适合自己的题目。选择有兴趣的课题进行研究，可以让自己在整个研究过程中保持积极的动力，易于激发创造性的灵感，思考感兴趣的话题更易于激活头脑，促进论文的质量提高。

（4）善于发现规则常识的谬误和不足。社会发展，原有的规则、体系知识随着时代的变化已经不再适用，甚至有些"定论"本身就存在着某种缺憾和谬误。利用自己的知识素养和独立思考，深入分析研究，在现存的规则常识中发现问题，提出新的见解，是很好的选题方式。

以上是选题的一些注意事项和方法。其实选题首先要培养的是"问题意识"，有了问题意识，加上不懈的学习、认真思考，总会产生好的题目。

（二）论文素材的收集、整理

1. 广泛地收集、阅读

论文提出的问题要集中，材料的收集却要尽可能地广泛。一般来说，至少要做好以下三方面的知识、材料准备。

（1）寻找能够反映研究对象本身各种具体特征的专题材料。充分熟悉对象，是正确认识对象的必不可少的前提。除了直接了解对象本身的各种具体特征（通过有关作家的全部作品、有关问题的各种知识……）外，还要把握一切能够影响研究对象的生成和发展变化的社会、历史条件或精神、物质因素。只有尽可能全面地掌握这些材料，进行研究时才能充分体现马克思主义的"活的灵魂"——对于具体情况做具体分析。

（2）作为明确方向和思想指导的理论准备。所谓科学研究，就是通过正确、严密的分析、概括和抽象工作，从具体的事物和现象中找出本质性和规律性的东西来。这项工作本身就要有正确的理论（专业理论和作为世界观和方法论起作用的哲学思想）作指导。科学实践和发展的历史还告诉我们，进行一项研究工作，不仅需要充分的专业理论、知识，最好还能力求广泛通晓其他有关学科的理论和知识。通过不同学科的理论和方法的相互渗透、相互启发，往往可以更好地带来新的发现、新的突破。

（3）别人对于这一问题已经发表过的意见。这方面的材料要尽量收集。别人已经解决的问题，自然不必再花力气去做重复劳动；充分吸取别人已有的经验，或是了解别人所遇疑难的焦点所在，对不同的观点仔细进行比较研究，既可以少走弯路，也便于发现问题，就像兵法上所说的那样，只有"知彼知己"，才能"百战不殆"。

2. 认真地整理、辨析

要使材料发挥作用，还需运用科学的观点和方法，下一番辨析、整理的功夫，去粗取精，去伪存真，使材料系统化、条理化。整理材料的形式大致有以下几种。

（1）制成文献、资料的目录索引。可以利用有关的现成材料（图书馆、资料室的目录卡片和报刊索引等），根据自己的选题加以编写。

（2）剪报、札记、文摘卡。这一类资料的收集整理工作，必须力求眉目清楚。一要详细注明每则资料的作者、篇名、出处、发表日期；二要有细致合理的分类。

（3）大事记、年谱或著译年表。通过这一类材料的编写，可以加强对于研究对象的总体印象，有助于在胸有全局的基础上深化对于某一专题、某一侧面的研究。

（三）编写提纲

选好了一个合适论文题目，论题拟定，材料大致齐备，动手写作论文之前，应仔细拟出论文提纲。提纲也有个反复修改补充的过程。这一步的工作做好了，论文已大致胸有成竹。所谓论文提纲，主要是指论文主体部分的结构，指论文各部分按一定的逻辑关系编排论说次序。论文提纲的编写既要注意论文各部分的先后顺序，同时也要注意论文各部分之间的内在联系。一个成熟的提纲，有助于树立全局观念，从整体出发，去考查每一个局部，并考虑各个部分之间应有的逻辑联系。各个部分所占的篇幅应与其在全局中的地位和作用相称，避免不必要的重复。既要重点突出，又要照顾全面。

论文提纲的写法有以下三种。

（1）按时间发展顺序构建。很多论文涉及历史梳理内容、事物发展过程等，这类论文适合用时间发展和推延顺序来构建，当然这种时间发展顺序也不是简单地按时间排列，而是找到时间发展与事物发展的关系。按时间构建论文提纲的优点是：论文线索清晰，便于描述也易于把握。

（2）按内容、概念的逻辑顺序构建。某些论文研究内容的时间发展趋向性不强，人们对研究内容和概念的认识比较陌生，所以，在论文中需要根据研究对象的特点来进行解说、比较、说明等。如果各部分之间相对独立性较高，则可采取并列形式；如果有层次关系，则可采取递进的方式。

（3）按说理的思维推演进程构建。有些论文的研究内容理论性较强，并没有简单的时间顺序，也没有材料的并列关系，其重点阐述问题的提出、分析和解决。这样的论文可以作者的逻辑推演顺序建构，随着作者思考和论证的步步推进而逐渐展开。

当然，因为研究内容和方法的复杂性，一篇论文的结构往往是综合不同的构建方式安排的，可能章与章之间是并列关系，但是每章内部是按时间顺序构建的；也可能章节之间是按时间顺序构建的，而章节内部是按逻辑顺序构建的。总之，要根据研究内容和方法的需要，灵活构建论文提纲。

三、论文的结构与写作要求

论文的结构并没有一成不变的模式,从一般的情况来看,大体上可以分作"引言""正文""结论"三个部分。引言的作用主要是说明选题的原因,概述前人已有的成果和尚存的疑难、争执,提出本文所要探讨、解决的问题;正文是分析、论证的过程;结论则是整个研究成果的总结性的表述。有的文章在引言之前,还有小标题目录和全文的内容摘要。

论文的结构一般包括前置部分、主体部分、附录和结尾部分。

(一)前置部分

论文的前置部分包括标题、署名、摘要、关键词和目录等。

(1)标题。标题又称题目,是论文的旗帜,要精练集中地概括论文的主题,力求鲜明准确、一目了然。

(2)署名。根据要求在标题下署名,有时需要同时标注作者单位和个人简介。学业论文署名有时列于论文封面,而不放置在标题下。

(3)摘要。摘要又称提要,位于标题下方。摘要是对论文的基本内容、主要观点和采用的研究方法进行简要的概括和说明。其目的是让读者在阅读全文前能够对论文的基本内容、主要观点和创新之处有所了解,给读者深入阅读以提示和指引。

(4)关键词。关键词又称主题词,是指反映论文主要内容的单词或术语。其作用一方面代表着文章的核心词汇,另一方面主要是为文献检索提供方便。一般来说,每篇论文的关键词为 3~6 个,需要注意的是,关键词尽量用已有事物名称和学术名词,不要使用短句代替。

(5)目录。目录又称目次页,篇幅短的论文可以没有目录,而篇幅较长、结构较复杂的论文,一般都要设置目录,学业论文一般要求有目录。目录既有利于阅读、查找,同时也能直观地展示论文各部分的层次和逻辑关系。

(二)主体部分

论文的主体部分一般包括绪论、正文、结论、致谢、注释和参考文献。

(1)绪论。绪论又称引言、前言、导语、开篇,是论文的开头。绪论的功能一方面是引出论题,引导读者进入论文的研究思路;另一方面是打下论文的论述基调,统领全文。绪论的内容既包括论文研究的背景、研究对象、研究方法和预期目标,有时也包括与选题内容相关的对现有研究成果的介绍、梳理和分析,从而说明选题的研究意义。

(2)正文。正文也称本论,是论文的主体与核心,是作者对论文所做的分析与论证。正文要求观点明确、论据翔实、论证逻辑严密、结构层次清晰。

正文的结构根据需要有不同的形式,常见的有以下几种。

① 并列式。论文的论点由多个分论点组成,这些分论点之间是平行、并列的关系,内容紧密相连,结构上各分论点平行排列,分别从不同的角度、不同的侧面对问题加以论

述，即先概说核心观点，逐一展开，详细论述，最后归纳分析，得出结论。

② 递进式。递进式同样是总论点下设多个分论点，但这些分论点之间的关系是层层深入、逐步递进的。其思路是将核心观点分解为分论点，然后分而论之，前一层内容是后一层内容的基础，后一层内容是前一层内容的深化，层层递进，最终得出结论。

③ 综合式。即将上述两种方式综合，以其中一种方式为主，以另一种方式为辅，互相结合，互相渗透，根据论文内容的需要灵活运用。当然，这种灵活运用也是有原则的，即这种结合是针对论文的宏观层次和每个分论点内的微观层次来说的，在一个层次内一般不能既递进又并列，否则容易造成论文逻辑上的混乱。

（3）结论。结论又称结语、结束语，是整篇论文论述的收束，结论的内容一般包括论文的结论，以及对与论文相关的问题进行的讨论和设想。结论既要照应绪论，又要总结全文，同时还要写得简明概括。结论的方式一般有总结性的、探讨性的和预测性的。

（4）致谢。学业论文一般在正文之后附有致谢部分，其内容是向曾经为本篇论文撰写给予指导、修改或提供其他帮助的人表达谢意，一般不宜过长。

（5）注释。学术论文都要求注释，这既是学术规范的要求，也是学术道德的体现。一般对于专业术语、引据别人著述观点、特殊内容都应该加注释。注释的方法包括脚注、尾注、夹注等几种。

（6）参考文献。参考文献是在论文中使用过的材料，或者论文撰写中对作者有帮助、启发和参考作用的材料。注释和参考文献根据论文形式和发表刊物的不同，各有一定的格式要求，具体请参阅相关格式标准。

（三）附录和结尾部分

附录和结尾不是论文的必需部分，而是论文的补充项目，根据论文的实际需要存在。附录内容可以包括统计表、年表、技术方案、原始数据、某些珍贵资料等；结尾部分可以包括分类索引、著作索引、作者其他科研成果等。

四、论文的修改

论文的修改是指论文初稿完成之后，作者对论文的内容和结构等方面的改动、加工、提高。学业论文属于学术论文的范畴，大学生经过几年的高等专业教育，应该将所学知识和所做研究结合起来，学会撰写学业论文。无论是课程论文还是毕业论文的撰写，都既是一种学术锻炼和培养，又是对自己某一阶段学习的最好总结。

五、范例

【范例10-4】

浅析企业党建工作信息化平台建设思路

摘要：互联网的高速发展是21世纪最引人注目的科技大趋势，不仅引领了国内外经济、社会层面的巨大变革，也使得企业的党建工作面临需要迅速适应转型的新课题。本文围绕如何与时俱进，全面推动党建工作适应转型做了深入探讨，介绍了如何运用信息化手段，提升网络党建工作科学化水平、加强和改进党的基层组织建设的主要做法。

关键词：党建工作信息化新媒体

随着互联网的飞速发展，信息传播手段日趋多样化，手机作为移动终端日益成为资讯传播的主导工具，微博、微信呈现超越传统平面媒体、电视媒体的强劲势头，成为当前最主流的信息交流平台，其传播内容也更加丰富多元。在这样一个网络化、信息化越来越普及的时代，党建工作如何适应时代发展的要求，与时俱进，凝聚人心，成为一个亟待解决的重大课题。

尤其是近年来，大部分企业的职工主体也发生了年龄层的更新，"80后""90后"职工逐渐成为企业骨干力量。这一代人的成长历程与互联网时代的爆炸式发展同步，上网技能几乎是先天自然习得的，因此，其思想、个性、三观，也自然而然地带有互联网时代的眼界较为开阔、崇尚个性发展等特质，完全运用传统方式来开展和推动党建工作已经不能完全适应新常态下的工作要求。企业党建工作者很有必要保持思想和感受的敏锐性，不与时代脱节，不与年轻人脱节，不与互联网技能脱节，以"互联网一代"喜闻乐见的方式搭建网络党建平台，助推党建工作再上新水平。

一、对比传统时代与互联网时代的区别，要认识到企业党建工作的传播特征已发生质变

1．党建工作的传播主体不一样了。按照传统模式，企业是以基层党组织书记、专职党务干部作为党建工作的传播主体，以点带面，部署、开展和推进党建工作。而随着信息化时代的到来，企业员工队伍、党员队伍日趋年轻，知识结构日趋多元化，互联网+手机移动终端使用大范围普及，年轻党员的当家作主意识日益高涨，愿意主动参与党建工作，通过建群、发帖、留言、发电子邮件、制作电子相册幻灯片等各种散点式自发式的手段，形成网络社区，发出自己的声音，成为党建工作的传播发布主体。

2．党建工作的传播途径和传播速度不一样了。按照传统模式，党建工作的新精神、新措施、新动向，需要通过下发文件、召开会议、下基层视察等方式，层层部署落实，这样的好处是比较集中统一，能确保将信息清晰、准确、全覆盖地传达到每一级基层党组织和党员中去。其不足之处在于，逐层传达时间久，有延后，信息产生滞后与被动。而互联网的发展完美地解决了这一难题，通过网络党建，各类党建工作文件均可制作成电子文档，第一时间上传到网站，发送到内部局域网，乃至精准发送到每个党员职工的手机上，无论层级与地域，都能第一时间收悉，有利于及时贯彻工作重点，传统的固定传播模式被彻底打破了。

3．党建工作的传播模式不一样了。传统模式中，党建工作的传播方式基本上是以从上到下的单向交流为主，"党组织是头脑，群众是螺丝钉"，而互联网时代的特征是双向交流乃至多向交流日趋成为主体，党建工作仅仅发挥"传声筒""发令枪"作用已经不够了，而是需要以更加春风化雨的态度，更加细致人性化的语言，更加平等相待的姿态，与

党员群众交流，综合运用企业网站、内部论坛、邮件组、微信群、公众号等互联网平台，与员工打成一片，更好地发挥党建工作的服务保障作用。传统模式与信息化技术深度互融，以人为本，增强党建工作的影响力和信用度，应是网络党建工作模式的新常态。

二、在思想层面，要善于学习，解放思想，更新观念，确保党建工作信息化转型

思想是行动的先导，如果思想不能跟上时代变化的步伐，行动也必将滞后于时代的发展。网络党建是网络信息化背景下生成的新事物，还有一些资深的党建工作者仍然对其感到陌生，对转换工作平台有畏难情绪。但若想引领网络党建工作顺利开展，必然需要从思想上端正看法，革新观念，勇于学习新知识，升级知识结构"内存"，才能引领党建工作走向康庄大道。

1. 勇于解放思想，形成正确认识。网络党建的出现，不仅是网络信息化时代发展的主要趋势，同时也是始终保持党先进性的客观要求，更是逐步提升党科学执政能力的关键所在。为此，党建工作者务必要解放思想，准确认识网络党建的必要性与重要性，从而在思想上端正看法。同时，领导层与执行层上下形成统一认识也很有必要。因为领导人员对网络时代认识程度的高低决定了党建工作能否有大局观，方案能否施行，而职能部门的认识到位与否，决定着网络党建工作的施行效果，所以，只有企业上上下下形成了统一认识，才能有效整合各方力量，发挥合力，事半功倍。

2. 革新知识结构，提倡终身学习。网络化时代的一个主要特征就是知识结构更新换代快，热点转换频繁，知识技能迅猛升级。所以，作为肩负着引导全企业思想动态重任的党建工作者，首先要自身硬，率先垂范，转变工作与思维方式，主动迎合新的工作环境，不断探寻党建新思路新办法，从而更好地解决实际党建工作中存在的各种问题。其次，对于网络党建工作，绝不仅仅只是实现党建实务操作的网络化，而是要求党员干部，尤其是党建工作者，树立自我创新意识、服务意识与学习意识，扎扎实实学习并掌握各种现代化网络技术的应用，克服畏难情绪。最后，要分清主次，抓主要矛盾。各级党建工作者要认识到，网络技能虽然重要，但只是手段层面，关键还在于内容层面，即党建工作的核心内容是否同步保持先进性、敏锐性。与年轻人"不隔"，受众听得进去，既入耳，又入心，这才是网络党建工作的重点与主体所在，只有这样，才能最大限度地避免网络党建流于形式。

三、在实际操作层面，要通过多环节、多层次的信息化手段，推动党建工作全面升级

信息化工作到位了，将成为党建工作的"提速引擎"，并进而带动企业全面工作产生质变。要立足本企业党员队伍建设实际，着眼于学习型、服务型、创新型党组织建设，充分发挥党组织推动发展、服务群众、凝聚人心、促进和谐的作用。尤其要紧跟时代步伐，紧密结合党的群众路线教育实践活动、"三严三实"专题教育活动、"两学一做"教育活动等党内重大活动，顺应新兴媒体发展新形势，一边学习、一边探索、一边实践，推动网络党建工作形成多样化、规范化、通俗化的新格局。总结近年来一些企业的成功经验，大致有以下几种手段。

1. 门户网站"零距离传播"。在网络化时代来临初期，大部分企业其实已经有了门户网站，但还存在很多问题，如信息匮乏、更新速度慢、互动回馈方式缺乏或缓慢、偏重业

务介绍推广而忽略全盘企业文化的建设等。要大力纠正上述种种对门户网站的轻忽态度，将其有效利用起来，才能将网络党建的大旗盘活。可在门户网站开辟党建专栏，紧密结合当前工作重点，及时发布上级部署、学习安排和工作动态，更新学习活动信息，上传学习辅导材料、工作事务问答，开展党课展示，进行典型宣传推介……这样，党员打开本单位门户网站，就能第一时间掌握工作动态，加强自我学习。

2．微信群、QQ 群等网络群组"齐发力"。可在全企业党群的层面上，建立党建工作微信群，包括党委书记、党总支（支部）书记和专职党务工作人员、机关支部书记和组织人事部门人员都可参与进来。在全体党员层面上，可建立以总支、支部为单位的党建工作微信群，在职党员基本全部纳入微信群。利用微信群、QQ 群，既可以"严肃"，也可以"活泼"，可以传播党的理论路线、方针政策，及时发布工作部署，上微党课，加强党员教育，也可以交朋友，聊生活，分享资讯，组织文娱活动，以人性化的方式，让党群工作者的人性化关怀渗透到职工群众心中，消融距离感、隔膜感，真正做到"从群众中来，到群众中去"。

3．手机专报"面对面交流"。在党员职工队伍日益年轻化、知识化的新形势下，利用人人使用智能手机的优势，探索使用手机专报，向每位党员职工（包括离退休）推送资讯，打通党建宣传工作的"最后一公里"。相比纸面文件的传达效率，手机专报可以做到全员覆盖，消灭传统时代的空白点。

4．党建微信公众号"常态化关注"。要组建专人负责公众订阅号的编辑工作，编辑出高质量的内容，在文字处理、标题拟定、图片搭配、版式处理方面都要尽可能专业化，除思想性强的文章外，还要搭配一些群众喜闻乐见的文章，如热点影视评论、书摘、休闲资讯等，引起读者的阅读兴趣。还要高度重视党建微信公众号的订阅，鼓励所有党员职工及时关注，提高公众号的阅读率、转发率。鼓励大家将公众号上的消息分享到朋友圈、微信群，形成进一步的互动。

5．克服党建工作资讯传统形式容易给读者造成的"高头讲章"刻板印象，探索党建信息的传播形式进一步年轻化、轻松化的空间。例如，加入幽默元素、故事元素，培养有文学素养、美术素养的网络编辑人才，通过漫画、音乐相册、幻灯片、戏说故事等年轻人喜闻乐见的形式，寓教于乐，让大家听得懂，听得进，听得有意思。

综上所述，如今，党建信息化建设已成为新时期网络环境下深入开展党建工作的必然举措，对党建工作的网络化、规范化与科学化发展发挥着重大的推动作用。为此，在网络工作中，各级党建工作者需要不断革新观念，正确认识党建信息化发展的必要性与重要性，强化基础设施建设，形成统一的党建信息系统，积极引进培养一大批党建信息化发展的人才，对党建信息化工作进行统一规划，有效布局，积极推进，从整体上提升党建工作的科学性与实效性，为企业的改革、发展、稳定做出更大的贡献。

附：参考文献（略）

【解析】这是一篇思想政治工作论文，从格式上来说，标题、摘要、关键词、正文、参考文献等要素基本齐全。论文的结构层次清晰，以三个论点来阐述三个问题，每个论点又分成若干分论点逐一展开，最终形成结论，体现出个人思考和研究的结果。论文的思维逻辑严密，语言清晰简练，总体上来说，是一篇基本合格的学业论文。

六、写作训练

请参照论文的结构和写作要求，结合学习和实习工作经验与体会，充分利用网络、图书馆的图书资料和电子数据库，以《浅议民航乘务人员的行为规范》为题，写一篇不少于3 000字的小论文。

参 考 文 献

1. 李道荣. 社交应用文写作大全[M]. 武汉：湖北人民出版社，1999.
2. 于成鲲. 现代应用文[M]. 上海：复旦大学出版社，1996.
3. 吕双波. 新编公务员应用文[M]. 哈尔滨：黑龙江科学技术出版社，2014.
4. 张宝忠，陈玉洁. 机关企事业单位应用文写作规范与例文[M]. 北京：中华工商联合出版社，2014.
5. 张宝忠. 党政公文格式与常用范本大全[M]. 北京：中华工商联合出版社，2016.
6. 文轩. 办公室文秘写作精要与范例实用全书[M]. 苏州：古吴轩出版社，2016.
7. 龚新军. 民航公共关系与沟通[M]. 北京：科学出版社，2018.
8. 张号全，孙梅. 航空面试技巧[M]. 2版. 北京：化学工业出版社，2017.
9. 陈坤成，谢旻蓉. 空乘地勤英语一本通：应试+工作[M]. 北京：旅游教育出版社，2016.
10. 胡梦玮. 梦想启航：空服员的英文应试+飞行日志[M]. 台北：倍斯特出版事业有限公司，2016.
11. 瑞秋. 瑞秋空姐教室：空服员+地勤100%录取圣经[M]. 台北：PCuSER 电脑人文化，2018.
12. 张莹. 空中乘务应用文写作[M]. 2版. 北京：人民交通出版社，2018.